숲에서 만난
한국사

숲에서 만난 한국사

2021년 11월 15일 초판 1쇄 발행

지은이 김용만

펴낸이 권이지

편   집 권이지
디자인 이정아
교   정 천승현

제   작 성광인쇄

펴낸곳 홀리데이북스
등   록 2014년 11월 20일 제2014-000092호
주   소 서울시 금천구 가산디지털1로 16 가산2차SKV1AP타워 1415호
전   화 02-2026-0545
팩   스 02-2026-0547
E-mail editor@holidaybooks.co.kr

ISBN 979-11-91381-05-4 03910

숲에서 만난
한국사

김용만 지음

HOLIDAYBOOKS

한국사는 숲에서 시작되었다

한국사의 무대인 한반도와 만주, 연해주 일대는 숲으로 가득한 곳이다. 한반도는 70%가 산지이고, 압록강과 두만강 북쪽은 숲의 바다라고 불릴 정도로 나무가 많은 울창한 산림지대였다. 하지만 한국사의 주 무대였던 숲은 주목받지 못해왔다.

한국인은 농경민이라는 선입견이 너무도 강하기 때문일 것이다. 농경민의 관점으로 본 숲은 미지의 공간이며, 마을과 국가의 안녕을 위협하는 맹수와 독충, 오랑캐가 출몰하는 곳이다. 숲은 생태적인 관점에서 주목받았을 뿐, 문명사의 관점에서는 방치된 공간이었다. 농경민은 숲에 사는 사람들을 바바리안, 오랑캐, 야만인으로 비하했다. 그들에게 관심을 가지더라도 그들을 정복되거나 교화되어야 할 대상으로만 인식했다.

인간이 일군 농경지는 인간에 의해 선택된 몇몇 종의 작물과 가축이 살고 있는 비교적 단일한 공간이지만, 숲은 수많은 동식물이 살아가는 복합적인 공간이다. 숲은 동일한 면적의 평지보다 훨씬 넓은 입체적 공간이다. 숲은 인간을 성장시킨 모태와도 같은 공간이다. 인류는 수백만 동안 숲을 의지해 살아왔고, 지금도 인간은 숲에 많은 것을 의지하며 살고 있다.

시대와 지역에 따라, 인간사회와 자연 생태의 변화에 따라, 인간과 숲의 관계는 다양하게 전개되어 왔다. 농업의 시작이 인류 역사 발전에 커다란 획을 그은 것은 사실이지만, 농업이 시작되었어도 여전히 숲을 무대로 수렵 채집 생활을 버리지 않고 살아간 사람들이 많았다. 농민들도 생활의 많은 부분을 숲에 의지하며 살아야 했다. 목재를 비롯해 인간 생활에 필요한 많은 것을 숲이 제공해주었기 때문이다. 산을 등지고 물을 앞에 두는 배산임수 지역이 주거지로 가장 선호된 것은, 숲이 너무 멀면 산림 자원을 이용하기 어렵기 때문이었다.

한국 역사에서 만나는 수렵 채집민은 원시적인 삶을 고수하며 외부와 단절된 상태로 살아가는 소수 부족민이 아니다. 그들은 생태환경과 인간 사회의 변화에 따라 농경민으로 변신하기도 하고 농경민과 교류도 하면서, 숲을 생활공간으로 이용하며 살아왔던 사람들이다. 숲에 사는 사람들이라고 해서 수렵과 채집 생활만 하는 것이 아니다. 그들도 필요에 따라서 농사도 짓고, 가축도 키우고, 교역도 하며, 광산에서 광물도 캐며, 수공업을 통해 자신들에게 필요한 물자를 생산하기도 한다. 그들은 자연과 더불어 지속 가능한 생태 환경을 유지하면서 인간이 살아가는데 필요한 온갖 기예와 지혜를 터득하며 살아왔다. 숲에 살았던 사람들이 고조선을 비롯한 부여, 고구려, 신라, 가야 등을 탄생시켰다. 한국문화의 출발은 숲에서 비롯된 것이다.

고대인들에게 숲은 온갖 신화와 종교를 탄생시킨 공간이었다. 숲은 인간이 쉽게 알 수 없는 신비와 비밀을 품고 있다. 인간은 숲을 신의 공간으로 여겼다. 숲에 사는 사람들은 온갖 신들과 동물이 함께 공존해야 한다는 사고방식을 갖고 살았다. 이러한 사고방식은 수만 년에 걸쳐 지속된 인류의 보편적 믿음이었다. 그러한 사고 가운데 하나가 생명체를 함부로 죽이지 않는 살생유택의 가치관이다. 생명체를 함부로 죽이면 숲이 지속

가능할 수 없다는 것을 잘 알고 있는 수렵 채집민의 계율이다.

숲이 변하면 종교 사상도 변한다. 일반적으로 숲이 무성한 곳에서는 다신교 신앙이, 숲이 사라진 곳이나 사막, 초원지대에는 일신교 신앙이 전파되기가 유리하다. 숲이 무성했던 시기에는 온갖 종류의 신을 섬겼지만, 숲이 사라지면 신도 사라지고 생명체를 존중하는 가치관도 약해진다. 숲의 변화는 한국 종교사상사에서도 대단히 중요하다.

역사학의 근본은 인과관계를 파악하는 것이고, 가장 상식적인 질문에 대답하는 것이라고 한다. 고구려는 수렵 채집민이 국가의 중요 구성 요소였지만, 고려는 그렇지 못했다. 고구려와 고려가 지향하는 국가의 목표와 숲 환경이 달랐기 때문이다. 고려의 북진 정책이 성공하지 못한 것도 숲과 관련이 깊다. 조선 시대에는 인구가 급증하면서 농경지가 급격히 증가하고, 땔감 수요가 폭증하면서 숲이 빠르게 훼손되었다. 성리학이 발전하고 농업기술이 발달한 시대였지만, 반대로 퇴보한 것도 많은 시대였다. 숲의 훼손은 농업을 비롯한 생업만이 아니라 사람들의 생활과 사상, 문화 등 많은 부분에도 영향을 끼쳤다. 삼국 시대 사람들은 전투력이 대단히 강했지만, 조선 시대 사람들은 그렇지 못했다. 삼국 시대에 살았던 농민들과 조선 후기 농민들은 결코 같은 농민이 아니었다. 삼국 시대에는 농사만으로 먹고 사는 전업 농민이 많지 않았다. 채집과 수렵, 가축 키우기 등을 하면서 농사도 병행하는 것이 일반적이었다. 조선 후기에는 숲이 크게 사라지면서 수렵 채집민이 거의 사라졌다. 농민들은 채집과 수렵에서 얻을 것이 줄었기 때문에, 농사에만 전념했다. 조선 시대 사대부들은 외출할 때 체통을 지키느라 뜀박질을 하지 않았다. 반면 삼국 시대 사람들은 달음박질치듯이 빠르게 움직였다. 수렵과 채집을 위해서는 달리기, 말타기, 활쏘기가 필요했기 때문이다. 두 시대의 다름을 알기 위해서는 숲의 역사에 주목할 수밖에 없다. 조선의 멸망은 숲의 위기를 극복하지 못한 탓도 크다. 20세기 한국사의 대변동에서도 당연히 숲의 변화가 중요한 위치를 차지한다.

숲이 인류에게 소중한 존재라는 것을 모르는 사람은 없다. 하지만 전체 인구의 92%가 도시에서 살고 있는 현대 한국인들에게 숲이란 존재는 도시 생활에서 지친 몸과 마음을 잠시 쉴 수 있게 해주는 휴양 공간의 의미로 다가올 뿐이다. 언론에서 지구의 허파인 아마존 숲이 파괴되면 인류의 삶이 위협받는다는 이야기를 자주 언급하지만, 문제의 심각성이 사람들에게 잘 전달되고 있지는 않다. 대부분의 현대인들은 숲을 무대로 생활하지도 않고, 숲에서 생활에 필요한 연료나 먹거리를 직접 구하는 경우가 거의 없기 때문이다.

과거에는 달랐다. 오랜 세월 인류에게 숲은 삶의 터전이었다. 석탄과 석유를 사용하기 전까지, 인류에게 가장 중요하고 소중한 자원인 나무가 있는 공간이 숲이었다. 농경지만큼이나 사람들의 생활에 중요한 공간인 숲에 대한 이해가 없이는 한국사의 여러 사건을 충분히 이해할 수가 없다.

숲이 달라지면 사람들의 삶이 변하고, 생각이 변하고, 문화가 달라진다. 숲에 사는 사람들은 결국은 숲에서 나와 농경민이 되고, 도시민이 되고, 문명인으로 전환되는 길을 걷게 되지만, 현재의 결과 때문에 그들이 역사 속에서 어떤 역할을 했는지를 잊어서는 안 된다. 문명이 발전할수록 숲은 축소되었고, 수렵 채집민은 소수자로 전락해 버렸지만, 그들은 한국사를 탄생하게 한 사람들이며, 한국문화의 토대를 만들었던 사람들이다.

한국사의 공간적 영역에서 그간 소외되었던 숲과, 숲에 살았던 사람들에 대해 관심을 기울여보면, 한국사를 보다 폭넓게 이해할 수가 있을 것이다. 이것은 몽골, 만주, 연해주, 일본, 한반도를 연결하는 지역의 문화와 역사를 이해하는 데 있어서도 반드시 필요하다. 숲이라는 공간이 한국사에서 얼마나 소중한 곳인지가 이 책을 통해 부각되기를 기대해본다.

역사는 시간과 공간, 인간이 빚어낸 것이다. 그 가운데 숲이라는 공간과 숲에서 살았던 사람에 주목해보았다. 시간과 지면의 제약으로 다소 성급하게 내세운 필자의 주장들은 후학들에 의해 비판되어 더 정교한 논리로 거듭나기를 기대하며, 머리말에 갈음한다.

백두산 숲속 길을 걸었던 날을 떠올리며

저자 김용만

목차 ●

8장 숲을 잃은 조선

1장

왜 한국사에서 숲을 이야기하는가?

1. 한국사는 농경민의 역사일까?

생태 망각 기준점 이동 신드롬

"농업을 시작한 인류는 한곳에 모여 정착생활을 시작하였고, 잉여
생산물이 발생하면서 토지와 생산물에 대한 사유 개념이 나타나 빈
부의 차이가 생기고 계급이 분화되었다. 정복 활동이 활발해지면서
막강한 권력을 가진 군장이 출현했다. 군장은 하늘에 대한 제사를
주관하여 권위를 세웠고, 천손 사상을 내세워 주변 부족들을 통합
하였다. 이에 사회 규모는 더욱 커졌고 국가도 출현했다. 고조선은
이 시기에 출현한 우리 역사상 최초의 국가였다. 고조선은 청동기
문화와 농경문화를 바탕으로 성립되었다."

중고등학교 국사 교과서에 등장하는 고조선 성립과 관련된 내용을 정
리한 글이다. 농업의 시작이 인류 역사가 발전하는 데에 가장 큰 사건이
었으며 고조선이 성립되는 계기가 되었다는 것을 강조한다.

농업이 한국사 발전에 큰 계기라는 것은 당연히 옳다. 그런데 역사기록
은 위의 글과 좀 다르다. 고조선은 숲에서 기초가 마련된 나라이며, 신라
의 시조 박혁거세와 김알지는 숲에서 태어난 사람들이고, 고구려는 수렵
민에 의해 건국된 나라로 기록하고 있다.

다니엘 파울리라는 어류학자가 처음 사용한 '생태 망각 기준점 이동 신
드롬(ecological obliviousness shifting baseline syndrome)'이라는 것이 있다. 새로운
세대는 자기가 경험한 생태 환경을 기준으로 삼기 때문에, 과거에 소멸된
생물종을 알지 못하는 세대 간 지식 소멸이 일어난다는 뜻이다.

현대인들의 인식 속에 과거 한국인의 모습은 갓을 쓰고 도포자락을 휘날리는 선비와 쪽진 머리에 단아한 한복을 입은 정숙한 규수의 이미지, 아니면 조선의 왕과 왕비, 흰옷을 입고 농사짓는 농부들이나, 빗질하는 노비와 물을 긷는 여인네의 모습, 김홍도와 신윤복 등이 그린 풍속화에 등장하는 인물을 떠올릴지도 모른다.

단원풍속도첩 〈벼타작〉, 국립중앙박물관 소장. 갓 쓴 양반과 일하는 농민. 조선시대에는 일반적인 사람들의 생활상이겠지만, 그 이전에도 그러했을까?

사극에서 가장 많이 등장하는 인물은 조선 후기를 살았던 사람들이다. 뿐만 아니라 한복, 한옥, 온돌, 한식, 선비 등 현재 한국 전통문화의 대표 상징들 역시 조선 후기에 볼 수 있는 것들이다. 조선 후기에 만들어진 기록과 유물 역시, 다른 시대보다 월등히 많다. 따라서 한국사를 바라보는 관점 역시 조선 후기를 기준점으로 삼고, 다른 시대와 어떻게 다른지를 비교해 보는 것이 일반적이다. 하지만 기준점을 바꿔보면 어떨까? 삼국시대를 기준점을 한다면, 전혀 다른 역사가 보일 수도 있을 것이다.

달라진 생활환경

조선 후기 사회는 전형적인 농업 사회였다. 농민이 전체 인구의 절대다수를 차지했고, 조선 경제에서 농업의 비중 역시 압도적으로 높았다. 관리, 상인, 어민, 기술자 등은 다 합쳐도 전체 인구의 1/10도 안 되었다. 조선 후기 농업국가의 관점에서 시간을 거슬러 올라가 한국 고대사를 보게 되면, 전형적인 농민을 중심으로 그 사회를 보게 된다.

하지만 조선 후기와 삼국 시대에는 아주 중요한 차이가 있었다. 같은 땅에서 전개된 역사지만, 생활환경이 크게 달랐다. 삼국 시대 농민들은 조선 시대 농민과는 전혀 다른 성격을 가진 농민들이었다. 그들은 전업농민이 아니라, 반농반렵민이었다. 조선 후기 사회에서 거의 사라졌던 수렵 채집 활동이 고대에는 대단히 중요한 경제 활동이었고, 생활에서 차지하는 비중이 대단히 높았다.

조선 후기 우리 역사의 무대는 한반도에 불과했지만, 삼국 시대는 만주와 연해주를 포함한 보다 넓은 지역이었다. 그리고 그곳에는 울창한 숲[1]이 펼쳐져 있었다. 삼국 시대 한반도의 생태 환경은 조선 후기의 생태 환경과 크게 달랐다. 한국사를 조선 후기를 기준점으로 삼아 보게 되면, 앞선 시대의 다름을 제대로 이해하기가 어렵다. 시대마다 역사를 보는 기준점을 바꿔야 한다.

농업이 발전이고 수렵과 채집이 야만이란 선입견을 갖고 있다면, 이제는 그것을 버려야 한다. 삼국 시대 농민들이 농사에 전념하지 못하고 수렵과 채집에 크게 의존했다는 것이 한국사의 후진성을 말하지는 않는다. 후진성을 거론하는 것은 많은 사람들에게 오랫동안 하나의 상식처럼 받아들여진 선입견, 즉 수렵과 채집보다 농경이 우월하다는 믿음 때문이다. 하지만 초기 농경사회를 연구한 결과 세계 학계에서는 농경이 우월하다는 믿음이 깨진 지 오래다.[2]

수렵 채집민[3]에 대해 재인식하지 않으면 한국사는 물론 세계사를 새롭게 인식할 수 없기 때문이다. 농사짓기가 시작되었다고 해서, 수렵 채집민이 순식간에 농민으로 전환된 것이 아니다. 수렵 채집민은 지역마다 다른 생활상을 갖고 있다. 북극권역이나 열대우림지역에 사는 수렵 채집민은 수렵과 어로, 채집의 비중이 절대적이지만, 온대나 냉대 기후 지역 숲에서 사는 수렵 채집민은 농사와 상업, 어렵, 가축 키우기 등을 병행한다. 수렵과 채집을 주업으로 하면서도 부분적으로 농사를 짓는 사람들도 있고, 농사를 지으면서도 농한기에 수렵하는 사람들도 있다.

조선 후기에는 농한기에도 수렵하기가 어려웠고, 숲에서 얻을 수 있는 것이 많지 않은 시대였다. 농민들은 굶주려 죽어도, 농사짓기 외에는 특별히 먹고 살길이 없었다. 농업은 강요된 것이지, 농민들이 선택한 것이 아니었다. 조선 후기는 삼국 시대에 비해 시비법과 모내기법 등 농업기술 발달로 농업 생산성이 삼국 시대보다 훨씬 높았다. 하지만 조선 후기 농민들이 삼국 시대 농민들보다 부유하게 살았던 것은 아니다. 인구 증가로 인해 가계 소득은 개선되지 못했다. 반면 삼국 시대 농민들은 숲에서 수렵과 채집 등을 통해 농사일 외에 다른 수입을 얻을 수가 있었다. 농업에만 전념할 필요가 없었다. 조선 전기까지만 하더라도, 수렵과 채집은 농민들에게도 중요한 생산 활동이었다.

2. 농경민이 만든 편견

수렵 채집민이 야만인?

농사와 상업에 종사하던 그리스인들은 마케도니아와 스키타이 사람들을 야만인을 뜻하는 바바리안이라 불렀다. 로마인들도 라인 강과 다뉴브 강 너머에 사는 게르만족을 괴이한 야만인으로 취급했다. 또 중원지역에 살았던 농경민인 한족들은 자기 주변에서 유목 생활을 하거나 수렵 채집 생활을 하는 사람들을 이만융적夷蠻戎狄 4종류로 나눠 부르고, 온갖 더러운 이름을 뒤집어 씌웠다. 어둑어둑한 깊은 숲속에서 말을 타고 불쑥 뛰쳐나와 활을 쏘는 수렵민은 농경민에게 두려움을 주었다. 그래서 농경민들이 숲은 괴수가 사는 무서운 곳이며 수렵민은 야수와 같은 사람이라는 편견을 만들어냈다. 세계사는 대부분 농경민의 입장에서 만들어졌다. 영화에서 수렵민은 늘 악당이나, 미개하고 잔인한 존재로 등장한다. 그리고 농경민과 도시민이 이들과 싸우다가 결국에는 승리하는 것으로 묘사된다. 농경민은 선한 존재이고, 수렵민은 악한 존재일까? 그렇게 믿고 싶은 것은 우리의 수렵민에 대한 무지와 선입견 때문이 아닐까?

프랑스의 계몽주의 사상가인 몽테스키외(1689~1755)는 사회발전의 단계를 수렵의 야만 단계, 목축의 미개 단계, 문명 단계로 나누어 설명했다. 야만은 야생적인 후진성을 바탕에 두고 의식주를 비롯한 물질적인 생활에서나 도덕이나 종교 등 정신생활에서 일정 수준에 이르지 못한 조건을 지칭한다. 야만의 세계는 힘의 논리에 의한 약육강식과 생존을 위해 인간과 자연을 대상으로 한 끝없는 투쟁, 식인풍습인 카니발리즘으로 표현된다.

문명의 대척점에 놓인 야만은 19세기 제국주의시대에 정벌하여 없애야 할 대상이 되었다. 제국주의자들이 발견한 수렵 채집민은 아직 식민지가

농사의 시작이 인류 역사를 바꾸었지만, 농사로 인한 부작용도 컸다.

안 된 아마존 유역과 아프리카 열대우림, 오세아니아, 북극권 등지에서 문명 세계와 교류가 거의 없이 살아가는 사람들이었다. '수렵 채집민은 가난하고, 미개하고, 이해할 수 없는 신앙과 열악한 도구를 가진 사람들로, 구석기 시대로부터 지금까지 같은 삶을 살아온 진화되지 않은 도태된 사람들'이라는 것이 이때 만들어진 선입견이었다. 그래서 수렵 채집민에 대한 연구는 고고학과 더불어 인류학의 대상이 되었다.[4] 그 결과 수렵 채집민은 구석기인이나 열대우림 등에 사는 부족민을 떠올리게 되고, 자연스럽게 '수렵민은 야만인'이라는 편견이 지금까지 지속되고 있는 것이다. 그러다 보니 현재 한국인의 인식 속에 수렵과 채집이란 말은 TV 오락프로그램인 '정글의 법칙'에서나 볼 수 있는 원시적인 원주민들의 생존방식이란 이미지로 다가온다.

하지만 수렵 채집민은 지역에 따라 삶의 방식이 매우 다양하다. 열대우림이나 북극권에 사는 수렵 채집민이 옛 모습을 그대로 간직하고 있는 것은 상대적으로 고립된 자연환경 탓이 크다. 농경민도 고립된 지역에 살면 문명을 발전시킬 수가 없다. 수렵민은 야만스럽고, 농민이나 도시민들이 문명인답게 교양과 지혜를 갖춘 사람이라고 단정할 수는 없다. 진화생물학자인 재레드 다이아몬드는 세계적인 명저『총, 균, 쇠』의 〈프롤로그〉에서 그가 파푸아뉴기니에서 생태학 연구를 진행하면서 뉴기니인과 만난 경험을 소개하고 있다. 그는 뉴기니인과 대화를 통해서 뉴기니인과 백인이 서로 다르게 발전한 것은 환경의 차이에서 비롯된 것일 뿐, 인종의 우월함과 열등함의 차이가 아님을 말한다. 그는 문명은 좋은 것이고, 수렵 채집민 사회는 비참하다는 편견을 비판한다. 또한 문명 연구의 동기는 문명의 우위를 찬양하는 것이 아닌, 단순히 역사를 이해하는 것이라고 주장하며, 유럽 중심주의적 접근법과 서구 사회의 우수성에 대한 망상을 비판했다.[5]

문명사회의 야만

진정한 야만 사회는 수렵 사회가 아닌 도리어 문명사회일 지도 모른다. 인간 아래 인간이 있는 문명사회의 발전과정에서 나타나는 노예제 사회가 진정 야만 사회가 아닐까? 수렵과 유목 사회에도 노예가 있기는 하지만, 전쟁 포로인 경우가 대부분이다. 숲속에 살아가려면 자연과 더불어 살아야 하며 혼자 살아갈 수가 없다. 숲은 사람들의 협동을 요구한다. 사냥을 하려면 지도자가 있어야 하지만, 동지애가 우선이고 계급성이 우선시되지는 않는다. 수렵 사회는 차별적인 노예제가 발달하지 않는다.

농경 사회가 수렵 사회보다 앞선 것은 많은 사람과 접촉하면서, 다양한 지식을 축적했기 때문이다. 하지만 지식이 인간을 보다 훌륭한 인간을 만드는 것은 아니다. 도리어 축적된 지식이 자신들에게 내재된 원초적 야만적 행태를 포장하고, 자기합리화에 동원되기도 한다. 상대를 이해하고 존중하고 함께 인간답게 살아가는 세상을 만들지 못하고, 도리어 자신만이 옳고, 상대는 야만이라고 폄하하는 오만한 개인이나 집단이 진짜 야만이 아닐까? 자기만을 위해 타자를 배려하지 않고, 오직 자신의 이익과 감정을 위해 타인에게 무자비한 폭력을 가하는 현대인이 도리어 야만인이 아닐까? 현대 사회가 과연 인간이 꿈꾸던 문명사회이고, 발전된 사회일까? 도리어 인간성이 퇴보된 새로운 야만 사회는 아닐지, 되돌아봐야 할 것이다.[6]

농경민의 입장에서 수렵 채집민을 야만인이라고 폄하하는 것은 오만이고 독선이다. 자기 나라, 자기 종교만이 옳고, 그렇지 않은 것은 모두 잘못되었다고 하는 독선적인 생각은 그 자체가 야만이다.

근대 서양인들은 숲속에 사는 수렵민을 식인풍습을 하는 야만인이라고 폄하하고, 제거되어야 할 대상이거나 정복되어야 할 대상으로 지목했다. 그러나 식인풍습은 굶주린 수렵민, 유목민이 아니라 농경민들 사이에서 훨씬 많았다.

중국 역사에서는 식인 사례가 매우 많았다. 중국인이 잔인하기 때문에 식인을 한 것이 아니다. 38.7만㎢ 광활한 면적을 자랑하는 중원대평원은

의림지. 농경지에 물을 대기 위한 저수지의 건설은 농사가 사람들의 삶에 중심이 되었음을 알리는 것이라고 할 수 있다.

의림지 건설에는 많은 인력이 동원되었다. 이처럼 농업은 많은 노동력을 필요로 했다.

농사짓기에 최적화된 곳이라서, 일찍부터 많은 인구가 모여 살면서 중국 문명을 꽃 피운 곳이다. 지평선이 펼쳐진 드넓은 평원에는 광활한 농경지와 많은 인구가 거주하는 촌락이 들어섰다. 그런데 이곳에는 가뭄, 홍수, 메뚜기 떼의 습격 등 자연 재해가 빈번하게 발생한다. 자연재해가 닥치면 한 해 농사를 완전히 망치기 쉽다. 굶주린 농민이 먹을 것을 구하려고 해도, 황폐해진 평원에서 먹을 것을 찾기 어렵다. 주변에 숲이라도 있으면 도토리 등 구황식물을 구할 수가 있지만, 그것도 여의치 않은 곳이다. 굶주려 먹을 것이 하나도 없는 상황에서 최후의 수단으로 식인을 하는 것이다. 식인풍습은 환경 탓이지 민족성이나 생업 탓이 아니다.

　세계 최고의 선진 문명국이라는 미국에는 거대자본을 들여 만든 가축 도살장이 많다. 대량으로 고기를 소비하는 만큼 빠르게 가축을 고기로 만들어 공급해야 하므로, 신속하게 가축을 죽여야 한다. 하지만 가축 살해

방법은 야만스럽고 잔인하기 그지없다. 수렵민과 유목민은 가축을 죽일 때에는 고통을 최대한 줄여주며 죽인다. 동물을 죽이면서도 어쩔 수 없어 죽여 미안하다는 마음을 가진다. 반면 동물을 돈벌이 수단 그 이상으로 생각하지 않는 문명인들은 동물의 입장을 고려하지 않는다. 죽어가는 동물들의 입장에서 본다면, 가축 도살장을 운영하는 부유한 미국인이 야만인일 것이다.

3. 한국사의 주 무대였던 숲

배움의 공간이자 종교를 탄생시킨 숲

고대 그리스 학문의 전당이라고 하는 '아카데미아'는 성스러운 숲에서 시작되었다. 철학자 플라톤은 숲을 걸으며 산술, 기하학, 천문학 등의 학문을 학생들에게 가르쳤다. 인도의 수도자들은 숲에서 스승을 만나 지식을 배우고, 학문을 익혔다. 숲은 고대 지식의 전당이자 신전이었다. 신전은 대개 숲에 있었다. 숲에서 사람들은 신을 찬미하고, 신이 만든 세상을 이해하기 위해 다양한 생각과 연구를 하게 되었고, 점점 학문을 발전시켰다.

신라 화랑의 기원인 원화는 신을 모시는 신궁神宮의 신녀들이었다. 그들이 청소년들에게 삶의 지혜와 무예를 가르쳤다. 화랑과 낭도들은 명산대천을 돌아다니며 몸과 마음을 수련하며 학문과 무예를 배웠다. 부처님은 깨우침을 얻기 위해 숲속에 들어가 수련을 했고, 수도자들과 많은 대화를 나누었다.

숲은 배움의 공간이자, 종교를 탄생시킨 장소였다. 숲속에서 살기 위해서는 엄청나게 많은 지식을 획득해야만 한다. 수많은 동식물의 생태를 알아야 한다. 식물이 어느 땅에서 잘 자라고 못 자라는지, 다양한 돌과 나무가 어떻게 다른지에 대해서도 알아야 했다. 숲에 사는 사람들에게도 농민들과 마찬가지로 1년 단위 시간표가 있다. 언제 동물들이 수태를 하며, 언제 어떤 조류나 어류가 출몰하는지, 언제 어떤 나무에서 열매가 맺고, 언제 어떤 자연 현상이 일어날지를 아는 것은 생존을 위한 필수 지식들이다. 수렵민도 계절의 변화를 아는 것이 중요하다. 아직 농경이 본격화되기 전인 기원전 2,800~2,200년경 영국 솔즈베리 평원에 스톤헨지가 조성되었다. 스톤헨지를 만든 이유에 대해서는 아직 논란이 계속되고 있지만, 당시 수렵 채집민의 천문학 지식이 반영된 유적이라는 것에는 모든 연구자들이 동의하고 있다. 천문학은 농민만이 아니라 수렵 채집민에게도 중요했다.

수렵민은 곰이나 멧돼지, 사슴을 남획하면 다음 해에 사냥감이 줄어드는 것을 즉시 알게 된다. 그들은 무리한 욕심을 내서 사냥하거나 필요 이상의 많은 양의 먹거리를 채집하지 않는다. 동식물의 안정적인 생태 순환을 파괴하지 않은 한도에서 수렵민은 다른 동식물과 공존할 수 있는 방식을 택한다. 농경민이 경작지에서 동물을 내쫓기에 급급해 동물과 함께 사는 방법을 잊어버리는 것과 달리, 수렵민은 동물들과 공존하는 법부터 배운다.

숲에서 성장한 자들은 수렵을 통해 전략적 사고를 익힌다. 수렵민은 생존을 위해 개방성, 포용성을 자연스럽게 갖게 되고, 이를 통해 얻게 된 지혜와 힘으로 고구려, 발해, 금, 청과 같은 거대한 제국을 탄생시킨다. 숲에서 얻은 지식은 농사짓기에서 얻은 지식에 비해 결코 부족하지 않다.

나무의 바다

연해주沿海州(프리모르스키) 지역에는 길이 900㎞에 달하는 거대한 시호테알린 산맥이 있다. 이곳은 호랑이를 비롯한 온갖 야생동물의 천국으로, 숲이 울창한 곳이다. 연해주 남부 흥개호興凱湖(한카호) 주변과 동해안 일대의 평야 지대는 농사짓기에 알맞은 곳이지만, 연해주 전체면적에서 차지하는 비중은 낮다.

중국에서 동북3성이라 불리는 만주 지역은 크게 대흥안령 북부산지, 소흥안령과 장백산지, 동북 중부평원으로 구분된다. 중부평원 가운데 요하

중하류 일대의 요동평원은 농사짓기에 유리한 지역이지만, 북쪽에 위치한 송화강과 눈강 유역의 송눈평원은 기온이 낮은 시기에는 농업보다 목축에 적합하다. 흑룡강과 송화강, 우수리강이 만나는 삼강평원은 토질이 우수한 흑토지대지만, 고위도 지역이라는 한계가 있다. 반면 대흥안령과 백두산 일대는 숲이 많은 곳으로, 나무의 바다樹海라 불리던 곳이다. 숲이 우거진 백두산을 중심으로 장백산맥, 장광재령, 천산산맥 등 크고 작은 여러 산맥 사이에 작은 분지와 계곡 평야가 펼쳐진 남만주 일대는 수렵민에 의해 고구려, 발해, 금, 청이 탄생한 곳이다. 현재 동북3성은 중국 전체 면적의 약 9%에 불과하지만, 중국 산림 면적에서 56%를 차지하며, 임목축적량의 약 40%를 차지하는 지역이다.[7]

한반도는 전체 면적의 약 70%가 산지다. 이처럼 한반도와 연해주, 만주 등 한국사의 공간적 범위에는 산지와 숲이 많고, 평지가 넓지 않다. 따라서 이곳에서 생존하기 위해서는 농업과 더불어 수렵과 채집을 할 수밖에 없었다. 물론 산지가 많다고 반드시 숲이 많은 것은 아니다. 산림은 여러 이유로 변할 수 있기 때문이다.

신라 촌락문서

695년, 755년 또는 815년에 만들어진 것으로 추정되는 『촌락문서』는 신라시대 서원경(오늘날 청주) 부근 4개 촌의 촌명, 촌역, 연호, 인구, 소와 말, 토지, 수목, 호구의 변화, 우마의 변화, 수목의 변화 등이 기재된 공문서다. 신라는 3년마다 각 지역 촌의 사정을 조사하여 문서로 남겼다. 국가가 농민을 철저히 농토에 묶어 두고 세금을 거두기 위해 세부적인 사항까지 기록한 것이 『촌락문서』로, 신라 농촌 사회를 알 수 있는 대단히 소중한 자료다.

이 문서에 등장하는 촌에는 주거지와 경작지뿐만 아니라 산천이 포함되어 있다. 하천 주변이나 야산은 소와 말을 방목하거나 풀을 베는 땅으로 이용되고, 산림은 땔감 마련과 유실수 재배, 채집과 사냥터로 이용되었다. 또한 4개 촌락 가운데 3개 촌락의 둘레와 전답의 면적도 기록되어 있다. 이를 토대로 김기섭은 촌락이 원형인 것을 가정하고, 촌락면적을 계산하였다. 3개 촌락의 면적과 경작지 면적의 비율은 A촌은 14.6:1, B촌은 38.2:1, D촌

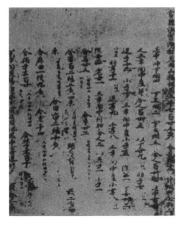

신라 촌락문서. 신라시대에는 경작지 면적이 크지 않고, 숲의 면적이 지금보다 훨씬 넓었다.

은 15.9:1 이다. 3개 촌락에서 차지하는 경작지 면적은 약 4.1%에 불과하다. 실제 촌락의 형태는 원형이 아니므로, 촌락둘레로 촌락면적을 계산한 수치는 실제 면적보다 좁다고 할 수 있다. 따라서 경작지 면적의 비율을 좀 더 높게 볼 수 있다.[8] 대략 주거지와 경작지 면적을 8% 미만으로 볼 수 있을 것이다.

2020년 현재 우리나라 국토의 63.3%가 임야이고, 경작지 18.6%(논 11.1%, 밭 7.5%), 대지 3.2%, 도로 3.4%, 하천 2.9%, 기타(공장, 목장, 학교, 창고, 철도, 제방 등) 8.7% 등으로 이용되고 있다.[9] 『촌락문서』에 등장하는 촌락이 신라시대 평균적인 촌락의 모습이라고 단정하기는 어렵지만, 현재와 비교해보면 신라 시대 경작지 면적이 넓지 않았음을 알 수 있다. 신라시대는 인구밀도가 지금보다 낮았고, 수도인 금성(경주)을 제외하면 대도시가 없고, 큰 공장 등도 없었으므로, 숲의 면적이 오늘날에 비해서 훨씬 넓었다고 하겠다.

숲의 질

더욱 중요한 것은 숲의 상황이다. 숲은 자연림, 2차림, 인공림으로 크게 구분할 수 있다. 자연림은 인간의 손에 의해 변형되지 않은 상태의 숲으로, 자연 상태에서 씨앗이 떨어져 자란 나무로 이루어진 숲이다. 인간이 산에 묘목을 심어 가꾼 숲을 인공림이라고 하고, 2차림은 천재지변이나 인간에 의해 파괴되었다가, 나중에 자연 상태로 보존된 숲을 말한다. 자연림은 이끼류, 초본, 관목, 교목 등 층위별로 다른 식물들과 더불어, 균류, 곤충류, 조류, 포유류, 양서류, 파충류, 그리고 숲에서 자연스럽게 형성된 냇물과 호수 등에 사는 어류까지 다양한 수많은 생명체들이 서로 균형을 유지하면서 생태계를 보존하는 기능을 발휘한다. 하지만 인공림은 대개 단일수종의 나무 위주로 형성되어 있어서 다양한 자연생태를 볼 수가 없다. 인공림은 생태계 보존기능이 매우 약하며, 병충해에도 약하다. 현재 우리나라 숲은 인공림이 대부분으로, 자연림에 비해 단순한 생태환경을 갖고 있다. 반면 과거 숲은 자연림이 대부분이라 생태환경이 다채로웠다. 따라서 숲에서 인간이 구할 수 있는 임산물도 많았고, 동식물도 훨씬 풍부했다.

숲의 상태를 보여주는 대표적인 수치로 임목축적이 있다. 사방 100m 공간인 1헥타르(ha, 10,000㎡)에 나무의 총 부피(㎥)가 얼마나 있는지를 나타내는 용어로 ㎥/ha로 표기한다. 온대 자연림의 임목축적은 600㎥/ha 이상으로, 큰 나무들이 많으면 이 수치가 더 올라간다. 김동진은 15세기까지 한반도 산림의 임목축적량은 600㎥/ha 이상이었을 것으로 추정하였다.[10] 2019년 임목축적량 161.4㎥/ha과 비교해 4배 이상 높은 수치다. 숲이 잘 보존되어 있던 시대에는 사람들이 수렵과 채집활동을 하지 않을 이유가 없다. 숲에 먹거리와 사냥감이 많았기 때문이다.

하지만 조선 후기는 달랐다. 1910년 강원도를 제외한 남한 지역 임목축적량은 약 10㎥/ha에 불과했다. 한반도 전체의 임목축적은 38.2㎥/ha이었다.[11] 특히 경상북도, 전라남도의 임목 축적량은 5㎥/ha에 불과했다. 이 정도라면 무덤 주변과 몇몇 보호림을 제외하면 아예 나무가 없다고 보아도 될 정도다. 숲이 없는 민둥산에는 동물도 먹을 것이 없어 살지 못하고, 버섯이나 나물, 과일이나 견과류 등도 구하기가 어려웠다. 수렵과 채집활동으로 살 수 없는 시대였다.

4. 숲을 바꾼 인간

농업 혁명

인류는 약 10만 년 전부터 야생 곡물을 수확해 먹었다. 하지만 인류가 곡물을 직접 심고 관리하고 수확하는 농업은 약 11,000년 전 메소포타미아 지역에서 시작되었다. 농업은 노동력을 필요로 하지만, 안정적인 식량을 확보할 수 있고 좁은 지역에서 많은 식량을 얻을 수 있다는 장점이 있다. 신시와 같은 종교 중심지에 사람들이 모이면서, 안정적 식량 확보가 필요해지면서 농사짓기가 본격화된다.

영국의 고고학자 고든 차일드(1892~1957)는 수렵 채집에만 의존하던 인류가 농경이라는 전혀 새로운 차원의 생산양식으로 접어듦으로써 여러 가지 사회문화적 발전을 이루었다며 신석기 혁명을 주장했다.[12] 그가 말한 신석기 혁명은 곧 농업 혁명이다. 농업 혁명이 잉여 생산물을 만들어 식량 생산에서 해방된 사람들로 하여금 다른 전문적인 분야에 종사하게 함으로써 인류 문명을 탄생하게 했다는 것이다.

곡물의 씨앗을 땅에 뿌려 자란 식물의 씨앗이나 열매를 수확하여 먹고 사는 농경을 하려면, 논과 밭이 필요하다. 농토를 만드는 여러 가지 방법 가운데 초기에 선호된 것은 풀과 나무가 있는 곳에 불을 질러 화전을 만드는 것이다. 불에 탄 풀과 나무의 재는 훌륭한 비료가 되어, 비옥한 밭을 만들 수가 있다. 농토 주변에는 마을이 생겨났고, 사람들이 살게 되었다. 사람들은 농토에서 농사를 짓는 한편, 농사에 필요한 도구를 만들기 위해 다시 숲을 찾았다. 따비, 쟁기, 괭이, 낫 등 농사용 도구에 나무가 부분, 또는 전체에 사용되었다. 인간의 정교한 손재주는 나무를 다루면서 발달해왔다. 농기구뿐만 아니라, 창, 활, 칼 등 다양한 무기류와 가구, 장남감 등에 이르기까지 나무의 쓰임새는 너무 많았다.[13] 농업 확산과 인구 증가는 필연적으로 목재 소비량을 늘렸다. 거대한 숲 생태계에 하나의 구성원이었던 인간은 불과 도구를 이용하기 시작하면서 숲의 운명을 좌우하기 시작했다. 인간은 숲을 인간의 필요에 의해 다양하게 변화시켰다.

숲을 구분하다

인간은 숲을 여러 가지로 구분하기 시작했다. 신이 머무는 신성한 숲이라고 인정되는 곳에서는 함부로 나무를 베어서도 안 되었다. 어떤 숲은 두려움의 대상이어서, 함부로 들어갈 수 없었다.

> *"나라 남쪽에는 도태산이 있는데, 위魏나라에서는 대백太白이라 불렀다. 호랑이, 표범, 큰곰, 이리가 사람을 해쳐 사람들이 산에서는 오줌이나 대변을 보지 못한다. 산을 지나가는 사람은 모두 물건에 담아 가지고 간다."*[14]

『위서』〈물길전〉에 등장하는 도태산은 함부로 오줌이나 대변을 보지 못하는 특별한 금기가 있는 산이다. 맹수가 많이 사는 산이라 인간의 안전을 위해 금기가 만들어진 것일 수도 있고, 산 자체의 신성함 때문에 금기가 만들어졌을 가능성도 있다. 도태산은 백두산으로 추정된다.[15] 백두산은 산세가 우뚝하고, 산 정상에 천지연못도 있어 고대로부터 신령한 산으로 숭배된 산이다. 신령한 산을 더럽히지 않게 하려는 풍습은 산을 신격화하여 숭배했음을 보여준다. 신라의 천경림과 신유림처럼 신성화된 사례라고 하겠다.

백두산은 과거나 지금도 성스러운 산으로 숭배받고 있다.

인공조림

반면 인간의 손길이 닿기 쉬운 마을 주변 숲은 목재와 땔감을 공급해주는 숲으로 변해갔다. 마을 주변 숲은 인간이 선택한 나무를 인공적으로 심어 키우는 나무 농사가 이루어지는 곳이기도 했다. 인공조림은 마을이 만들어진 신석기 시대에 이미 시작된 것으로 추측되지만, 기록상으로 확인할 수 있는 것은 신라시대부터라고 할 수 있다. 인공조림의 대상으로 잣나무, 호두나무, 밤나무, 복숭아나무 등 유실수와, 목재용 나무가 선호된다. 또한 뽕나무는 누에나방의 유충인 누에를 키우기 위해서 많이 심은 나무다. 누에는 뽕잎을 먹으면서 성장하다가, 약 60시간에 걸쳐 2.5g 정도의 고치를 만든다. 누에는 고치 속에서 약 70시간 후에 번데기가 되며, 그 뒤 12~16일이 지나면 나방이 된다. 1개 고치에서 풀려나오는 실의 길이는 1,200m~1,500m다. 이러한 고치를 모아서 실크를 만들 수 있기 때문

에, 누에를 키우기 위해서는 뽕나무를 많이 심어야 한다. 뽕나무는 고조
선 시기부터 재배한 것으로 추정이 되고 있다.[16]

『촌락문서』에는 신라인들이 마을 주변에 뽕, 잣, 호두나무를 심고, 나무
의 증감까지 철저히 파악하고 있었음을 알려주고 있다.[1718]

구분	뽕나무			잣나무			호두나무[18]		
	고유	식목	현재	고유	식목	현재	고유	식목	현재
A촌	914	90	1,004	86	34	120	74	38	112
B촌	1,091	189	1,280	59	10	69	71	0	71
C촌	640	90	730	42	0	42	107	0	107
D촌	1,166	69	1,235	60	8	68	48	0	48
합계	3,811	438	4,249	247	52	299	300	38	338

사직물紗織物(실크)을 생산할 수 있는 뽕나무는 경제적 가치가 높다. 표에
서 식목은 3년 이내에 나무의 증감을 말하는 것으로, 인공조림이 뽕나무
위주로 이루어졌음을 볼 수 있다. 잣나무와 호두나무도 국가에서 숫자를
파악하고 관리할 만큼 중요한 나무였다. 중국인들은 신라의 잣이 살이 아
주 향기롭고 맛있으며, 중국에서 나는 것과 다르다고 칭송했다. 맛이 호
도와 같고, 술에 담가 먹으면 풍을 치료할 수 있다고 하여 중국에서 상당
한 인기를 누렸다. 술안주, 요리에도 쓰이는 잣은 맛이 뛰어나 크기가 작
아도 값이 비쌌다. 신라 사신들은 중국에 가서 잣을 많이 팔았는데, 옥각
향, 중당조, 어가장, 용아자 등 몇 가지 품종이 있었다. 그 중 옥각향이 최
상품으로 보배로 여겼다. 중국인들은 잣을 신라송, 신라목이라고 부르기
도 했다.[19] 신라에서도 잣을 많이 소비했겠지만, 수출을 위해서도 잣나무
를 심었다고 볼 수 있겠다. 잣은 고려 시대에도 중요 수출품이었다. 945년
고려가 후진에 사신을 보내면서 여러 선물들과 함께 잣 5백 근을 보내기

도 했다.[20]

호두는 밤, 잣, 개암 등과 함께 대표적인 견과류로, 식용으로 널리 이용되었다. 뽕나무, 잣나무, 호두나무는 국가에 세금으로 징수되고 있었다. 『촌락문서』에는 없지만, 유실수로 세금 징수의 대상이었을 것으로 추정되는 밤나무가 있다. 『후한서』〈마한전〉에는 '마한 사람들은 농사와 양잠을 할 줄 알며, 길쌈하여 베를 짠다. 큰 밤이 산출되는데, 그 크기가 배梨 만큼 크다.'고 기록하고 있다.[21] 『수서』〈백제전〉에는 '백제의 토지는 낮고 습하여 사람들은 모두 산에서 산다. 굵은 밤栗이 난다.'고 기록하고 있다. 백제에서도 임산물 생산이 많았음을 볼 수 있다.[22]

『촌락문서』에 뽕나무, 잣나무, 호두나무의 숫자를 기록한 것은 공물을 걷기 위함이다. 유실수와 뽕나무 외에 인간이 관리한 나무는 특별한 수액을 뿜어내는 나무들이다. 고로쇠수액을 생산하는 고로쇠나무, 도료인 옻칠 수액을 생산하는 옻나무, 황금색 도료인 황칠수액을 생산하는 황칠수나무 등이 그것이다. 전라남도 해안가에서 자생하는 황칠수나무는 백제에서 특별히 관리한 나무였다. 백제 이후 신라, 고려, 조선까지 황칠수액은 고급도료로 각광받았다. 특별한 열매나 수액을 생산하지 않아도, 좋은 목재를 생산하는 나무들도 특별 관리를 받았다. 특히 참나무와 소나무 숲은 특별한 보호 대상이었다. 참나무는 좋은 숯을 생산할 수 있고, 소나무는 궁궐이나 배 건조에 필요한 좋은 목재를 제공하기 때문에, 사람들이 함부로 베지 못하게 왕명으로 막고, 많이 심도록 권장되었다.

5. 국가와 수렵 채집민

농업의 시작은 인류 최악의 실수?

인류가 농사를 짓기 시작한 것은 정착생활, 잉여생산물 축적, 인구 집중으로 인한 지식 발전과 전문 직업인 탄생, 국가 탄생 등 인류역사에서 획기적 변화를 가져온 결정적인 사건이었다. 농업을 시작하지 않았으면 인류는 여전히 수렵 채집 생활을 하며 지구 곳곳을 떠돌아다녔을지도 모른다.

하지만 『총, 균, 쇠』의 저자 재레드 다이아몬드는 농업의 시작을 인류역사 최악의 실수라고 지적했다. 그는 인류가 수렵 채집 생활로 수백만 년을 이어오며 생존을 유지해왔지만, 농업을 선택한 후에는 인류문명이 언제까지 지속될지 알 수 없다고 지적했다. 농업을 시작한 이후 지구 환경이 계속 파괴되어 인류의 생존마저 위협받는 문제를 지적한 것이다. 농업이 시작되면서 지구 생태환경이 크게 달라졌기 때문이다. 그는 빙하기 말 수렵민의 남자 키가 5피트 9인치(173㎝), 여자는 5피트 5인치(163㎝)인데, 농경 생활에 적응한 B.C 3000년에는 남자 5피트 3인치(158㎝), 여자는 5피트(150㎝)로 크게 줄어들었다고 지적한다.[23] 농경을 시작하면서 인류의 먹거리가 단순해졌고 영향 불균형이 심화되었기 때문이다. 농업이 인류에게 풍요로운 먹거리를 제공한 것이 아니었다.

미국의 역사학자 윌리엄 맥닐은 인류가 농업을 시작하면서 질병에 시달리게 되었음을 지적했다. 대형 육식동물을 내쫓고, 잡초를 제거하고 인류가 선택한 작물을 재배하는 과정까지는 성공적으로 이루어졌다. 하지만 땅을 뒤집는 과정에서 소형 기생 생물로부터 엄청난 반격을 받게 되었으며, 그로 인해 전에 없던 질병에 시달리게 되었다. 지금도 관개농업 지대에서는 주혈흡충증住血吸虫症을 일으키는 흡충류로 인해 약 1억 명 이상이 병에 감염되어 있는 것으로 추정된다고 한다.[24]

인간이 정착생활을 하면서 집을 짓게 되자 집은 새로운 병균이 사는 온상이 되었다. 햇볕과 바람을 막아주는 공간을 만들다 보니, 자연히 집안에는 바람이 통하지 않거나 습기가 많은 공간이 생기기 마련이다. 이런 곳은 진드기를 비롯한 온갖 미생물이 성장하기 좋다. 농사에 필요한 가축을 키우게 되자 콜레라, 홍역, 천연두, 광견병 등 수많은 인수공통전염병이 인간에게 전파되었다. 인구밀도가 높아지자 전염병이 빠르게 전파되어 인류의 건강을 크게 위협하고 있다.

전염병에서 안전한 숲

숲은 전염병에 안전할까? 대표적인 전염병인 결핵은 공기로 전파된다. 결핵균이 인간의 몸속에 들어온 뒤 인체의 저항력이 약해지면 결핵이 생기게 되는데, 폐결핵이 가장 많다. 결핵은 산업 혁명 시기 유럽에서 유행했다. 오염된 공기, 습한 환경, 밀집된 인구가 있는 곳에서 활발히 전파되는 결핵을 치료하기 위해서 사람들은 신선한 공기가 있는 숲으로 피병하러 갔다. 숲은 산소 분압도가 높아 결핵 세포의 증식을 억제하여, 인간이 자연 회복할 수 있는 시간을 벌어준다. 편백나무를 비롯한 많은 나무들은 피톤치드(phytoncide)를 내뿜는다. 피톤치드는 식물이 병원균과 해충, 곰팡이로부터 자기를 보호하기 위해 내뿜거나 분비하는 물질을 말한다. 나무가 내뿜는 피톤치드를 인간이 마시면 스트레스 해소, 면역력 증강, 살균작용 등의 효과를 기대할 수가 있다. 숲은 도시와 달리 인구 밀도가 낮아, 병원균 전파 속도가 느리기 때문에 전염병이 크게 유행할 수가 없다. 쥐가 옮기는 전염병인 페스트는 숲이 많은 지역을 통과하여 유행하기 어렵다.

7세기 지중해 세계를 휩쓸었던 페스트는 산림이 울창했던 중부유럽의 숲을 지나면서 쇠약해졌는데, 병원균을 전파하는 쥐들이 숲속에서 이리, 올빼미, 족제비 등을 만나면서 많이 죽었기 때문이다.[25]

숲은 농민과 도시인이 잘 걸리는 전염병으로부터 상대적으로 안전한 환경을 제공해준다. 숲에 사는 수렵민은 농경민보다 평균 노동시간이 훨씬 짧다. 수렵민은 한 번 사냥하고 난 후, 한동안은 놀기 마련이다. 반면 농경민은 잡초를 뽑고 비료를 주고, 수확하는 동안 계속 일을 해야 한다. 인간이 허리통증, 근육통을 비롯한 많은 병에 시달리게 된 것은 과잉노동 탓이 크다. 게다가 초기 농업은 수렵, 채집, 유목보다 생산성에서 우세하지도 않았다. 다만 농경에 기반을 둔 사회들이 문명을 발전시킨 것과 달리, 수렵 채집 사회 가운데 단순한 사회조직과 미개한 문화 단계에 머물러 있는 사람들이 많았다. 그들과 문명사회를 비교하면서 농경이 우월한 생산방식이라고 여겨졌을 뿐이다.[26]

농경민의 강점

여러 단점에도 불구하고 농경민이 수렵 채집민을 압도하게 된 것은 어떤 이유 때문일까? 수렵 채집 경제에서 농경으로 옮겨간 과정에 대해서는 여러 논의가 있지만, 필자는 농업이 가진 장점 1가지와 약점 1가지, 그리고 사람의 욕심 때문이라고 생각한다.

농경민은 유목민이나 수렵민보다 인구 증가 속도가 빠르다. 수렵민과 유목민은 아이가 걸을 수 있을 때까지 출산을 미루는 경향이 많아 4년에 한 번 아이를 낳는다면, 농경민은 2년 터울로 아이를 낳는다. 더 많은 노동력 확보를 위해 출산이 장려되기 때문이다.

반면 농경민은 농경지 개간 등에 투자한 것이 있기 때문에 쉽게 농업을 포기하거나 다른 곳으로 쉽게 떠나지 못한다. 이러한 약점 때문에, 농경민은 계속해서 한 곳에 오래 정착하며 농사를 계속하게 된다. 또한 농지 개간, 수리시설 건설, 수확한 곡식을 안전하게 보관하기 위한 창고 건설 등 다양한 집단 노동에 참여하게 된다. 그것이 자신이 농사일을 지속하는 데 도움이 되기 때문이다. 농경은 한 번 시작하면 중간에 그만두기가 어려운 생업활동이다.

그런데 집단 노동 과정에서 설계자, 지휘자, 잡일을 하는 사람 등이 구분되기 시작했다. 결국 집단 내에 계급, 신분, 빈부 등에서 차별이 생겨나고, 주변 집단과의 싸움에서 승리한 자와 패배한 자의 구분이 생기기 시작했다. 집단 간에 우열이 생겨 특정 집단을 중심으로 마을이 도시로 발전하고, 국가가 탄생했다.

이때 권력을 가진 자가 등장하게 되는데, 부족장, 왕 등으로 불린 그들은 자신에게 지배를 받는 사람들이 수렵, 유목, 상업 활동을 하는 것보다 농업에 종사하는 것을 선호했다. 떠돌아다니는 수렵 채집민이나 유목민보다 농경민이 통제하기 쉽고, 안정적으로 세금을 거둘 수 있으며, 덜 저항적이다. 농민은 빠르게 인구가 증가하기 때문에 세금도 많이 거둘 수 있다. 따라서 권력을 가진 자들은 농민들이 다른 곳으로 이주하지 않고, 농업을 계속하여 세금을 내게 하도록 권장, 또는 강요했다. 국가는 의도적으로 농민을 늘렸다.

농민들과 유목민, 수렵민 거주지 사이에 만들어진 장벽(장성 등)은 지배자의 의도가 적극 반영된 것이다. 방벽은 중국의 만리장성, 로마의 하드리아누스방벽 외에도, 서아시아, 그리스 등에서도 발견된다. 이러한 장벽은 유목민, 수렵민과 농경민을 격리시키는 역할을 했다.[27]

농경민이 집단을 키워 국가를 건설하고 장벽을 쌓아 자신들의 영역을 공고히 하는 동안, 방벽 밖에는 유목민, 수렵 채집민이 남았다. 이들은 국가로부터 배제된 사람들이다. 하지만 이들은 문명 발달에 참여하지 못해 뒤처진 사람들이 아니다. 자발적으로 선택하여 국가로부터 자신들의 삶을 지켜낸 사람들이다. 금나라가 멸망하자 동부만주로 돌아와 수렵 채집 생활로 되돌아간 여진족, 몽골제국이 붕괴된 후 몽골초원으로 돌아가 다시 유목 생활로 돌아간 몽골족의 경우가 대표적이다. 그들은 국가를 세웠지만, 국가 유지를 위한 구심력 있는 세력이 없을 때에는 다시 장벽 밖으로 나와 그들의 삶으로 되돌아간다.

　장벽 안에만 역사가 있는 것이 아니다. 국가, 문명이 농경민의 전유물도 아니다. 모든 숲이 농경지로 변화되지 않았듯이, 모든 수렵 채집민이 농민으로 변하지도 않는다.

만리장성은 인간 목장의 울타리

　만리장성은 중국이 자랑하는 세계적인 문화유산이다. 수천 년 간 여러 차례 축성된 만리장성은 중국인의 피와 땀의 결정체다. 그런데 만리장성은 수렵민과 유목민의 입장에서 보면, 인간 목장의 울타리에 불과하다.

　수렵민이 만리장성을 넘어가는 순간 울타리를 넘는 늑대로 간주되어, 인간 목장을 지키는 목장견인 군대의 공격을 받게 된다. 만리장성 안의 농민들은 인간 목장에서 목장주인 황제를 위한 말 잘 듣는 양떼에 불과하다. 황제가 명령하면 거주지도 옮겨야 하고, 황제의 이익을 위해 털과 살코기 즉 온갖 세금을 내야 한다. 그럼에도 불구하고 목장주의 은덕 때문에 식수라도 먹고 풀이라도 뜯어 먹을 수 있다며 그를 칭송한다. 거역해서는 안 된다. 거역하면 가혹한 형벌이 기다리고 있기 때문이다. 털과 살코기를 내주기 싫어 인간 목장을 탈출하는 양떼를 막기 위해 황제는 인간

만리장성은 인간 목장의 울타리였다.

목장의 울타리 만리장성을 수시로 다시 쌓았고, 목장견인 군인들로 하여
금 지키게 했다.

　인간 목장의 울타리를 만든 것은 울타리 바깥에 있는 늑대들에게 경고
하는 의미도 있다. 이곳에 들어와서 양을 납치하거나 양고기를 가져가면
목장견을 풀어 보복할 수 있으니 함부로 울타리를 넘지 말라고 경고한다.
하지만 울타리는 늑대가 넘지 못할 정도는 아니다. 전략적으로 보면 만리
장성은 무용지물에 가깝다. 만리장성 구간 가운데 한 곳만 뚫려도 늑대가
그곳을 통해 쳐들어갈 수 있기 때문이다.

　그럼에도 만리장성은 늑대와 양 모두에게 이곳을 넘지 말라는 경고의
의미만으로도 큰 존재 가치가 있었기에, 계속해서 다시 쌓아졌던 것이다.
양떼들은 울타리 안에서 늑대의 습격에 대한 걱정을 덜고, 열심히 풀을 뜯
어 먹고 산다. 다만 양털과 양고기는 끝없이 목장주인에게 내놓아야 한다.

6. 생업에 따라 다른 사람들

인간은 생업에 따라 생활 모습이 크게 다르다. 결론부터 말하자면, 농경민, 반농반렵민, 유목민, 수렵 채집민은 생업이 다르기는 하지만, 언제든지 여러 이유로 생업을 바꿀 수도 있다. 유목민은 늘 유목만 하고, 수렵민은 농사지을 줄 몰라 농사를 짓지 않는 것이 아니다. 수렵 채집 생활을 하다가도 농사짓기 좋은 기후와 장소를 만나게 되면 농업 비중을 높이기도 한다.

농경민

농경은 생계의 전부 또는 대부분을 재배 식물에 의존하는 생산 경제 체계를 가리킨다. 농경민이 농경으로 살아가려면, 필연적으로 경작지가 필요하다. 서기 2년 한漢의 인구는 5,956만 명에 달했다. 이 가운데 3,293만 명이 약 38.7만㎢ 면적에 불과한 중원평원에 모여 살았다. 당시 한나라 면적을 350만㎢ 정도로 본다면, 특정 지역에 많은 인구가 살았음을 알 수 있다. 황하黃河, 회하淮河, 해하海河 3강이 서에서 동으로 흐르면서 대지를 적셔주는 이곳의 토양은 부드럽고 비옥한 퇴적지로, 땅을 갈아엎지 않아도 작물이 뿌리를 내릴 수 있다. 거름을 주지 않아도 작물이 영양분을 충분히 공급받을 수 있으며, 비가 장기간 내리지 않아도 메마르지 않는 토양으로 최상의 농경조건을 갖춘 곳이다. 따라서 이곳에 많은 사람들이 모여 살았고, 황하문명을 이룰 수 있었다.[28]

중원평원에 사는 사람들은 조, 수수, 기장, 보리, 밀 등을 농사지어 먹었고, 삼베, 마, 뽕나무를 심어 직물을 생산했다. 황하, 회하, 해하와 곳곳에 형성된 자연호수에서 물고기도 잡았지만, 어로가 생업에서 차지하는 비중은 낮았다. 중원평원은 해수면이 낮아지고, 황하 등이 가져온 퇴적물이 쌓이면서 늪지대가 농경지로 변환된 곳이었다. 따라서 고대에도 산림이 없었고, 명아주와 쑥이 자라는 초원과 같은 모습을 하고 있었다. 한나라(B.C202~A.D220) 이후까지 남아있던 주변 산림은 태행산맥(산서성과 하북성의 경계를 이루는 산맥)뿐인데, 당나라(618~907) 시대에 이곳의 산림도 소멸한다. 태산이 있는 산동 지역도 당나라 시대에 벌써 산림이 거의 사라졌다.[29] 따라서 중원평원에 사는 사람들은 농업에 전념할 수밖에 없었다. 이들이 동아시아를 대표하는 농경민이라고 할 수 있다. 또한 조선 후기 산림이 거의 사라진 상황에서 오로지 농사에만 전념하며 살았던 조선의 농민들도 전형적인 농경민이라고 할 수 있다.

반농반렵민

만주와 연해주, 한반도 북부 지역은 산림이 많은 곳이다. 독일의 기후학자 쾨펜(Köppen)의 기후구분에 따르면 이곳은 냉온대 아습윤 기후(Dwa)

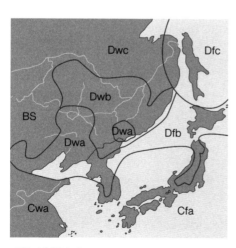

쾨펜 기후구분 지도(김구진 2003, 72쪽 재인용)

와 냉온대 습윤기후(Dwb) 지역이다. Dwa 지역은 농경이 가능한 반면, Dwb 지역은 농경이 어려운 지역이다. 농사가 가능한 Dwa 지역은 요하와 송화강 중상류의 평야 지역과 한반도 서북부, 그리고 오늘날 연변 지역이 포함된다. 이 지역에서 농업은 5월에서 10월까지 지을 수 있다. 9월 말 이후에는 기후가 급격히 떨어지기 때문에, 추위에 강한 농작물을 재배해야 한다. 따라서 콩, 조, 밀, 보리, 수수 등 밭농사 중심으로 농사가 이루어진다.[30]

Dwa 지역에서 고조선, 고구려, 부여, 발해인은 농사를 지었지만, 농업 생산성은 중원평원 지역에 비해 떨어졌다. 겨울에 땅이 얼기 때문이다. 한반도 남부 아열대습윤기후(Cfa) 지역에 위치한 신라가 502년 소로 농사 짓기를 시작한 것과 달리, 이 지역에서는 이보다 수백 년 앞서 소 두 마리가 땅을 가는 겨리 농사를 지었다. 이 지역에는 요하 주변 요동평원과 평양 주변, 황해도 등지에 넓은 평야가 있기는 하지만, 주변에 산과 숲이 많다. 따라서 이곳에 사는 사람들은 그리 높지 않은 농업 생산성을 만회하기 위해 수렵과 채집, 어로와 상업 등 다양한 부가적인 생산 활동을 할 수밖에 없었다.

『삼국지』〈고구려〉기록을 보자.

> "큰 산과 깊은 골짜기가 많고 넓은 들은 없다. 산골짜기에 의지하여 살면서 산골의 물을 식수로 한다. 좋은 밭이 없으므로 부지런히 농사를 지어도 식량이 충분하지 않다. 그들의 습속에 음식을 아껴 먹으나 궁실은 잘 지어 치장한다. 거처하는 좌우에 큰 집을 건립하고 귀신에게 제사지낸다. 또 영성과 사직에도 제사를 지낸다. 그 나라 사람들의 성질은 흉악하고 급하며, 노략질하기를 좋아한다."[31]

이 기록은 초기 고구려가 성장하던 시기 주변 환경을 잘 보여주고 있다. 좋은 농경지가 없는 곳에 살았던 고구려인은 수렵과 채집을 통해 부족한 식량을 채웠고, 때로는 약탈을 통해 식량을 구하기도 했다. Dwa 지역에 살았던 고구려인은 대표적인 반농반렵민이다. Dwa 지역과 달리 벼

농사가 가능한 Cfa 지역에서 살았던 백제, 신라, 가야인은 어떠할까? 백제인, 신라인, 가야인 등도 건국 초기부터 농사짓기에 전념했던 순수 농경민이라고 볼 수는 없다. 주변에 숲이 많아, 숲에서 얻는 이익을 포기할 수는 없었을 것이기 때문이다. 농경민이 수렵과 채집을 포기하는 것은 숲이 멀거나, 숲이 황폐해져 숲에서 얻을 것이 거의 없었을 때 생긴다.

유목민

인간은 약 1만 년 전 양과 염소, 돼지를 가축화시켰다. 약 8천 년 전에는 소, 약 6천 년 전에는 말이 가축화되었다. 농경의 시작 못지않게 인류의 삶을 변화시킨 것이 가축 사육이다. 인간이 가축을 키우기 시작한 것은 비상시 식량 확보와 종교에서 필요한 제물을 안정적으로 확보하기 위함이었다. 그런데 차츰 가축을 전문적으로 키우는 유목민이 등장했다. 유목민은 매우 다양한 형태를 갖고 있다. 『유목사회의 구조』의 저자 하자노프는 목축의 형태를 순수유목, 반유목, 반정주유목, 방목, 하영지목축, 정주방목으로 구분한 바 있다.[32] 그는 유목민이 순수하게 유목만 하는 경우는 거의 없다고 지적한다.

하자노프의 견해에 한 가지를 추가하자면, 유목민들 가운데 유목 사회에서 전쟁에서 패배해 숲으로 피신해 수렵민으로 전환하거나, 수렵과 목축을 겸하는 반목반렵민도 있다는 점이다. 대표적인 사례로 기원전 206년 흉노에게 패한 동호東胡의 갈래인 선비가 있다. 흉노에게 패해 초원에서 밀려난 동호는 선비산과 오환산으로 들어가, 선비족과 오환족으로 나뉘게 된다. 기원전 9년 고구려 유리명왕은 장수 부분노를 앞세워 선비의 성城을 함락하여 복속시킨다.[33] 당시 선비족은 순수 유목민이 아닌 반목반렵민에 가깝다고 할 수 있다. 탁 트인 초원에 사는 유목민은 성의 필요성

이 거의 없지만, 울창한 숲에 살게 되면 언제 매복한 적이 쳐들어올지 모르기 때문에 성이 필요하다.[34]

유목민은 강(Gan)과 조드(Dzud)로 대표되는 자연재해로 인해 초원을 떠나야 하는 경우가 있다. 강은 이상 기온에 따른 집중적 가뭄이다. 조드는 영하 40도가 넘는 혹한으로 인간과 가축들에게 더 치명적이다.[35] 유목민이 초원을 떠나게 되면 숲으로 피신하게 된다. 유목민은 평소에도 가축에 적이 되는 늑대 등을 사냥했다. 따라서 농사 기술이 필요한 농경민이 되는 경우보다 반목반렵민이나 수렵민이 되는 것이 더 쉽다. 이들은 가축이 늘어나고 세력이 커지면 다시 유목민으로 되돌아가기도 한다. 몽골제국을 건설한 칭기즈칸은 아버지가 죽으면서 그의 부족이 초원에서 추방되자, 어린 시절 숲으로 들어가 성장했다. 그는 다시 세력을 키워 초원으로 되돌아갔다.

유목민은 주로 겨울철에 수렵을 하는데, 유목에 해가 되는 늑대 등을 제거하기 위함이다. 수렵은 집단의 결속력을 높이고 사냥을 통해 군사훈련도 병행할 수 있기 때문에 적극 장려되었다. 또한 유목민은 부족한 식량이나 물건을 구하기 위해 이웃한 농경민이나 수렵민과 교역을 하여, 동서 교류의 중요한 역할을 담당했다. 아울러 강과 조드가 닥쳤을 때, 또는 재물에 욕심이 많은 지도자가 등장했을 때 농경민을 약탈하기도 했다.

한편 유목민들도 농사를 짓기도 하는데, 그들의 농법을 나막태-타리야 농법이라 한다. 이 농법은 목축을 영위하는데 지장이 없다. 5월초에 조, 기장, 수수, 메밀 등을 겨울 유목지 또는 봄 유목지 인근에 단기간에 파종을 하고, 여름 유목지로 이동한다. 유목과 사냥을 한 후, 60일~90일 후인 가을에 돌아와 수확을 한다. 김매고 가꾸는 일을 하지 않는다. 중국에서는 이러한 농법이 시행되는 밭을 고척전輂尺田이라 한다. 수확량은 적지만 힘들이지 않고 곡물을 얻을 수가 있는 이러한 농법을 유목민이 시행하는 이유는, 여름에 김매는 것보다 유목을 하는 것이 훨씬 이득이 되기 때문이다. 이러한 농법은 내몽골지역, 몽골고원의 셀렝게하 주변, 바이칼호 주변에서 행해졌다.[36] 이처럼 유목민도 목축뿐만 아니라, 수렵, 상업, 약탈, 농경 등을 병행한다.

수렵 채집민

수렵 채집민은 사냥과 채집을 통해 식량의 대부분을 획득하는 사람들을 말한다. 수렵과 채집은 인류의 오랜 생산 활동이었다. 인류가 농업을 시작한 이후, 수렵과 채집활동을 하던 사람들은 점진적으로 농업으로 생업을 전환했다. 하지만 빠르게 생업 전환이 이루어지지 못한 것은, 농업이 처음부터 수렵에 비해 우월한 생산방식이 아니었기 때문이다. 또한 지리, 기후, 기술, 사회 내부 요인 등으로 인해 모든 지역에서 농사짓기를 할 수는 없었으며, 지역에 따라 수렵 채집 활동의 이익이 농사보다 큰 경우가 있었기 때문이다.

농사와 가축 키우기를 하지 않는 순수한 수렵 채집민은 북극권 빙설 기후대와 열대우림 지역에 대부분 거주한다. 반면 만주, 연해주, 한반도 북부지역의 경우는 울창한 숲에서 수렵과 채집을 주업으로 하면서 가축 키우기, 농경, 어렵 등을 병행한다.

숲이 풍부한 곳에는 강과 호수도 발달하기 때문에, 숲에 사는 사람들에게 어렵은 중요한 생업활동의 하나다. 어렵은 수렵과 채집의 보조적인 생산 활동이지만, 지역에 따라 어렵의 비중이 높은 곳도 있다. 현재 아무르강(헤이룽강, 黑龍江) 유역에는 나나이족(허저족, 赫哲族)이 살고 있다.[37] 이들은 숙신, 읍루의 후손의 후손으로 알려져 있다. 이들은 수렵과 채집 활동을 겸하지만 주요 생업 활동은 아무르강에서 연어 등을 잡는 어렵이다. 나나 이족은 연어 껍질을 가공하여 섬유화한 50여 장을 붙여 한 벌의 옷을 만들어 입는다. 일본 동북부에 사는 아이누족 가운데 연어를 주요 식량원으로 삼은 어렵민도 있다.

어렵, 농경, 가축 키우기를 위해 수렵민은 일정 지역에 정착하지만, 농경민에 비해서는 이동이 자유롭다. 송화강과 목단강이 합류하는 지점인 오도리 지역에 살던 수렵민인 오도리 부족은 조선 초기에 두만강 유역으로 이동하여 살았다. 그런데 오도리 부족의 일부는 1411년에 부족장 몽케테무르의 지휘 하에 서쪽으로 이동하여 개원로 봉주로 이주하였다가, 1423년 다시 두만강 유역으로 되돌아 와서 거주했다.[38] 부족 간 다툼 등 여러 이유로 이동하였지만, 수렵민은 농경민과 달리 쉽게 거주지를 이동할 수 있었다.

수렵민인 읍루인에 대한 『삼국지』 기록을 보자.

"그 지역은 산이 많고 험준하다. 사람들의 생김새는 부여 사람과 흡사하지만, 언어는 부여와 고구려와 같지 않다. 오곡과 소, 말, 삼베가 산출된다. 사람들은 매우 용감하고 힘이 세다. 대군장은 없고 읍락마다 각각 대인이 있다. 그들은 항상 산림 속에서 살며 혈거穴居 생활을 한다. 대가大家는 그 깊이가 9계단이나 되며, 계단이 많을수록 좋다고 여긴다. 그 지방의 기후는 추워서 부여보다 혹독하다. 그들은 돼지 기르기를 좋아하며 그 고기는 먹고 가죽은 옷을 만들어 입는다. … 붉은 옥과 좋은 담비 가죽이 산출되는데, 오늘날 이른바 읍루의 담비가 그것이다."[39]

읍루족은 산림 속에서 사는 수렵민이다. 겨울이 매우 추워 굴을 파고 살았음에도 불구하고, 여름에는 조, 수수, 기장, 보리, 콩 등과 베를 심어 수확하기도 한다.[40] 또한 숲에서 기르기 쉬운 돼지를 키우며 산다. 수렵민이라고 해서 사냥과 채집, 어로만 하는 것은 아니다. 또한 외국에 수출하여 이득을 얻을 수 있는 담비 가죽과 붉은 옥도 생산한다. 수렵민도 가치 있는 생산물을 얻기 위해 일하였고, 주변 농경민 등과 교역을 하며 그들에게 필요한 물건 등을 구입하며 살았다.

7. 한·예·맥·말갈은 누구인가?

한·예·맥의 차이

한韓, 예濊, 맥貊은 한민족 형성의 중심 종족이다. 이들은 농경정착 생활을 하는 한족漢族, 유목문화권에 속하는 흉노, 선비, 유연, 돌궐, 거란족과 구분되는 사람들이다. 농경정착민인 중원인이 기록한 고대 기록에는 이들을 동이東夷, 구이九夷, 구맥九貊 등으로 기록하다가, 차츰 따로 구분하기 시작한다. 예맥족과 관련된 기록은 주나라 시대 금문에 등장하기 시작하고, 한韓은 『시경』 「한혁韓奕」편에 등장하기 시작한다.[41]

중원인의 시각에서 기록한 한, 예, 맥에 대한 기록에는 이들의 신체적 차이나, 복장 차이가 두드러지지 않는다. 또한 왜 이렇게 구분되는지에 대한 이유도 명확하게 설명되어 있지 않다. 단지 『삼국지』 등에서 한은 삼한, 예는 부여와 옥저, 맥은 고구려와 직접 연결 짓고 있어 종족의 명칭으로 이해되고 있을 뿐이다. 예와 맥은 따로 불리기도 하고 예맥으로 함께 기록되기도 하며, 국명인 조선朝鮮과 더불어 기록되기도 한다. 예와 맥은 같은 종족인지, 다른 종족인지에 대해 논란도 많다.[42] 지금부터 2~3천 년 전에 기록된 자료들은 오늘날의 관점에서 볼 때는 주의할 점이 많다. 기록을 남긴 사람들은 지금처럼 문화인류학, 인종학에 대한 충분한 지식이 없는 가운데, 자신과 다른 삶을 살아가는 사람들을 그들의 기준에 따라 구분했을 뿐이기 때문이다. 따라서 한, 예, 맥이 과연 오늘의 입장에서 정의하는 종족[43]과 같은 것인지는 논란의 여지가 있다.

예와 맥에 대해서 김구진은 명나라 시대의 오랑캐兀良哈(농경민)와 우디캐兀狄哈(숲에서 살던 사람)처럼 생활양식에 따른 구분으로 보는 것이 타당하다고 보았다. 예와 맥은 혈통은 같지만, 생활양식이 다르기 때문에 각각 다르게 불린 것으로, 예滅는 강가∮에서 농사歲하던 종족, 맥貊은 숲속에서 짐승豸을 사냥하던 종족百을 일컬었다고 보았다. 따라서 부여 사람들은 송화강 일대 평야 지대에서 농경 생활을 하던 사람들이라 예라 불린 것이고, 만주 내지와 산악지대 골짜기에서 수렵 생활을 하던 고구려 사람들은 맥이라 불렸다고 보았다.[44]

말갈은 누구?

반면 말갈의 경우는 6세기부터 중국 문헌에 등장하지만, 『삼국사기』에는 B.C 1세기부터 등장한다. 또한 중국 문헌에 등장하는 말갈은 만주 동부일대, 『삼국사기』에 등장하는 말갈은 강원도와 함경도 등지의 산악지대를 활동무대로 삼고 있다. 『삼국사기』 등장 말갈에 대해서는 중국 측 문헌에 등장하는 말갈과 다르다는 의미에서 위말갈僞靺鞨이라고도 따로 구분하는 경우도 있다.[45] 하지만 말갈이 삼국 시대 사람들이 사용하던 용어라고 할 때, 만주와 한반도 지역 사람들을 따로 구분하지 않고 말갈이라고 부른 것은 이들이 같은 공통점이 있었기 때문일 것이다. 그렇다면 말갈은 동만주의 산림지역과 백두대간 산간지대에서 수렵을 위주로 생계를 유지해 나가던 사람들에 대한 범칭이자 타칭으로 보는 것으로 옳다.[46] 또한 특정 종족명이기보다 삼국의 변방 및 수·당 시기 동북방 주민, 그리고 일본의 북해도 하이蝦峡 주민 등에게 사용된 비칭, 범칭이 말갈이었다는 한규철의 주장에도 동의할 수 있다.[47]

예족과 맥족, 말갈이 모두 수렵민이라고 할 때, 이들의 차이점은 무엇이었을까? 예족과 맥족은 수렵생활을 하였지만, 농경 생활을 받아들인 사람들이다. 즉 수렵민에서 반농 반렵민으로 전환하여 정착생활을 하면서 도시를 건설하고 부여와 고구려를 세운 사람들이다. 그렇지만 고구려가 건국된 이후에도 고구려 서부일대에서 활동하며, 고구려 또는 선비족과 연합해 서쪽에 위치한 한나라의 변방을 습격하는 예맥족도 있다.[48] 이들은 고구려에 완전히 통합되지 않았던 사람들이다. 하지만 이들 예맥족은 3세기 이후에는 기록에서 사라지기 시작한다. 고구려 서부지역은 농사짓기에 좋은 곳이고 한족 농민들과 잦은 교류가 있었기 때문에, 순수 수렵민으로 남기보다, 반농반렵민 또는 농민으로 전환하는 속도가 고구려 동부지역보다 빨랐다고 할 수 있다. 반면 고구려 최전성기에도 여전히 동부 산림지대에서 수렵생활을 하며 부족단위로 활동하던 수렵민이 남아있었다. 이들이 말갈로 불린 것이라고 할 수 있다.

말갈족의 계보는 믿을 만한가?

그런데 말갈족에 대해서 숙신 → 읍루 → 물길 → 말갈 → 여진 → 만주족으로 계보가 연결된다는 주장이 정설처럼 알려져 있다. 이 주장은 어디까지 받아들여야 할까?

앞서 소개했던 『삼국지』〈읍루〉에는 '대군장은 없고, 읍락마다 각각 대인이 있다. … 비록 수는 적지만 험한 산속에 거주하는데다 독화살을 사용하기 때문에 굴복시키기 쉽지 않다고 하였다.'[49] 라고 기록되어 있다.

그런데 『북사』와 『수서』에는 물길(말갈)에 대해 시대가 앞선 읍루와 풍속 면에서 유사한 것이 많지만, 부족이 7개로 늘고, 각 부족마다 수천에서 7천에 이르는 병사가 있으며, 읍락마다 우두머리가 있고, 이를 대막불만돌大莫佛瞞咄이라 부른다는 점이 크게 다르다.[50] 『신당서』에는 부자가 대를 이어 대막불만돌을 세습한다고 했다.[51]

읍루는 계급 구분이 약하며 숫자도 많지 않은 부여 동북쪽에 위치한 사람들을 지칭한 반면, 물길과 말갈은 계급 구분이 확실하며, 부족이 7개나

광개토태왕릉비문에는 고구려가 동북부 지역으로
영토를 확장한 기록이 보인다.

되며 군대도 수만 명에 이르는 거대 집단을 지칭하고 있다. 3세기에 인구가 적었던 읍루가 5~6세기 물길 또는 말갈로 바뀌면서 인구가 급격히 증가하고 부족이 갑자기 확대되었다고 할 수 있을까?

말갈의 범위로 설정된 지역에는 과거 부여와 옥저, 고구려의 동부 일대가 포함된다. 『광개토태왕릉비문』에는 영락 8년(398)에 군사를 보내 백신(숙신=말갈) 마을과 골짜기를 순시케 하여, 막□라성 가태라곡의 남녀 300여 명을 잡아오니, 이때부터 조공을 바치고 섬겼다고 하였고, 영락 20년(410)에는 동부여가 중간에 배반하여 조공을 바치지 않으므로 왕이 직접 군사를 이끌고 토벌하자, 왕의 덕을 사모하여 5개의 압로鴨盧 집단이 왕을 따라 왔고, 64개성 1400촌을 공파시켰다고 하였다.[52] 고구려는 지방장관인 욕살이 상주하는 책성을 중심으로 동부지역을 꾸준히 관리했다.

반면 물길이 확대되었다고 볼 수 있는 근거는 『위서』에 물길에서 북위에 보낸 사신 을력지가 '물길이 고구려의 10부락을 함락시켰다.'고 말한 것과, 독자적으로 북위와 사신 왕래를 한 기록뿐이다.[53] 470년대에 물길이 잠시 세력을 확장하였지만, 곧 고구려가 물길과 북위의 연결을 끊기 위해 478년 대흥안령 서북쪽에 위치한 지두우 부족을 유목제국인 유연과 함께

양분하는 작전을 개시했다.[54] 고구려의 압력에 따라 6세기에는 물길의 세력이 약해졌다.[55]

게다가 물길(말갈)은 속말부, 백돌부, 안거골부, 불열부, 호실부, 흑수부, 백산부 7개로 나누어져, 통일된 정치체가 아니었다. 이들 가운데 고구려에 대항했던 부족은 속말부의 일부 세력으로, 추장 돌지계가 무리 1천 명을 이끌고 수나라(581~618)에 투항한 적이 있었다. 반면 백산부, 백돌, 안거골, 호실 등은 고구려와 운명을 같이했다.[56]

당나라(618~907)에서는 말갈을 수십 개의 부로 파악했다. 말갈은 하나의 통일된 집단이나 민족이 아니었다. 속말부의 돌지계 집단이 고구려에 대항하기도 했지만, 속말말갈이라 불린 사람들 역시 고구려에 속해 있던 사람들이다. 고구려가 멸망하지 않고 지속되었다면, 그들은 말갈인이 아닌 고구려인으로 계속해서 불렀을 사람들이다.

말갈인은 사냥을 주된 업으로 하였다. 그리고 부분적으로 농사짓고, 강에서 고기 잡고, 붉은 구슬도 캐며 수렵 채집 생활을 했다. 백두산 부근에 살았던 백산부는 읍루와는 관련이 없다. 고구려인 가운데 수렵 채집 생활을 하는 사람들도 말갈로 불린 것이다. 그렇기 때문에 598년 고구려 영양왕이 말갈 무리 1만을 이끌고 수나라 영주를 기습 공격할 수 있었던 것이다.[57] 말갈이 이민족이었다면 이런 일은 불가능했을 것이다. 고-당 전쟁에서 말갈은 고구려의 일원으로 싸웠다. 고구려에서 부족별로 편재된 군대가 말갈군인 셈이다. 일본과 중국 학계에서는 발해를 고구려유민과 말갈족 연합국가라는 주장을 하지만, 고구려족과 말갈족이 처음부터 다른 종족이었다면 발해의 본래 국명이 고려 즉 고구려였다는 사실을[58] 설명하기가 어렵다.

말갈을 별개의 종족으로 보았기 때문에 발해가 이중 국가라는 견해가 나온 것일 뿐, 고구려유민과 말갈족의 종족간의 갈등이 있었다는 증거는 지금까지 알려진 것이 없다. 발해 시대에도 산림에서 수렵생활을 하며 부족생활을 유지하던 사람들과, 도시와 농촌에서 생활하던 사람들의 생활양식 차이는 존재했다. 이 또한 지리적 조건, 생업 활동의 차이 때문에 생긴 문제다.

16~17세기 여진족도 해서여진, 동해여진, 건주여진 등으로 만주 일대에서 부족생활을 하던 사람들 전부를 지칭했지만, 사실 하나의 종족은 아니다. 해서여진 4부족 가운데 여허부족은 몽골족에서 유래된 이들이다. 동해여진은 건주여진과 언어에서 많이 달랐다. 동해여진의 일부는 만주족이 만리장성 남쪽으로 들어갈 때 따라 들어가지도 않았다. 그럼에도 이들이 여진족(만주족)으로 통칭된 것은, 강력한 정치권력이 등장했기 때문이다. 정치판도가 변하면서 갑자기 하나의 종족으로 불리게 된 것뿐이다.[59]

말갈은 외부에서 생활습관 등을 보고 뭉뚱그려 부른 호칭일 뿐이다. 말갈의 여러 부 가운데 고구려인과 언어계통이 다른 이들도 있다. 하지만 언어로 인해 이들이 갈등을 빚었다고 볼 수는 없다. 수렵 채집을 하며 부족민으로 살아가는 그들은 강력한 농경제국으로 변신하는데 성공한 고구려와 교역하며 많은 것을 의지할 수밖에 없었다. 그들은 고구려의 위기를 자신들의 위기로 여겼고, 당나라와 전쟁에 수많은 병사들로 나간 것이다. 고구려가 존재했을 때에 그들은 고구려인이었다.

예, 맥과 달리 한韓은 평지에서 농업에 종사하던 사람을 지칭하는 것으로 볼 수 있다. 고조선도 한으로 지칭되었겠지만, 국가를 형성했기 때문에 한이란 용어가 아닌 조선으로 불렸던 것이다. 한이라 불린 사람들의 범위는 북중국에서 한반도 남부까지 광범위하다. 한은 한반도 남부 지역에 마한, 진한, 변한을 아우르는 용어로 사용되었는데, 『진서晋書』를 끝으로 등장하지 않는다. 백제, 신라, 가야의 성립과 함께 일정기간 병행되다 사라진다.

한, 예, 맥, 말갈 호칭은 한반도와 만주 일대의 지리적 다양성과 생업 활동의 차이로 인해 생긴 것이다. 이들을 아우를 정치체제가 등장하여 통합된 문화가 형성되었을 때에는 서로 간의 차이가 줄어든다. 반면 통합된 정치체가 사라지게 되면, 생업 활동과 그로 인한 문화의 작은 차이가 점점 크게 벌어지고, 경쟁, 반목, 배척의 과정을 겪게 된다.

2장

왜 환웅은 신단수로 내려왔을까?

1. 신단수와 신시

신단수

1285년경 일연이 집필한『삼국유사』〈고조선〉편은 한국 역사상 최초의 국가 고조선의 건국 이야기를 담고 있다. 한국인에게 상식처럼 알려져 있는 고조선 건국 이야기에서는 천신의 아들 환웅이 지상에 내려와 신시를 열고 세상을 다스리다가, 사람이 되고 싶은 곰과 호랑이를 만난다. 곰이 웅녀로 변하여 환웅과 결혼하여 단군을 낳았고, 단군이 고조선을 세웠다는 내용이다.[60]

그런데 천신의 아들 환웅이 무리 3천 명을 이끌고 정착한 곳이 태백산 신단수神壇樹 아래였다는 것에 주목해보자. 1287년 이승휴의『제왕운기』에서는 신단수를 태백산 정상 신단수神檀樹로 기록하고 있다.[61]

고조선 건국 이야기는 오랜 세월 전승되면서 여러 차례 변형되었다. 그럼에도 이야기 속에 담겨진 사람들이 말하고자 핵심 가치만큼은 크게 달라지지 않았다고 볼 수 있다. 고조선 건국 이야기는 고조선이 신의 자손에 의해 성스럽게 건국되었다는 것을 말하려는 것이다. 이러한 목적에 부합하는 이야기가 만들어지고 전승되는 과정에서, 환웅이 지상에 내려올 때 도착할 장소로 가장 적합한 곳으로 지목한 곳이 당시 사람들이 가장 신성한 산과 나무로 생각하고 있는 태백산의 신단수였다.

신단수는 하늘에서 환웅이 지상으로 강림한 통로였을 뿐만 아니라, 지상에서 하늘로 연결되는 통로였다. 곰과 호랑이가 환웅과 만나 사람 되기를 희망하자, 환웅은 그들에게 굴에 들어가 수련할 것을 명한다. 곰과 호랑이가 사는 곳은 거대한 숲이지, 넓은 평야 지대가 아니다. 호랑이는 환웅의 지시를 이행하지 못했지만, 곰은 마침내 사람인 웅녀로 변신하는 데 성공한다. 웅녀는 자신의 짝이 없자, 신단수 아래로 가서 짝을 만나 잉태하기를 기원한다. 웅녀의 기원을 받아들인 환웅이 사람이 되어 웅녀와 혼인하여 단군을 낳게 된다. 웅녀가 신단수를 기도의 장소로 선택한 것은, 이 나무가 지상의 소식을 하늘에 있는 천신에게 전하는 통로라고 생각했기 때문이다. 신단수는 사람의 기원과 신의 의지가 왕래하는 쌍방 통로인 셈이다.

하늘로 통하는 사다리

신성한 나무가 하늘로 통하는 사다리라고 생각한 것은 고조선 건국 신화만이 아니다. 잉글랜드의 전래동화인 잭과 콩나무(Jack and the beanstalk)는 지상과 하늘을 연결하는 거대한 콩나무를 타고 잭이 하늘까지 갔다 오는 이야기다. 북유럽신화에 등장하는 위그드라실(Yggdrasil)은 천상과 지상, 지하 등 아홉 개의 세계를 연결하는 거대한 물푸레나무다.

나무가 천상과 지상, 지하를 연결하는 통로라는 믿음은 마을 수호신으로 여겨지는 솟대에서도 찾아볼 수 있다. 솟대는 삼한의 신성지역인 소도에서 나무를 세우고 방울과 북을 매달아 신을 섬긴 것에서 유래되었다. 솟대 끝에는 나무를 깎아 만든 새를 올려놓곤 했다. 솟대는 만주족에도 있다. 만주족의 솟대는 신간神杆(만주어로 SOMO)으로, 나무 위쪽에 수수를 담은 그릇을 놓아 까치밥이 되게 하는 풍습이 있다.

『삼국유사』 고조선 이야기가 원형에 가까운 이야기라면, 『제왕운기』 고조선 이야기는 좀 더 후대에 각색하여 만들어진 이야기로 볼 수 있다. 환웅이 강림한 나무를 신을 모시는 제단祭壇의 나무神壇樹가 아닌, 신이 깃든 박달나무神檀樹라고 한다면, 과연 이 나무가 하늘과 통로로 적합할까? 박달나무는 20~30m까지 자라며 온대 북부 지방의 깊은 산에서 자라는 나무

곰과 호랑이의 변신 이야기는 고구려 씨름무덤에도 그려져 있다.
왼쪽이 보이는 나무가 신단수이고, 그 아래 곰과 호랑이가 그려져 있다.

다. 박달나무는 조직이 치밀해서 매우 단단하고 무겁다. 방망이, 홍두깨, 수레바퀴, 떡살, 다식판, 머리빗 등 다용도로 사용된다. 고대 동이족은 박달나무로 활檀弓을 만들기도 했다. 키가 크고 웅장한 나무여서, 신이 깃들 만한 나무로 선택되기에 적합한 나무다. 박달나무는 지금도 사람들의 치성과 기도를 들어주는 신령수로, 당산나무로 이용되고 있다.

박달이란 이름은 붉달 → 박달로 '광명의 땅'이라는 뜻을 갖고 있다. 박달나무는 일찍부터 광명의 나무, 신의 나무로 불렸다. 단군檀君이 광명의 땅을 다스리는 군주임을 표현하기 위해, 신단수의 단檀이 제단祭壇이 아닌 나무 가운데 광명과 뜻이 통하는 박달나무로 표현하고, 광명의 땅 박달나무신과 환웅의 손녀가 결혼해 단군이 탄생했다는 이야기로 변화시킨 것으로 보는 견해도 있다.

두 이야기에 차이가 있기는 하지만, 천신의 아들인 환웅이 숲에서 사람들을 다스리기 시작했으며, 단군 역시 숲에서 성장한 사람이라는 기본 골격만큼은 다르지 않다.

환웅은 풍백, 우사, 운사 등을 거느리고, 곡식과 생명, 질병, 법률, 선악 등 인간의 360여 가지 일을 주관하며 인간세계를 다스렸다. 환웅이 머문 곳은 신단수 아래였고, 신시神市라고 했다. 신시는 사람들이 모이는 성소이자 시장으로 해석된다. 시市, 즉 시장은 본래 사람들이 모이는 종교적 성소 주변에서부터 발달한다.[62] 종교적 이유로 모인 사람들이 서로에게 필요한 물건을 거래하면서, 차츰 시장이 활성화되고 도시가 형성된다.

환웅의 무리 3천, 그리고 곰과 호랑이를 부족집단을 표현한 것으로 본다면, 이들을 수용한 신시는 도시 규모에 이른 것으로 보아도 될 것이다.

고대 문명은 나무에 의지해 탄생했다. 나무는 인간이 문명을 건설할 때 가장 필요한 자원이다. 나무를 이용해 집을 짓고, 나무로 농기구를 만들어 농사도 지었고, 일상에 필요한 수많은 물건을 만들 수 있었다. 또한 나무를 땔감으로 이용해 금속을 녹여 수많은 물자를 만들어낼 수도 있다. 환웅이 특별히 신단수 아래에 신시를 세운 것은 그곳에 나무가 있었기 때문이다.

수렵 채집민이 만든 신전

터키 남동부에 위치한 괴베클리 테페에는 세계에서 가장 오래된 신석기 시대 유적이 있다. 12,000년 전 인간은 이곳에 200개가 넘는 T자 형 돌기둥을 원형으로 둘러 세우고, 동물 형상을 조각해 놓았다. 무게 10~20톤, 최고 50톤에 달하는 거대한 돌기둥을 건설하려면 적어도 500명 이상

괴베클리 테페 유적은 수렵 채집민이 건설했다.

의 노동력이 필요했다. 돌기둥을 운반하고 세우기 위해서는 굴림대 등 많은 나무가 사용되었다. 그런데 놀랍게도 이 유적을 건설한 당시에 인류는 농경을 시작하지 않았다. 이 유적을 건설한 사람들은 수렵 채집민이었다.

괴베클리 테페 유적은 종교적 성소였다. 이 유적을 통해 신전에서 제사를 주관하는 제사장, 신전 건설을 할 때 사람들을 동원하고 지휘하는 지도자, 돌기둥을 가공하고 동물 형상을 조각한 석공 등 전문가가 수렵 채집민 사이에서 등장했음을 알 수가 있다.

거대한 신전을 건축하는 동안, 사람들은 성전 주변에서 장기간 머물 수밖에 없다. 또한 성전이 완성된 이후에도 종교행위를 위해 사람들이 모여 살게 된다. 동물의 난입, 다른 부족의 침략 등으로 인해 성전이 훼손되는 것을 막기 위해 방어시설을 만들 필요성이 생기게 되므로, 이를 관리할 사람들도 필요해진다.

수렵 채집민이 수렵과 채집 활동만을 하며 한 곳에 많은 사람이 모이기에는 일정한 한계가 있다. 모인 사람들을 모두 먹여 살리기에는 주변에서 얻을 수 있는 사냥감이나 과일 등 채집거리가 충분하지 않을 수 있기 때문이다. 외부에서 성전에 공물을 바치러 오는 사람들이 있다고 해도, 이것 역시 한계가 있을 것이다. 신에게 바칠 제사 음식을 안정적으로 바치기 위해서라도, 식량 확보를 위한 새로운 방법을 찾아내야만 했다. 즉 사냥감을 미리 잡아 우리에 넣고 키우는 가축 키우기와 주변에서 자라는 야생곡물을 안정적으로 채집할 수 있는 방법, 즉 특정한 곡물을 한 곳에 모아 심고 이를 수확하는 농업을 시작하게 된 것이다.

이곳에서 동쪽으로 약 200㎞ 떨어진 하산케이프에서 같은 시기에 수렵 채집민이 1천년 넘게 사용한 주거지 유적이 발견되었다. 수렵 채집민도 한 곳에 오래 정착해서 살면서, 거대 신전까지 건설할 수 있었음이 밝혀진 것이다. 괴베클리 테페 유적 발굴 이후, 고고학자들은 농업이 시작된 후에 도시가 형성되었다는 기존 이론을 수정하고 있다. 수렵 채집을 하던 사람들이 한 곳에 정착하기 시작하고, 서서히 계급이 생겨났으며, 그 다음에 가축 키우기와 농경이 시작되었다고 순서를 바꾸고 있다. 그리고 종교가 이를 시작하게 만든 원인으로 보고 있다.[63]

농경민이 아닌 수렵민이 문명을 시작했다는 사실은 우리 역사에도 적용할 수 있다. 환웅의 신시 시대는 숲에서 살았던 수렵 채집민의 시대였다. 신시가 점점 확대되고 인구가 늘어나면서 식량 확보가 중요해지자 농업의 중요성이 점점 커졌고, 이에 맞는 새로운 시대의 군장인 단군이 등장하게 된 것으로 이해할 수 있을 것이다.

웅녀는 최고의 어머니

『삼국유사』〈고조선〉기록에서 가장 논란이 많은 부분은 곰과 호랑이의 변신 이야기다. 곰이 금기를 지켜 삼칠일 후에 여인으로 변신하였다는 이야기는 요즘 사람들의 지식체계에서는 사실이 아닌, 믿지 못할 신화로 받아들여진다.

그런데 궁금하지 않은가? 왜 옛 사람들은 곰이 여인으로 변신한다는 말도 안 되는 헛소리를 이야기로 만들었을까? 건국 이야기는 이 나라가 얼마나 대단한 나라이고, 신의 축복을 받은 성스러운 나라임을 과시하는 내용으로 꾸며지기 마련이다. 그래야 건국 이야기를 통해 백성들에게 충성심과 자긍심을 갖게 할 수 있다. 백성들에게 널리 알릴 가치가 있어야만 할 건국 이야기에, 건국 시조가 곰의 자식이라니?

'미련하기는 곰 일세', '재주는 곰이 넘고 돈은 되놈이 번다.', '곰 옥수수 따듯이 한다.'는 속담에서 곰은 미련하고 어리석은 존재로 등장하지만, 이러한 속담은 곰에 대한 신성성이 제거된 후에 만들어진 것이다. 사람이

단군릉. 1993년 북한에서 개건한 것으로, 많은 논란을 낳고 있다.

곰의 자식인 것이 흉이라고 받아들여졌다면, 결코 웅녀가 단군의 어머니라는 이야기가 만들어지지 않았을 것이다.

곰은 고대인들에게 숲의 제왕으로 숭배되었고, 함부로 사냥해서는 안 되는 존재였다. 중세 유럽에서 곰은 왕을 상징하는 동물이었고, 함부로 불러서도 안 되는 동물이었다. 노르드(게르만족) 전사 중에 베르세르크(berserker)는 가장 용맹스러운 자들이다. 이들은 싸울 때 곰(베르)의 모피로 만든 윗도리(셔츠)를 걸치고 자신들이 곰으로 변했다고 여겨, 어떤 두려움이나 동정심도 없이 신들린 것처럼 싸운다. 노르드 사람들은 사람이 곰이 될 수 있고, 곰이 사람이 될 수 있다는 믿음을 갖고 있었다. 동북아시아, 북아메리카, 러시아, 헝가리, 터키 등에는 곰은 반이 인간이라던가, 곰이 인간으로 변할 수 있다거나, 곰과 사람 사이에 아이가 태어난다는 이야기가 전해오고 있다. 곰은 무시무시한 힘을 가졌고, 사람과 외모가 닮았으며, 겨울에 동면을 했다가 다시 봄에 깨어나는 능력을 가졌다. 사람들은 곰에게 재생과 부활이라는 특별한 능력이 있다고 보았다. 그래서 곰은 다른 동물과 달리 이승과 저승을 연결하는 존재로, 인간과 동물 세계 사이에 특별한 존재로 숭배되었다. 곰은 단순한 맹수가 아니라, 힘과 용기, 경외의 대상이었다.[64]

곰인 웅녀가 사람으로 변신해 단군의 어머니가 됨으로써, 단군은 곰의 강력한 힘과 부활의 능력을 자연스럽게 갖게 되었다. 아버지 환웅으로부터 하늘 세계의 능력을 받았고, 어머니 웅녀로부터 지상 세계의 최고 능력을 받은 단군은 고조선을 건국하여 세상을 다스리다가, 죽지 않고 산신이 된다. 단군은 숲에 살았던 사람들이 생각한 최고의 부모에서 태어난 가장 신성한 존재였던 것이다.

고조선 건국 이야기는 농경민의 관점이 아닌, 수렵민의 관점, 숲에 사는 사람들의 관점에서 볼 때 그 신성성이 제대로 드러난다. 고조선 건국 이야기의 실질적 주인공은 단군이나 환웅이 아니다. 숲에 살았던 웅녀가 주인공이다. 고조선 건국 이야기는 숲에 사는 사람들의 이야기다. 고조선이 건국할 당시에는 농경지보다 숲이 월등히 많았다. 한국사는 숲에서 시작된 것이다.

2. 숲에서 태어난 건국시조들

숲에서 태어난 건국시조들

　조용한 산골 여섯 마을에 사람들이 평화롭게 살고 있었다. 어느 날 고허촌장 소벌공이 양산 기슭을 바라보니 나정羅井 옆 숲 사이에 말이 꿇어앉아 울고 있는 모습이 보였다. 곧장 그가 가서 보니 말은 갑자기 보이지 않고 큰 알이 있었다. 알에서 어린아이가 태어났다. 그가 박혁거세로, 신라의 시조였다.[65]

　신라 4대 탈해 이사금 9년, 수도인 금성 서쪽 시림始林 나무 사이에서 닭이 우는 소리가 들렸다. 날이 샐 무렵 탈해이사금은 호공을 보내 살펴보게 하였다. 호공이 가보니 그곳에는 나뭇가지에 금빛 나는 작은 상자가 걸려 있었고, 흰 닭이 그 아래에서 울고 있었다. 호공이 돌아와 이를 보고했다. 탈해이사금이 사람을 보내 그 상자를 가져와 열게 했더니 그 속에

신라 건국 전설이 깃든 계림.

어린 사내아이가 들어 있었다. 탈해이사금이 그 아이를 아들처럼 길렀다. 그가 곧 김알지로, 신라 김씨의 조상이었다. 시림은 닭이 울었던 숲이라고 하여 계림鷄林이라 부르고, 이를 나라 이름으로 했다.[66]

신라 3성姓의 시조 이야기 가운데 박혁거세와 김알지는 모두 숲에서 등장했다. 그리고 그들이 등장한 나정 숲과 계림은 신라인이 신성하게 여긴 성소가 되었다.

고구려 시조 추모왕도 숲에서 성장한 사람이었다. 추모왕의 어머니 유화부인은 웅심산熊心山 웅심연熊心淵에서 천신의 아들 해모수와 만났다. 고구려인들 역시 유화부인을 웅녀熊女의 능력을 가진 사람으로 기억하고 싶었던 것이다.

그녀는 부여 금와왕의 궁전에서 햇볕을 받고 커다란 알을 낳았다. 금와왕이 이상하게 여겨 그 알을 버려 개와 돼지에게 주었으나, 모두 먹지 않았다. 다시 길 가운데 버렸으나 소와 말이 피하고 밟지 않았다. 들에 버렸으나 새가 날개로 덮어 주었다. 깊은 산에 버렸더니 모든 짐승이 호위해 주었고, 구름 끼고 음침한 날에도 항상 햇빛이 알을 비추었다. 모든 동물들로부터 사랑받은 알에서 추모왕이 태어났다.[67] 개와 돼지, 소와 말은 부여의 4부족장인 구가狗加, 저가猪加, 우가牛加, 마가馬加라고 해석된다. 추모가 부여의 4부족장에게 인정을 받은 것을 은유적으로 표현한 것이라고 하겠다. 그런데 깊은 산에 버렸어도 모든 짐승이 호위하고 지켜주었다는 이야기는 그가 도시가 아닌 들판과 숲에서 성장했음을 말해주고 있다.

신에게 허락받은 백제 건국

"숙신 나라 동북쪽에 있는 산에서 광석이 난다. 그 속에는 철분이

들어 있다. 그것을 캐려면 반드시 먼저 귀신에게 제사지내야 한
다.[68]

숲에 살던 숙신 사람들은 산에서 출토되는 광석을 산을 관장하는 산신의 선물 또는 산신의 일부라고 여기고, 산신에게 감사하는 마음으로 제사를 지내고 사용해야 한다는 생각을 가졌다. 이러한 생각은 푸른 하늘, 높은 산, 광활한 바다, 거대한 나무, 힘센 호랑이나 곰을 비롯한 모든 만물에 신이 있다는 믿음에서 나온 것이다.

산에 신이 산다는 믿음은 전 세계인이 가진 원초적인 믿음이다. 신이 산에 살려면 숲이 있어야 한다. 숲에는 인간의 눈에 띄지 않는 '은신처'가 많다. 그런 세계에 괴상한 신이 살고 있다고 해도 전혀 이상하지 않다. 숲에 들어간 사람들은 길을 잃기 쉽고, 자신 앞에 무엇이 등장할지 예측하기 어렵다. 인간의 종교적인 믿음은 미지의 세계에 대한 두려움, 공포심, 호기심 등에서 비롯된다. 한반도와 만주, 연해주 일대의 많은 산지와 숲은 온갖 신들을 탄생시켰다. 산이 많고 숲이 잘 보존된 일본의 경우 무수한 신이 있고, 각 지역마다 수많은 신사神社가 존재한다. 밀림과 높은 산이 많은 인도에서 다신교인 힌두교가 성행하고, 부처님 중심의 불교가 약세인 것은 자연환경 탓이 크다. 신들이 살고 있는 숲은 함부로 훼손할 수 없다.

백제는 부여, 고구려, 가야, 신라와 달리 건국시조의 탄생 신화가 없는 나라다. 고구려 시조 추모왕의 아들 비류와 온조라는 것만으로는 통치 권력의 정당성을 설명하기에 부족하다. 이를 보완하기 위해 백제는 소서노와 온조, 비류가 부아악에 올라 도읍지를 하남위례성으로 정한 것을 내세웠다.[69] 부아악에 올랐다는 것은 신의 거처에 가서 신에게 직접 백제 건국을 허락받았다는 것을 의미한다. 온조가 부아악에 올라 사방을 둘러보고

도읍을 정하고 내려와서 하남위례성에 거주하게 된 이야기는 백제 역시 신의 뜻에 의해 이루어진 정당한 것임을 말해주고 있는 것이다.

산에서 내려온 신라 6부 촌장

산은 신들의 땅이다. 신이 머무는 산은 세상의 중심이며, 때로는 산이 신과 동일시되기도 한다. 그러므로 신이 사는 태백산 신단수에서 시작된 나라 고조선은 세상의 중심국이 되는 것이다.

고조선이 멸망한 후, 그 유민들은 신라 지역으로 왔다.『삼국사기』는 신라 6부 사람들이 고조선의 유민들이며 산골에 나눠 살면서 여섯 개의 마을을 이루고 있는데, 첫째 알천 양산촌, 둘째 돌산 고허촌 등이라고 이름을 나열했다.[70]『삼국사기』가 6부를 단순히 소개한 것에 그친 반면,『삼국유사』는 다음과 같이 소개하고 있다.

"첫째 알천 양산촌, 촌장 알평, 처음 표암봉에 내려왔고, 급량부 이씨의 조상

둘째 돌산 고허촌, 촌장 소벌도리, 처음 형산에 내려왔고, 사량부 정씨의 조상

셋째 무산 대수촌, 촌장 구례마, 처음 이산에 내려왔고, 모량부 손씨의 조상

넷째 자산 지지촌, 촌장 지백호, 처음 화산에 내려왔고, 본피부 최씨의 조상

다섯째, 금산 가리촌, 촌장 지타, 처음 명활산에 내려왔고, 한기부 배씨의 조상

여섯째, 명활산 고하촌, 촌장 호진, 처음 금강산에 내려왔고, 습비부

설씨의 조상이다.

이들 6부의 시조들은 모두 다 하늘에서 내려온 것 같다."[71]

신라 6부의 조상인 고조선 유민들은 산에 신이 산다는 믿음을 가진 사람들이다. 그들은 각기 자신들이 신성한 산으로 강림한 신들의 후예임을 내세우기 시작했다. 그들은 각각의 부部의 구심점으로 신성한 산을 숭배했다.

숲이 없고 나지막한 산은 사람들에게 신비감을 주기 어렵지만, 숲이 울창하며 높은 산은 신성한 장소로 인간들의 숭배를 받는 경우가 많다. 하늘과 가장 가까운 산은 신들이 거주하는 장소로 여겨왔다. 그리스의 올림포스 산은 그리스 신화에 등장하는 신들의 거주지였다. 인류 최초의 서사시인 『길가메시 서사시』에서는 주인공 길가메시가 신들을 찾아갔는데, 신들은 높은 산꼭대기 삼나무 숲에 살았다.[72] 동아시아에서도 하늘세계와 통하는 울창한 숲이 있는 산에 산신이 산다고 믿었다. 숲속 연못에는 천상 세계에서 선녀들이 내려와서 목욕하고 간다고 믿었다. 신성한 숲은 함부로 훼손할 수 없었다.

『해동고승전』에는 529년 이차돈이 법흥왕의 명이라며 사찰을 짓겠다고 천경림天鏡林의 나무를 마구 베자, 신하들이 크게 반발하여 이차돈이 심문을 받고 효수형에 처해졌다고 하였다.[73] 천경림 터는 현재 경주시 사정동 경주공업고등학교 일대로, 서쪽에는 형산강, 남쪽에는 남천이 흐른다. 『도리사 아도화상 사적비』에는 왕을 만난 아도화상이 왕녀의 병을 치료할 것이니 천경림을 달라고 요구하였으나, 신하들이 천경림은 신라를 지켜주는 장소神補로 만대에 이어져 온 나라 사람이 떠받드는 곳인데 어찌 승려에게 주겠냐며 반대했다고 적혀있다.[74] '하늘의 거울'이란 뜻을 가진 천

신라 최초의 사찰 흥륜사. 고대로부터 숭배하던 종교적 성지인 천경림 터에 지은 것이다.

경림은 신라에서 대대로 숭배하던 종교적 성지였다. 신유림神遊林 또한 신들이 노닐던 숲으로 불교 도입 이전부터 있었던 토착신앙의 성소인 소도蘇塗였다. 신라인들은 숲을 신들이 사는 신성한 곳이며, 자신들의 시조가 탄생한 곳으로 숭배했다.

3. 수렵민이 세운 나라의 변신

코미타투스

추모는 어려서부터 활을 쏘며 성장했고, 활을 잘 쏘는 자를 의미하는 주몽이란 별명을 얻었다. 그는 사냥을 너무 잘해 부여 왕자들의 질투를 받아 말 목장에서 일하게 되었다. 이러한 대우가 부당하고 여긴 그는 새로운 나라를 건국하기 위해 부여를 떠나게 된다. 이때 그를 따라 부여를 탈출한 오이, 마리, 협부는 부여에서 함께 사냥하던 동지들이었다. 이들은 끈끈한 형제애로 주군과 생사를 같이하는 친위 전사 집단으로, 고대 라틴어로 코미타투스(comitatus)라 부른다.

주군과 친구이기도 한 코미타투스는 주군을 대신해 목숨을 걸고 싸운다. 코미타투스는 스키타이, 흉노, 소그드, 티베트, 몽골, 고구려, 초기 일본 등 수렵 사회에서 널리 찾아볼 수 있다.[75] 코미타투스가 강력한 충성심을 발휘하는 것은, 이들이 함께 사냥을 하며 온갖 위기를 함께 겪으면서 굳건한 신뢰관계를 만들었기 때문이다. 수렵민은 종종 맹수를 사냥하다가 맹수에게 역습을 당해 죽을 수도 있다. 사냥에는 늘 위험이 따른다. 죽을 위기를 함께 공유한 수렵민의 결속력은 농경민보다 훨씬 강하다. 코미타투스는 수렵민이 만든 집단이 빠르게 성장할 수 있는 원동력이 된다. 코미타투스만이 아니라, 수렵민 사회의 최대 강점은 구성원 사이에 신뢰도가 대단히 높다는 것이다.

수렵 채집민의 변신

추모왕이 부여를 떠날 때에 어머니 유화부인이 오곡 종자를 주었다. 오곡 가운데 보리종자를 잃어버렸으나, 그가 나무 밑에서 쉬고 있을 때 비둘기 한 쌍이 날아왔다. 추모왕은 어머니가 보낸 비둘기라며, 비둘기 목구멍을 벌려 보리 종자를 다시 얻었다.[76] 비둘기는 여신인 유화부인이 보낸 신의 전령이며, 추모왕이 쉬고 있던 나무는 신과 통하는 신단수라 할 수 있다. 고구려 건국 이야기에서 이 부분은 고구려 사회의 중요한 특징을 알려주는 부분이다. 추모왕은 수렵민 출신이지만, 그가 세운 고구려가 농업국가로 발전할 것임을 건국 이야기를 통해 알려주고 있는 것이다. 수렵민이 국가를 세웠지만, 수렵과 채집만으로는 국가를 유지할 수 없기 때문이다. 추모왕이 살았던 부여도 수렵과 목축, 채집 외에도 농업이 성행하던 나라였다. 고구려도 국가를 발전시키기 위해서는 산업의 변화와 더불어 수렵민이 갖고 있던 여러 가지 특성들을 변화시켜야 했다.

숲에서 태어난 사람들은 크게 욕심 부리지 않는다. 자연에 순응하며 살아가는 순박한 삶을 살아간다. 숲이라는 환경에서 욕심을 부리면, 도리어 재앙으로 돌아온다. 빠르게 부자가 되고자 더 많은 사냥을 하겠다고 어린 새끼까지 사냥하거나 필요 이상의 산물을 채취하게 되면, 다음번에는 사냥감이 없거나 먹을 것조차 씨가 말라 굶주릴 수밖에 없다는 것을 잘 알기 때문이다.

숲에 사는 사람들은 낮은 인구밀도로 인해 경쟁보다는 협력을, 차별보다는 연대를 택하며 살아왔다. 소수의 인간과 인간, 인간과 자연 사이에 갈등이 크지 않았기 때문이다. 신화는 인류의 지혜 전달자 역할을 오래도록 해왔다. 수렵 채집민이 만들어낸 신화는 인간과 동식물 공존의 지혜를 드러내는 것이 많다. 그들의 신화는 인간의 지혜와 힘이 동물이나 식물을 향해 무자비하게 휘두르는 것을 스스로 저지하는 역할을 해왔다. 그런데 국가가 탄생하고 성장하게 되자, 공존을 위한 인간의 자제력의 족쇄가 풀어졌다.[77]

고구려 건국 이야기에는 추모왕이 비류국 송양왕과 겨뤄 승리하는 이야기가 등장한다. 인구, 영토, 재물이 늘어나고, 국가가 성장하는 이야기가 시작된 것이다.

인구 증가

1968년부터 1973년까지 심리학자 존 컬훈은 먹이는 무제한이지만 주거 공간이 제한된 상황에서 인구만 계속 늘어나면 어떤 현상이 일어나는지를 알려주는 쥐 실험을 했다. 3,840마리까지 생존 가능한 공간에 쥐들을 넣자, 치열한 연애경쟁과 스트레스로 인해 2,200마리 정도에서 번식을 멈추었다. 공간이 부족하여 서로에게 심한 혐오와 공격성이 발현되었고, 소수 능력 있는 수컷은 암컷을 독점하는 현상을 보였으며, 과열경쟁으로 전체 출산율은 급감했다. 반대로 연애와 번식을 완전히 포기한 초식형 수컷 쥐는 급증했다. 또 스트레스로 인한 암컷 쥐들의 출산과 양육 포기, 자식 살해도 생겨났다.[78]

존 컬훈은 쥐 실험을 통해 인구 증가의 문제점을 지적했다. 수렵 채집 생활을 버리고 중원평야와 같이 농업에 종사하며 사는 사람들은 곧 과잉인구 시대를 맞이하게 된다. 인간이 모여 지혜를 발전시키고 문명을 만들기도 하지만, 동시에 갈등과 증오가 커져 전쟁이 일어난다. 동아시아에서 가장 빈번하게 전쟁이 일어난 지역이 중원이었던 것은 인구가 밀집한 곳이었기 때문이었다. 중원은 문명의 땅인 동시에 재난의 땅이라고도 한다.[79] 누군가는 단지 생존을 위해, 누군가는 우월욕망을 실현하기 위해 전쟁을 치렀다. 그 과정에서 승자가 등장하여 빠르게 국가를 발전시켜 제국으로 성장하기도 했다. 국가와 문명을 일찍 탄생시킨 지역이 과연 모든 사람들에게 행복한 곳이었는지 의문이 따른다.

3장

숲에 사는 사람들

1. 『삼국유사』에서 만난 숲의 사람들

아나키스트의 땅

현대 사회는 국가 과잉 시대다. 70억이 넘는 인류가 불과 200여 개의 국가에 소속되어 있다. 내가 속한 국가가 싫어서 국가를 버리고 떠난다고 해도 결국은 다른 국가에 속한 삶을 살 수 밖에 없는 시대이다. 그래서 자신의 삶을 좀 더 훌륭하게 만들기 위해 자신이 속한 국가를 더 훌륭한 국가를 만들고자 노력하는 사람들이 많다. 국가를 완전히 떠난 삶을 상상할 수 없기 때문이다.[80]

하지만 세계 곳곳에는 산악, 늪, 숲, 습지, 사막, 바다, 맹그로브 해안 등 국가를 거부하는 자연 경관이 다양하게 존재한다. 과거에는 세금이나 징집, 기근, 전염병 등 다양한 이유로 국가를 회피하는 사람들이 있었다. 동남아시아 산악지대인 조미아(Zomia)에는 수많은 소수종족들이 살고 있다. 이들은 이동식 경작방법인 화전농법을 하며 살아가고 있다. 조미아는 국민국가 안에 편입되지 않은 사람들이 가장 많이 살고 있는 곳이다. 인류학 및 환경학자인 제임스 C. 스콧은 조미아 지역에 사는 고지대 산악민과 화전민을 국가지배를 거부한 아나키스트로 파악했다. 평등주의, 유연한 사회구조, 변방 거주, 구술 문화, 화전 경작, 이동성 등 산악민의 특징은 원시성을 나타내는 것이 아니라, 국가 발생을 억제하고 국가의 포획에 대항하여 자치와 자립을 향한 국가 바깥사람들의 정치적 전략이라고 파악했다. 즉 국가의 경직성, 계급성, 노예화, 강제 노동에 대항한 아나키스트들의 역사를 조미아에서 찾아낸 것이다. 제임스 C. 스콧은 자신의 저서 한국판 서문에서, 한국의 독자들이 한국 '조미아'의 과거와 현재를 쓰고자 할 것이라고 확신한다고 했다.[81]

한국에도 동남아시아의 조미아와 같은 깊은 산악과 숲이 존재한다. 그런데 국가 권력이 미치기 어려운 깊은 숲에서 세상과 동떨어져 살아가는 사람들에 대한 기록은 남아있기 어렵다. 다행히 『삼국유사』에서 이들에 대한 기록을 볼 수 있다.[82]

은자들의 세계

현재 대구광역시 달성군 비슬산으로 추정되는 포산에 신라 시대에 반사檢師와 첩사檣師가 살았다. 이들은 산골에 숨어 인간 세상과 사귀지 않고 살았다. 두 사람 모두 나뭇잎을 엮어 옷을 대신해서 추위와 더위를 겪고, 습기를 막고 하체를 가릴 뿐이었다. 반은 피나무고 첩은 떡갈나무다. 반사, 첩사는 나무이름으로 호를 삼은 것이다. 반사, 첩사 외에도 관기, 도성, 도의, 자양, 성범, 금물녀, 백우사까지 산 중에 살았던 9명의 성인들에 대한 기록이 일연(1206~1289)이 살았던 13세기에도 전해져 오고 있었다. 일연은 깊은 숲에서 살면서 깨우침이 높았던 사람들을 은자隱者라 일컬으며, 1281년경 『삼국유사』를 저술할 때 「피은避隱」편에 이들의 이야기를 적었다. 일연은 반사, 첩사와 같은 이들이 풍악楓岳(금강산)에도 있었다고 했다.

일연은 포산에서 머물면서, 반사와 첩사 두 사람에 대한 시를 적었다.

"자모와 황정으로 배를 채웠고, 입은 옷은 나뭇잎, 누에 치고 베 짠 것 아닐세.
찬바람 쏴쏴 불고 돌은 험한데, 해 저문 숲속으로 나무해 돌아오네.
밤 깊어 달 밝은데 그 아래 앉으면, 반신半身은 바람소리 따라 바람에 나는 듯.
다 떨어진 부들방석에 자노라면, 꿈속에서도 속세엔 아니 가노라.

떠도는 구름은 가버리고 두 암자는 폐허인데, 인적 드문 산 사슴만
뛰노는구나."

반사와 첩사의 삶은 숲에 살았던 수련자의 모습 그대로다. 자모紫茅와
황정黃精은 모두 약재로 사용하는 풀뿌리다. 숲에서 나는 것을 먹고, 바람,
돌, 나무, 구름, 사슴과 더불어 살아가는 그들은 자연의 도를 따르는 사람
들이다. 이들은 숲에서 자연과 더불어 살아가는 신선神仙을 꿈꾸는 도인의
모습에 가깝다.

백제 스님 혜현惠現은 수덕사에 거처하며 불경을 강론했다. 그의 명성이
높아지자 먼 곳에서 사람들이 몰려왔다. 번거롭고 시끄러워지자, 혜현은
깊은 산으로 들어가 고요히 세상을 잊고 산에서 생을 마쳤다. 영재永才 스
님은 늙어서 산에 은거하려고 길을 가다가 60명의 도둑떼를 만났다. 도둑
이 그를 해하려 하였으나, 영재 스님은 칼날 앞에서도 겁내는 기색이 없이
온화한 태도로 그들을 대했다. 도둑들은 영재 스님에게 감동하여, 마침내
칼과 창을 버리고 머리를 깎고 그의 제자가 되어 함께 지리산에 숨어 다시
는 세상에 나오지 않았다고 한다.

『삼국유사』를 쓴 일연은 스님들이 구도를 위해 세상을 등진 이야기를
위주로「피은편」을 구성했지만, 스님이 아닌 경우도 있다. 물계자는 내해
왕(재위:195~230) 시기에 신라에 쳐들어온 외적을 2번이나 물리친 큰 공을
세웠지만, 태자가 그를 미워하여 상을 주지 않았다. 그러자 그는 도리어
자신이 충성스럽지 못하다고 하면서, 머리를 풀고 거문고를 메고 사체산
에 들어가 대나무, 시냇물, 거문고와 더불어 살면서 다시는 세상에 나오지
않았다. 물계자의 일화는 명예보다 구도求道를 택한 신라인의 인생관을 보
여주는 사례다. 그를 신라 풍류도를 드높인 인물이라는 평가도 있다.[83]

제주도 거문오름의 울창한 삼나무 숲.
숲에 사람이 들어가면 찾기 어려울 만큼 빽빽한 나무들이 들어서 있다. 숲은 사람들의 은신처가 된다.

『삼국유사』에는 박달나무, 소나무, 참느릅나무, 해송, 복사나무, 대나무, 뽕나무, 차나무, 산수유, 철쭉, 버드나무, 회화나무, 잣나무, 복사꽃, 자두꽃, 느티나무, 배나무, 오동나무, 밤나무 등 나무와 연관된 이야기가 51가지나 되며, 29종의 나무가 등장한다.[84] 삼국 시대만 하더라도 국가 권력이 제대로 미치지 못하는 울창한 숲이 많았고, 나무가 사람들의 삶에 중요한 일부분이었기 때문에 관련된 이야기가 많이 전해온 것이다. 숲에는 세상이 자기를 알아주지 않거나, 도를 구하기 위해 세상을 등진 사람들도 살았다. 숲은 아나키스트의 고향이었고, 은자들의 땅이기도 했다.

2. 신과, 인간, 동식물이 어울려 사는 숲

고분벽화에 그려진 신수

2018년 2월 평창 동계올림픽 개막식에서 몸은 새이고, 얼굴은 사람인 인면조라는 괴이한 동물이 많은 사람들의 이목을 끌었다. 인면조는 고구려 고분벽화에서 모티브를 따온 것이다. 무용총 천정에 그려진 만년을 산다는 상상의 동물 만수萬壽가 인면조의 모델이다. 덕흥리 고분, 무용총, 안악1호분, 삼실총, 천왕지신총, 통구사신총, 오회분 4호묘, 오회분 5호묘, 강서대묘 등 고구려 고분벽화에는 수많은 신기한 동물들이 등장한다. 고분벽화에 그려진 신수들은 고대 사회를 이해하는 중요한 실마리가 된다. 사람들의 욕망과 상상력의 세계가 신수로 표현되기 때문이다.

천년을 사는 천추千秋와 도를 배우다가 이루지 못하고 등에 약단지를 짊

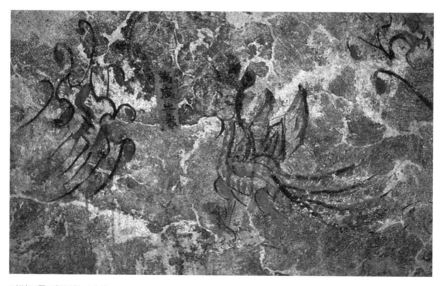

인면조를 대표하는 만세.

덕흥리고분 부귀의 모습.

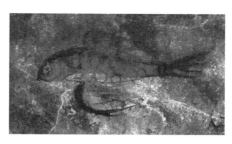

고분벽화에 그려진 괴수, 비어.

고분벽화에 그려진 괴수, 성성.

고분벽화에 그려진 괴수, 양광.

고분벽화에 그려진 괴수, 지축.

천마.

어지고 있는 하조賀鳥도 인면조다. 그리스 신화에는 사람 머리를 한 새인
세이렌이 있다. 세이렌은 아름다운 노래를 불러, 선원들의 넋을 놓게 하

여 배가 바위에 부딪혀 침몰하게 하는 재앙을 불러오는 존재다. 천추와 만세 역시 본래는 가뭄과 전쟁을 유발하는 흉조였지만, 차츰 불로장생을 도와주는 길조로 변신한다. 천추, 만세는 무덤에 묻힌 주인공이 신선이 되어 장수하는데 도움을 주는 존재다. 하조의 약단지에는 장생불사를 위한 선약仙藥이 담겨 있다. 인간은 장수를 소원한다. 신수는 인간의 욕망을 이뤄줄 도우미들이다.

사람의 몸에 짐승의 얼굴을 가진 괴이한 존재들도 있다. 통구사신총, 오회분 4호묘와 오회분 5호묘에 등장하는 해신과 달신은 상반신은 남자와 여자인데 비해, 하반신은 용의 모습이다. 사람의 몸에 소머리를 하고서 벼이삭을 들고 춤을 추는 자는 농업의 신으로 여겨지고 있다. 안악 1호분에는 반대로 소의 몸통에 사람의 얼굴을 한 인면수도 등장한다. 인간과 동물이 결합되면 놀라운 능력의 소유자가 된다고 사람들은 믿었던 것이다.

덕흥리 고분 앞방 천장에는 여러 동물이 섞인 신수神獸 18마리가 그려져 있다.

지축地軸은 한 몸에 머리가 두 개 있는데, 얼굴이 사람의 모습이다. 천왕지신총에는 지축 대신 지신地神으로 표시하고 있다. 박위博位는 개의 형상에 목이 길고, 머리 위에 네 개의 귀가 달렸다. 박위는 높은 학식과 지위를 상징하는 동물이라고 생각된다. 『산해경山海經』에 등장하는 박이狛訑는 아홉 개의 꼬리와 네 개의 귀를 달고 있고 눈은 등 뒤에 붙어 있는 동물인데, 박위와 유사하기는 하지만 꼭 같지는 않다.

영양羚陽은 도를 배우다가 이루지 못하고, 머리에 7개의 뿔이 난 사슴처럼 보이는 동물이다. 길리吉利는 얼굴은 짐승, 몸통은 새의 모습으로, 머리에 뿔이 2개가 있고, 목이 길고 꼬리의 깃털이 화려하지만 새의 발이 아닌 짐승의 발을 가진 동물이다. 부귀富貴는 역시 얼굴은 짐승, 몸통의 새의 모습으로, 역시 뿔이 2개가 있다. 활짝 펴 올린 날개와 화려한 꼬리 깃털은 봉황과 닮았다. 길리와 부귀는 서로 짝을 이루는 듯, 덕흥리 고분 앞방 남벽에 함께 그려져 있다. 성성猩猩은 사람의 얼굴을 한 짐승의 모습을 하고 있으며, 뜀박질을 잘 하는 동물이다. 청양靑陽은 한 몸에 두 개의 머리를 가진 새다. 양광陽光은 발아래 불꽃을 딛고 걸어 다니는 새다. 천작天雀은 하늘에 사는 신령한 새다. 비어飛魚는 하늘을 날아 날아다니는 물고기로 날개가 달렸다. 비어를 먹으면 상처를 입지 않으며, 두려움이 사라졌다고 한다. 비어가 나타나는 해에는 풍년이 든다고 하여 길상의 의미가 있다. 안악1호분에 그려진 비어에는 다리가 있고, 강서대묘에 그려진 비어는 날개가 좀 더 화려하다. 새의 형상을 한 훼원喙遠, 벽사의 의미를 가진 벽독辟毒, 이름을 모르는 상서로운 짐승 2마리가 덕흥리 고분 앞방 천정에 그려져 있다.

천마天馬는 가슴에 둥근 반점이 그려져 있고, 꼬리는 날개처럼 보인다. 하늘을 날아다니는 천마는 안악1호분에도 그려져 있다. 천마는 동서양을 막론하고 인간이 상상할 수 있는 가장 보편적인 신수라고 할 수 있다. 기린麒麟은 천마와 구분하기가 까다롭지만 뿔이 달려 있다. 재주가 뛰어나고 지혜가 비상한 사람을 가리켜 기린아라고 하듯이, 상서로운 동물의 대표주자다. 신라 천마총에서 발견된 말 타래에 그려진 그림도 천마와 기린으로 논란이 있지만, 머리에 뿔이 달려 있어 기린으로 판단된다.

강서대묘에는 몸은 새인데, 귀가 크고 얼굴이 토끼처럼 그려진 동물도 그려져 있다. 고대인의 다양한 상상력이 신수들로 표현된 것이다. 비어, 천추, 만세, 성성 등은 중국 고전인 『산해경』 등에도 등장하지만 청양, 양광, 길리, 부귀, 벽독, 청양, 훼원, 하조, 박위 등은 고구려에서만 등장하는 신수들이다.

산해경의 세계

B.C 3~4세기경에 지어진『산해경』은 지리서, 제사 관련 책, 점복 책, 이상한 사물을 기록한 책, 동아시아 최고의 신화집 등 다양한 성격을 가진 책이다. 저자는 알 수 없지만, AD 1세기에 유흠劉歆(?~23)이 18권으로 정리한 것이 오늘날까지 전해지고 있다. 이 책은『산경』과『해경』으로 나눠진다.『산경』은 447개의 산에 대해 기술하고, 산천의 형세와 산출되는 광물, 동물과 식물, 특이한 괴물이나 신들에 대해 서술하며, 제례에 대해 언급하고 있다.『해경』역시 지역별 풍속과 사물, 신들의 계보, 괴물 등에 대해 묘사하고 있다.『산해경』은 조선, 숙신, 예맥, 삼한, 청구국, 군자국, 삼위산, 불함산, 무궁화, 동방예의지국 등을 언급하고 있어, 고대 역사와 지리 연구에도 중요한 책이다. 특히 고조선을 최초로 언급한 책으로 가치가 크다.

하지만『산해경』을 정리하고 주석을 붙인 곽박郭璞(276~324)이 "산해경을 읽는 사람이면 누구든지 그 책이 황당무계하며 기괴하고 유별난 말이 많기 때문에 의혹을 품지 않는 이가 없다."라고 할 정도로, 산해경에는 일반 지리서라고 볼 수 없는 믿을 수 없는 이야기들이 수록되어 있다.[85]

『산해경』은 몇 차례의 개작을 거쳐 전해져 온 책으로 알려져 있다. 이 책의 저자들은 중원 지역에 살던 사람들이다. 그들은 농사를 짓거나, 농업이 주요 산업인 사회에서 지식인으로 살아가던 사람들이다.『산해경』은 농경민의 입장에서 주변 세계에 대한 관심을 갖고 그들이 보거나 전해들은 신화적인 이야기를 정리한 것이다. 그래서 이 책을 동이족의 신화전설을 집대성한 일종의 무속서巫俗書로 보기도 한다.

이 책에서 바라본 숲은 괴이한 곳이다. 숲에 들어온 이방인은 다양한 새소리, 짐승의 울부짖음, 벌레들의 움직임, 풀과 나뭇잎을 스치는 바람소리에 귀가 먼저 곤두세워진다. 얼핏 지나가는 동물을 제대로 보지 못해 무엇인지 모를 두려움을 갖게 된다. 여러 곤충과 식물, 동물, 균류 등이 내뿜는 온갖 냄새에도 신경을 써야 한다. 발바닥과 손바닥 등을 통해 전해 오는 촉각을 통해 온갖 동식물과 땅이 내게 해로운 것인지 아닌지를 판별해내야만 한다. 때로는 미각을 동원해 먹을 수 있는 것인지 아닌지도 판별해야 한다. 마지막으로 육감을 통해 앞으로 숲에서 벌어질 일들에 대해 빠르게 판단해야 한다. 숲에 들어온 인간은 자신의 모든 감각을 최대한 끌어올려야 한다.

넓은 평야 지대는 한 눈에 보이는 광경 때문에, 육감이 모두 긴장하지 않아도 된다. 성벽으로 둘러싼 도시에서는 최소한 생명에 위협을 가하는 맹수들이 함부로 출현하지 않기 때문에, 감각의 긴장을 풀어도 된다. 하지만 숲은 다르다. 특정한 숲을 자주 왕래하면서 안전하게 다닐 수 있는 길을 알고 있는 사람이 아니라면, 긴장의 끈을 놓아서는 안 된다. 숲은 결단코 사람들의 유토피아가 아니다. 언제 어디서든 독충이 나타나거나 맹수가 출몰해 생명이 위협당할 수도 있으며, 길을 잃어 돌아갈 곳을 찾지 못할 수도 있다. 숲은 낯선 자들에게는 두려움의 공간, 신성한 공간, 그래서 함부로 해서는 안 되는 공간이다.

거대한 숲속에 무엇이 있는지는 안에 들어가 보지 않고는 알 수가 없다. 활엽수가 밀집한 숲은 한낮에도 어둑어둑하기도 하다. 커다란 나무의 넓은 이파리와 가지가 햇빛을 가리고 있다. 돌에 잔뜩 낀 이끼 위로 낯선 곤충들이 움직이고, 그것을 잡아먹는 작은 동물들과, 다시 작은 동물을 사냥하는 좀 더 큰 동물들이 풀과 나무 뒤에서 몸을 숨겼다가 불쑥 뛰쳐나온다. 순간 뛰쳐나와 금방 사라지는 동물을 얼핏 바라본 인간은 두려움과 호기심이 겹치며 그 동물에 대한 온갖 상상을 하게 된다. 늘 보던 짐승들보다 좀 더 빠르게 지나가는 동물을 제대로 못 보았다면, 그 동물은 날개가 달린 것이 아닐까 상상하게 된다. 어쩌다 마주친 호랑이의 시체를 보고, 호랑이를 죽일 수 있는 더 힘센 동물을 상상하기도 했을 것이다. 처음 본 동물의 모습이 사람들을 통해 전달되는 과정에서 여러 이야기가 덧붙여지면서 신기한 동물에 관한 이야기가 만들어진다.

숲은 인간들에게 상상력을 자극하는 곳이다. 육감을 최대한 발휘해 사물을 파악하려고 하지만, 육감을 통해 알아낸 것보다 모르는 것이 더 많은 곳이 숲이다. 인간은 모르는 부분은 상상력을 통해 부족한 부분을 채워 넣고 그것을 안다고 말하기도 한다.

고구려 고분벽화와 『산해경』에 다양한 괴물, 괴수, 반인반수, 반신반인들이 등장하지만, 이들이 실재했다고 볼 수는 없다. 그렇다고 이와 관련된 그림과 글이 모두 엉터리인 것은 결코 아니다. 마을과 도시에서는 인간이 상상력을 더해서 새로운 물건을 만들어내지만, 동물과 함께 어울려 살아가는 숲에서 인간은 신화를 만들어낸다. 시각과 청각 등을 통해 사물을 명료하게 파악할 수 있는 마을과 도시에서는 합리적인 지식체계가 만들어지지만, 숲에서는 모호하지만 입체적인 신화가 만들어진다. 숲은 인간에게 상상력을 키워주는 곳이고, 세상을 보는 또 하나의 지식체계를 만들어내는 곳이다.

동물과 인간이 사랑하는 시대

신라 원성왕(재위: 785~798) 때 일이다. 신라 풍속에는 해마다 2월 초파일에서 15일까지 도성에 사는 남녀가 흥륜사 전탑을 돌며 복을 비는 행사가 열렸다. 김현金現이 탑을 돌다가 한 여자와 눈이 맞았다. 탑돌이를 마치고 두 사람은 으슥한 곳에서 정을 통했다. 김현은 여자의 만류에도 불구하고, 서쪽 산에 있는 그녀의 집까지 갔다.

이집트의 사막 지대. 사막에 사는 사람들은 숲에 사는 사람들과 종교적인 관념이 크게 차이가 난다.
일반적으로 사막지대에서는 일신교가 발전한다.

　그곳에서 김현은 여자가 변신한 호랑이였음을 알게 된다. 그리고 그녀
의 세 오빠가 생명을 많이 죽여 하늘의 징계를 받게 되었고, 여자가 오빠
를 대신해 사람의 손에 죽으려고 하는 것을 알게 되었다. 여자는 김현을
위해 호랑이의 모습으로 도성 안에 들어가 난동을 피운다. 원성왕이 호랑
이를 잡는 자에게 벼슬을 주겠다고 하자, 김현이 호랑이를 잡겠다고 왕에
게 고한다. 그는 숲에 들어가 여자와 만났고, 여자는 스스로 목을 찔러 죽
었다. 김현은 자신이 호랑이를 잡았다고 알리고, 벼슬을 얻게 된다. 그는
서천가에 절을 짓고 호원사라 이름하고, 호랑이의 명복을 빌며 자기가 성
공한 은혜에 보답했다.[86]

　일연이 『삼국유사』에 기록한 김현 이야기는 사실 그대로가 아닌 설화에
불과할지라도, 8세기 말 신라시대 사람들의 삶과 생각을 알 수 있는 이야

기로 가치가 크다. 고조선 건국 이야기에는 곰이 사람으로 변신하고 호랑이는 변신에 실패했지만, 김현 이야기에는 호랑이가 사람으로 변신한다. 8세기에는 호랑이가 사람으로 변신하였을 뿐만 아니라, 사람과 사랑을 나누는 것이 가능하다고 믿어진 시대였다. 그래서 김현의 이야기가 만들어질 수 있었다. 더 나아가 일연이 살았던 13세기도 동물이 사람으로 변신하고, 인간이 그런 동물과 사랑을 나누는 것에 대해 그럴 수도 있겠다고 여겨지는 시대였다고 하겠다.

숲이 사라지고 남은 유일신

울창한 숲은 인간이 알 수 없는 미지의 공간이며, 신들이 사는 곳이다. 그런데 숲이 사라지거나 숲이 거의 없는 사막 지역에서 사람들은 신이 어디에서 산다고 여길까? 숲이 없는 민둥산은 산속이 다 들여다보인다. 산에 들어가도 길을 잃을 염려가 없고, 예측이 가능하다. 민둥산은 신성성을 상실한 공간이다. 숲이 없으면 신이 머무를 수가 없다. 땅에서 신이 사라지면 인간이 생각하는 신은 하늘의 신인 천신만이 남게 된다. 인간은 홀로 남은 유일신을 섬겨지게 된다. 로마에서 숲이 사라지기 시작한 시점에서 일신교인 크리스트교가 수용되기 시작한다. 나무가 거의 없는 아프리카 건조지대에서 일신교인 이슬람교가 받아들여진 것은, 숲이 인간의 정신구조에도 커다란 영향을 끼쳤기 때문이라고 할 수 있다.[87]

숲이 일찍 사라진 중원지방의 경우는 신의 존재가 빠르게 잊혀지고, 막연한 천신만이 살아남게 되었다. 따라서 괴력난신을 멀리한 유교가 널리 받아들여질 수 있었다. 유교는 대사, 중사, 소사로 나누어 여러 신에게 제사를 지내지만, 사실상 천신인 상제上帝를 중심으로 하나의 질서를 신앙하는 일신교로, 천신의 명天命을 받은 천자 중심의 질서가 영원하다고 믿는 강력한 신념체계인 종교이다.

　공자의 제자인 자하 밑에서 학문을 배운 서문표는 유교와 상반되는 괴력난신을 타파한 대표적인 인물이다. 그는 지방관으로 일할 때에 황하의 신인 하백에게 신붓감을 바치는 일을 하는 무당과 그의 제자, 신봉자인 삼로를 황하에 빠뜨려 죽여 버렸다.[88] 서문표가 무당을 몰아낸 사건은 이후 무당을 배격하는 논리로 사용된다. 괴력난신을 멀리하는 유교는 숲을 보존하는 것에 적극적이지 않은 반면, 인간의 논리, 특히 농민의 논리에 충실하다. 조선 후기에 숲이 감소했던 원인의 하나는 산신의 존재를 크게 의식하지 않는 유교의 이념이 사회 전반을 지배했기 때문이다. 만약 조선이 다신교인 샤머니즘이 지배하는 사회였다면 숲을 파괴하는 일에 엄청난 저항을 받아야 했을 것이다. 19세기에 등장한 동학 등 신흥 종교들이 유일신 신앙을 내세우고, 일신교인 크리스트교가 조선 사회에 빠르게 수용될 수 있었던 원인의 하나를 숲이 사라져 백성들이 신앙하던 다양한 신들의 신성성이 크게 약화되었던 것에서 찾을 수 있다.

3. '데르수 우잘라'와 발해인

데르수 우잘라

"귀하의 친구였던 데르수는 이제 더는 짐승의 발자국을 뒤쫓는 야만적인 사냥꾼이 아닙니다. 그는 우리가 이룩한 문명에 대한 심판자이며, 또한 감히 넘볼 수 없었던 예술의 본질을 일깨워준 선구자입니다."

러시아의 대문호 막심 고리키(1868~1936)는 1923년 『데르수 우잘라』라는 책[89]을 쓴 블라디미르 아르세니예프(1872~1930)에게 이렇게 편지를 썼다. 아르세니예프는 1902년과 1907년 연해주 시호테알린 산맥을 탐사하고, 시베리아 지역의 식물군과 토착 소수 인종의 생활 방식에 대한 상세한 기록을 남긴 제정 러시아의 지형측량 장교, 탐험가, 저술가이다. 그는 1902년 우연히 골디족(나나이족) 사냥꾼인 데르수 우잘라(1849?~1908)와 만나 길 안내를 부탁했다. 아르세니예프는 서구인, 문명인의 관점을 벗어나서, 원주민

데르수 우잘라 실제 모습(좌)과 영화 속 장면.

인 그를 진정한 벗으로 여기고 그가 세상을 바라보는 시각을 그대로 전달해주었다.

데르수 우잘라는 태양과 달, 물, 바람, 호랑이를 비롯한 모든 동물, 심지어 장작불까지 사람으로 여긴다. 그리고 장작불과 대화하고, 호랑이와도 교감한다. 그러면서도 인간에 대한 배려심이 깊다. 자신이 사냥한 것을 주변 사람들과 반드시 나눈다. 만난 적도 없고, 앞으로 만날 일도 전혀 없는 사람들을 위해 식량과 성냥을 숲속에 남겨두려고 한다. 그는 죽은 영혼과도 대화를 나눈다. 그는 물고기의 말을 알아듣고, 나쁜 기운이 도는 곳은 피할 줄도 안다. 그는 자연을 있는 그대로 본다. "달이 대체 뭘까?"라는 질문을 던지면, "눈 있는 사람, 달 본다. 저게 달이다." 이렇게 답한다. 그는 숲에 남아 있는 발자국과 작은 흔적만 보고도 거쳐 간 사람의 수와 나이, 국적, 어디로 갔는지까지 알아낸다. 그의 직관과 통찰력은 너무나 탁월하다. 그는 탐험대 안내인 역할을 하면서도 대가를 바라지도 않는다. 그가 유독 욕심을 낸 것은 자신의 본업인 사냥을 위한 사냥총 탄알뿐이었다.

그의 이야기는 1961년 소련 감독 아가시 바바얀이 처음 영화로 만들었다. 1975년에는 소련영화사 모스필름의 제안을 받은 일본의 구로사와 아키라 감독이 영화『데르수 우잘라』를 만들어 모스크바 영화제 금상을 받는 등 세계적인 주목을 받았다.

그가 사랑받은 이유

현재 러시아 연해주에는 아르세니예프 시가 있고, 꼬르폽스키 마을에는 그의 기념비가 있다. 연해주 일대에는 아르세니예프와 데르수를 기억하는 기념물과 장소들이 곳곳에 있다. 1981년 체코의 천문학자 즈덴카 바브로바에 의해 발견된 소행성(4142)이 '데르수 우잘라'로 명명된 것에서 보듯 그에 대한 관심은 러시아에만 국한된 것이 아니다. '숲의 사람' 데르수 우잘라가 많은 이들의 사랑을 받은 이유는 그의 선량함이 자연과 일체되었기 때문이다. 또한 현대인이 잃어버린 인간 본연의 순수한 모습을 그에게서 찾고 싶은 열망 때문이라고 하겠다. 철학자 김용옥은 "장자가 말하는 기인畸人(세상 풍조에 구애받지 않은 사람)은, 장자가 말하는 성인聖人은 '데르수 우잘라'같은 사람에 가깝다."라고 하였다.[90]

발해인의 후손

데르수 우잘라에게 주목하는 이유의 하나는 그가 숲의 사람이었고, 고구려-발해인의 후손이기 때문이다. 그가 살았던 우수리강 유역, 연해주 시호테알린 산맥 일대는 발해의 영역이었고, 고구려의 변경지역이었다.[91] 그의 삶은 고구려, 발해인을 이해하는데 좋은 사례가 된다. 그가 살았던 시대에도 연해주 일대에는 광활한 숲이 있었다. 고구려와 발해 시대에는 더 넓은 곳에 숲이 우거져 있었다. 숲에서 살아가는 사람들은 그처럼 모든 생명을 존중하고, 자연과 공존하는 삶을 살았다.

시베리아의 원주민들과 일본 북해도와 사할린에 사는 아이누족의 삶과 생각은 그와 크게 다르지 않다. 그가 호랑이, 오소리, 너구리 등 모든 동물을 사람과 같은 존재로 보는 것은 결코 개인적인 생각이 아니다. 북극에 사는 이누이트족을 비롯해, 만주, 시베리아, 사할린, 홋카이도 등의 부족에는 동물과 사람이 함께 생활하고 동물이 말하고 사람은 동물로, 동물은 사람으로 변신하는 신화를 갖고 있다. 이러한 사고를 가진 사람들 가운데 우연히 러시아인을 만난 그는 삶과 생각이 기록되었고, 책과 영화를 통해 유명해졌을 뿐이다. 이름이 전해지지 않은 수많은 고구려와 발해 사람들 중에는 그와 같은 삶을 살았던 사람들이 많았다고 할 수 있다.

4. 나무를 숭배한 사람들

나무가 고분벽화에 그려진 까닭

산 정상에 하늘로 높이 솟은 거대한 나무를 보면 어떤 생각이 들까? 저절로 경외감이 들지 않을까? 나무는 지상에서 가장 거대한 생명체다. 거대한 나무를 숭배하는 것은 전 세계에서 공통적으로 보이는 현상이다. 뿐만 아니라 나무를 그림 등에 표현하고 형상화하는 것도 보편적인 현상이다. 2021년 현재까지 126기가 발견된 고구려 벽화고분에는 수많은 나무들이 무덤 내부에 그려져 있다. 죽음이 결코 끝이 아니며, 죽은 자와 산 자가 계속해서 이어져 있다는 믿음이 만들어낸 장의葬儀예술의 하나인 고분벽화에 그려진 나무는 특별한 의미가 있다.

집안시 우산하 고분군에 있는 무용총과 각저총은 서로 이웃한 무덤이다. 4세기 말~5세기 초에 만들어진 두 무덤은 무덤 구조와 벽화 내용이 매우 닮았다. 각저총은 시신을 넣어두는 널방과 앞방, 무덤 입구인 연실과 두 방을 연결하는 연도로 구성되어 있다. 앞방 벽면에는 온통 나무가 그려져 있다. 그리고 널방 남벽 좌우에도 나무가 그려져 있고, 동벽에 그려진 씨름장면과 부엌 장면 사이에 큰 나무가 그려져 있다. 서벽에는 수레와 수레 사이에 큰 나무가 그려져 있다. 북벽에는 무덤 주인공이 두 명의 부인과 이야기하는 장면이 그려 있다. 그리고 연도에는 맹견이 그려져 있고, 천정에는 해와 달, 별 그림과 함께 불꽃무늬와 넝쿨꽃무늬가 연속해서 그려져 있다. 천정에는 연꽃이 그려져 있으며, 널방 사방 모서리에는 나무 기둥이 그려져 있다. 각저총 벽화에서 가장 많이 그려진 소재는 나무다.[92]

고분벽화에 나무는 장면을 구분하기 위해 그려졌다.[93] 무용총, 오회분 4

무용총 남벽 나무.

호묘와 5호묘 등에 보이는 나무는 화면을 분할하기 위해 그린 것으로 볼 수도 있다. 하지만 각저총 앞방을 온통 나무로 그리고 모서리에 나무 기둥을 그리고, 또한 널방 남벽에도 나무를 크게 그린 것은 단순히 나무가 다른 그림을 돋보이기 위한 보조 소재가 아니라 각저총 벽화의 주된 소재였음을 알려준다.

무용총도 각저총 못지않게 나무가 많이 그려져 있다. 널방 남벽에도 나무가 있고, 널방 동벽에도 유명한 씨름도와 부엌 그림 사이에 나무가 그려져 있다. 널방 동벽에는 고구려 벽화고분을 대표하는 그림 가운데 하나인 수렵도가 그려져 있고, 큰 나무를 경계로 두 대의 수레가 그려져 있다. 웅장한 나무는 바닥에서 천정까지 크게 자라 있다. 널방 남벽 양쪽에 나무가 그려진 것을 비롯해, 무덤 벽면 곳곳에 나무들이 그려져 있다. 이 가운데 주목할 그림은 씨름도 옆에 그려진 나무다.

고분벽화에 그려진 신단수

거대한 나무 아래 양쪽으로 곰과 호랑이가 그려져 있다. 나무에는 새가 날아와 앉아 있다. 이 나무는 환웅이 지상에 내려온 신단수다. 고구려인들이 단군신화를 알고 있음을 알려주는 그림이다. 장천1호분 앞방 서벽에 그려진 고구려 동맹축제 장면에서 가장 남서쪽에 그려진 큰 나무 아래 동굴 속에서 수련하고 있는 곰과, 밖으로 뛰쳐나와 고구려 무사들에게 사냥당하는 호랑이 그림이 있다. 이것 역시 단군신화를 표현한 것이다.[94] 곰을 보호하는 나무는 신성한 신단수였다. 장천1호분 동맹축제 장면에서도 가장 크게 그려진 것은 커다란 나무인 신단수로, 원숭이로 보이는 동물이 나무를 타고 있다.

신단수는 신이 하늘에 내려오는 통로인 동시에, 사람들의 기원을 하늘

장천1호분에 그려진 단군 신화.

장천1호분에 그려진 신단수.

로 연결하는 나무다. 곰이 사람으로 변신하자, 짝을 만나 자식을 낳게 해달라고 빌었던 나무가 신단수다. 무덤 안에 그려진 나무는 무덤 주인공이 하늘로 올라가는 통로를 그린 것이라고 하겠다. 후손들이 무덤에 들어와 하늘에 올라간 조상에게 어떤 보고를 하거나, 기원을 하거나, 재물을 올릴 경우 나무를 통해 전달되기를 바라는 마음으로 그린 것이다.

　나무는 천상세계를 표현한 그림에도 그려져 있다. 시원한 바람과 안식을 주는 나무가 있는 숲을 사랑한 고구려 사람들은 신들이 사는 천상세계에도 나무가 많다고 상상했다. 무용총 천장에 그려진 하늘나라 신선은 나무 곁에서 휴식을 취하고, 5회분 4호묘에 그려진 대장장이 신, 수레바퀴 신, 불의 신은 둥글게 휘어진 나무 그늘 아래에서 일을 하고 있다. 나무는 신들이 머무는 곳곳에 그려져 있다. 고구려 사람들은 죽은 다음에 살아갈 천상세계에 나무가 없다면 무엇인가 부족하다고 생각했던 모양이다. 덕흥리 벽화고분 앞방 천정 동벽과 남벽에는 호랑이, 멧돼지, 사슴 등을 사냥하는 장면이 그려져 있다. 물론 이 장면에도 산과 더불어 나무가 그려져 있다. 현재의 삶이 천상세계에서도 연속될 것이라는 믿음의 결과라고 하겠다.

산수화 등장의 의미

고대인들은 산과 숲을 제대로 그리지 못했다. 고대인들에게 산과 숲은 미지의 세계, 인간이 통제할 수 없는 세계, 신의 영역이었기 때문이다. 그림을 그린다는 것은 그 대상을 온전히 그리는 것이라고 생각했던 고대인들은 자연을 함부로 그리지 않았다. 안악3호분 무덤 주인공 그림은 수염 하나하나까지 세밀하게 그린 반면, 산과 나무, 바위 등 주변 사물에 대한 묘사는 대단히 소홀하다. 무용총 수렵도에서 말을 타고 활을 쏘는 사람은 대단히 생동감 넘치게 묘사하였지만, 산과 나무에 대한 묘사는 매우 부족하다. 마찬가지로 같은 시기 중국의 고분벽화에서도 사람을 중심으로 그림을 그릴 뿐, 산과 나무, 바위와 물에 대한 묘사는 정교하지 못했다. 고대

이집트인들이 남긴 파피루스 그림이나 신전과 무덤 벽화에도 풍경화는 그리지 않았다. 중국에서는 7세기 말 당나라 시대에 비로소 산수화(풍경화)가 등장했다. 유럽도 중세시대에는 풍경화가 거의 존재하지 않았다.

그런데 그림에 변화가 생겨났다. 4세기 말~5세기 초에 만들어진 무용총 널방 남벽 서쪽에 그려진 나무는 실제 나무와 가깝게 그렸다. 이보다 더욱 뛰어난 것은 6세기 중엽 진파리1호분 북벽 현무도 좌우에 한 그루씩 그려진 나

진파리 1호분에 그려진 사실적인 나무.

무들이다. 이 나무들은 사실적이며 산수화의 한 부분으로도 손색이 없을 정도다.[95]

　1988년 황해도 안악군에서 발견된 평정리 1호분 동벽에는 온화하고 포근한 느낌을 주는 월암산이, 서벽에는 엄숙하고 신비로운 느낌을 주는 구월산이 원근법을 이용해 그려져 있다. 6세기 초반에 그려진 평정리 1호분은 채색 없이 묵으로 순수하게 산악만을 표현해 산수화의 전형을 보여주고 있다.[96] 6세기 말~7세기 초에 그려진 강서대묘 현무도 아래에 그려진 산악 표현은 앞선 벽화들보다 진일보했다. 바위산이 연이어 산맥을 이루는 모습을 그렸는데, 형태가 다양하고 묘사력도 뛰어나 실제 바위산을 사실적으로 묘사하는 수준에 이르렀다.[97]

　이러한 나무와 산악 표현은 고구려인이 자연을 객관화시켜 보기 시작했음을 알려주는 것이라고 하겠다. 자연을 객관화시켜 보았다는 것은 한편으로는 회화 수준이 발전했다는 것이 되지만, 또 다른 측면에서는 자연에 대한 경외감이 차츰 엷어진 것이라고 할 수도 있다. 인간이 주인공이고, 자연이 대상이 되는 것으로, 인간과 자연의 상대성 관념이 깨지고 인간 중심적인 시야를 갖게 되었음을 의미한다.[98] 그것은 자연으로부터 인간이 독립되어 가고 있음을 보여주는 것이기도 하다.

　『해동고승전』에는 고구려에 불교를 전파하러 온 순도 스님이 교화에 실패한 원인을 고구려 사람들이 너무 순박淳朴하기 때문이라고 하였다.[99] 하지만 국가의 규모가 커지고, 주변국과 치열한 전쟁을 하고, 교역이 활발해짐에 따라 사람들의 풍속도 변화되기 시작한다. 농민뿐만 아니라, 수렵채집민도 욕망을 분출하기 시작한다.

5. 모피 사냥꾼

농경민과 교역

농경이 시작되자 수렵 채집민
의 생활도 달라지기 시작했다.
수렵 채집민도 농경을 자신의
생업으로 받아들였다. 하지만
기후, 토양, 농업기술, 다른 생
업과 중복 등의 이유로 수렵과
채집, 어로를 대체할 만큼, 농경
의 비중이 빠르게 올라가지는
않았다. 도리어 농경민으로 인
해, 수렵 채집민은 기존의 생업
에 더 충실해야 하는 일이 벌어
졌다. 그것은 농경민이 그들과
교역을 원하였기 때문이다. 수
렵 채집민은 농경민에게 모피와

북제 서현수묘 벽화에 그려진 모피 옷(갖옷).
모피옷은 당시에도 굉장한 사치품이었다.

인삼을 팔았다. 농경민의 수가 늘고, 도시가 형성되고, 국가가 성장하면
서 모피와 인삼을 고가에 구입하는 소비층이 생겨났기 때문이다. 이는 수
렵 채집민에게 경제적으로 큰 이익을 얻을 수 있는 기회가 되었다.

4세기 말 ~ 5세기 초에 만들어진 고구려 무용총의 널방 서벽에는 말을
타면서 호랑이와 사슴에게 활시위를 당기는 무사의 모습이 생동감 넘치
게 그려져 있다. 그런데 무사들이 쏘는 화살은 앞부분이 뾰족하지 않다.
명적鳴鏑이라 불리는 소리 나는 화살촉이다. 명적을 사용하면 가죽을 상하

지 않게 하면서 동물을 기절시켜 잡을 수가 있다. 모피는 상한 부분이 있으면 가격이 크게 떨어진다. 호랑이나 사슴 가죽을 높은 값에 팔기 위해 명적이 달린 화살을 이용해 동물을 잡았던 것이다. 고구려도 모피를 이웃 나라에게 수출했다. 『이원異苑』이란 책에는 고구려에서 담비 가죽을 얻는 방법을 소개하고 있다.

"담비는 고구려에서 산출된다. 항상 한 존재一物가 담비와 함께 구덩이에서 생활하는데, 혹 그를 보면 생김새가 사람과 비슷하고 키는 3척이며 담비를 잘 다루고 손칼刀子을 좋아한다. 고구려 습속에 사람이 담비 가죽을 얻고자 하면 손칼을 구덩이 입구에 던져 놓는다. 그러면 이 존재가 밤에 구덩이를 나와 담비 가죽을 손칼 옆에 놓아두며 사람이 담비 가죽을 가지고 떠나기를 기다렸다가, 사람이 가고 난 후 손칼을 가져간다."[100]

고구려 모피 상인이 담비를 전문적으로 사냥하는 수렵민에게 모피를 구입하는 과정을 다소 신비한 이야기로 만들어낸 것이라고 하겠다. 모피 수출이 활발해지면서, 수렵민도 모피 동물 사냥에 보다 전념해야 했던 것이다.

모피 교역

호랑이, 표범, 담비, 여우, 족제비, 곰 등 털이 있는 동물의 가죽인 모피는 고대부터 근대까지 꾸준히 이어져 온 한대寒帶 지역과 온대溫帶 지역 사이에 가장 중요한 교역 물품이었다. 모피는 질기고, 따뜻하고, 가공을 잘 하면 윤기가 나며, 부드럽다. 보온성이 뛰어나며 미적인 가치 때문에 방풍, 방한 의복으로 선호되었다. 모피는 외투와 모자, 목도리, 신발 등 추위를 막아주는 최고의 복식 소재였고, 위신재威信材(물건 소유자의 지위와 권위를 알려주는 물건)로도 사용되었다. 호랑이 가죽은 복식 소재로는 적합하지 않지만, 위신재로는 가치가 컸다. 무서운 호랑이의 가죽을 깔개로 사용하면 그 위에 앉은 자의 용맹함과 권위가 높아 보이는 효과를 얻을 수 있기 때문이다.

모피 동물은 냉대, 한대 기후 지역에 서식하기 때문에 생산지가 한정되어 있다. 모피는 동물의 원피로부터 불필요한 성분을 제거하고 부드럽게 만드는 무두질 등 다양한 처리 과정을 거쳐 상품이 되기 때문에 값이 비싸다. 값이 비싸기 때문에 권위와 신분을 과시하는 사치품으로 선호되어 왔다. 모피 가격은 수시로 변동되기도 하지만, 1425년 조선에 온 명나라 사신 윤봉은 무역할 때 받은 담비 가죽 값으로 채단彩段(비단) 20필, 다람쥐 가죽 값으로 채견彩絹(두껍고 무늬 없는 비단) 10필, 호랑이 가죽 값으로 생관견生官絹(생사로 짠 비단) 20필을 냈다. 또 명나라에 사신으로 가는 박실은 담비 가죽 값으로 생관견 25필, 다람쥐 가죽 값으로 생관견 18필, 여우 가죽 값으로 삼릉포三綾布(비단의 일종) 5필을 냈다는 기록[101]을 통해 볼 때, 모피가 실크에 비해 월등히 높은 가격에 거래되었음을 알 수 있다. 돼지 가죽 1장도 베 10필, 이를 가공한 가죽 갑옷은 베 50필에 달할 정도로 동물 가죽은 고가 상품이었다.[102]

춘추시대 제나라 재상이었던 관중管仲(?~BC 645)의 지은 『관자管子』에 다음 기록이 보인다.

"제환공이 관중에게 묻기를 내가 듣기로 해내의 진귀한 물산으로
화폐를 만드는 7가지 방법이 있다고 하는데, 그것을 들어볼 수 있는

가? 관자가 대답하였다. … 셋째, 발과 조선에서 나는 문피文皮를 이
용하는 방법입니다. "103

"동쪽의 발과 조선이 오지 않으면 거기서 나는 문피와 타복鼮服으로
화폐를 만들고, … 표범 가죽 한 장은 1,000금을 줄 만큼이나 귀합
니다. 이를 화폐로 만들면 800리 밖의 발과 조선이 조현朝見을 올 것
입니다. "104

『관자』책의 성립시기에 대해 논란이 있기는 하지만, B.C 7세기 제나라
가 고조선과 문피 교역을 했다는 사실 만큼은 알 수 있다. 문피는 고조선
의 특산물로 무늬가 있는 가죽, 즉 표범이나 호랑이 가죽이다. 타복은 무
두질한 가죽옷이다.

모피가 바꾼 사회

천금만큼이나 귀한 표범 가죽을 팔기 위해 고조선 사람들이 산동반도
에 위치한 제나라로 가기도 했지만, 반대로 모피를 구하기 위해 중원지역
상인들이 찾아오기도 했다. 명도전明刀錢을 비롯해 포전, 오수전, 반량전,
일화전, 명화전 등 전국~진한 시기 화폐가 압록강 주변, 청천강과 대동강
주변, 요동반도 서남부, 그리고 요하 주변, 대릉하 주변, 노합하 주변 등
해안가와 강가 등 교통이 좋은 곳에서 많이 발견된다. 고조선 지역 내에
서 대량의 화폐가 발견된 것은 활발한 교역의 결과물이라고 할 수 있다. 105
연해주 남부 니콜라예프카 마을에서는 B.C 4세기 전국시대 위魏나라에
서 만든 동전이 발견되었다. 크로우노프카 유적에서는 한나라 오수전이
발견되었다. 또한 백두산 자락인 장백 팔도구에서는 B.C 3세기 전국시대
조趙나라의 명재상 인상여藺相如의 이름이 새겨진 꺽창이 발견되었다. 이

곳에서 중원 지역의 화폐나 유물이 발견되는 것은 모피 교역을 위해 상인들이 왕래했기 때문이라 하겠다. 이러한 유물 발견을 토대로 강인욱은 초기 옥저와 고조선의 모피무역 지도를 그렸다. 그는 백두산 주변에서 모피가 생산되면 압록강 중류에서 중개하고, 압록강 하구 일대에서 모피류 가공 및 취합이 이루어졌을 것으로 추정했다.[106] 옥저는 고조선과 더불어 화폐가 유통된 나라다.[107] 모피 교역이 옥저에서도 활발히 이루어졌기 때문이라 하겠다.

고조선과 옥저, 읍루만 모피를 생산하고 교역한 것이 아니었다. 부여 사람들은 평소 견직물과 가죽옷, 백포 등으로 옷을 입고, 가죽신을 신었다. 부여 사람들이 외국에 나갈 때에는 여우, 삵, 원숭이, 희거나 검은담비 가죽으로 만든 갓옷을 외투로 입었다.[108] 모피를 수출하기 위해 모피를 선전하려는 의도도 있었다고 하겠다. 부여는 서기 3세기 초까지도 만주 동부에 사는 읍루족을 복속시켜 세금을 거두고 있었는데, 읍루족의 특산물인 최고급 모피인 담비 가죽을 징수했다.[109]

834년 신라 흥덕왕은 사치스러운 풍습을 통제하기 위해 신분에 따라 옷과 수레, 각종 물품의 사용을 금하는 법을 발표했는데, 모피류도 포함되어 있다.[110] 자줏빛 가죽으로 만든 신발은 진골도 사용할 수 없게 금지되었고, 호랑이 가죽은 오직 진골만이 사용할 수 있게 했다. 이런 규정은 모피류가 사치품임에도 널리 유통되고 있었음을 보여준다. 아랍의 지리학자 이븐 쿠르다지바가 쓴 『제도로와 제왕국지』에는 신라로부터 가져오는 물품에 실크, 칼, 사향, 말안장, 범포, 도기, 담비 가죽 등이 있다고 적었다.[111] 신라에는 모직물을 염색하고 가공하는 수공업 관청인 모전毛典, 피전皮典, 피타전皮打典, 탑전毾典, 화전靴典, 추전鞦典이 있었다.[112] 왕실과 귀족의 모피 수요가 컸기 때문에, 이와 관련된 관청이 만들어진 것이다. 이처럼 모피는 고조선, 부여, 고구려, 옥저, 읍루, 발해, 신라에 이르기까지 인기 높은 수출 상품이자, 왕실과 귀족의 사치품으로 각광을 받았다.

의복 재료를 구하기 위해 모피동물을 사냥하던 수렵 채집민이 이제는 외부에서 각광받는 모피를 구하기 위해 필요 이상으로 사냥을 해야 하는 시대에 접어든 것이다. 모피 동물을 많이 잡는 사람은 부자가 되고, 그렇지 못한 사람은 가난을 면하지 못했다. 모피는 수렵 채집 사회 내부에 빈부격차 등 변화를 촉진하는 요인이 되었다.

6. 인삼, 숲 사람들을 바꾸다.

최고의 약재 인삼

인삼은 불로장생의 영약으로, 식물성 약재 가운데 최상품의 약재다. 특히 만주, 연해주, 한반도 지역에서 자생하는 인삼의 효능이 뛰어났다. 1724년 개경사람 박유철이 인삼재배법을 개발하기 전까지, 인삼은 인공 재배가 불가능했다. 따라서 이전까지 인삼은 모두 산에서 자생하는 산삼 으로, 엄청난 고가의 상품이었다.

고구려와 백제의 인삼은 중국인들에게도 장수의 영약으로 널리 알려져 자세히 소개되어 있다. 양나라 도홍경(456~536)은 『본초경집주』에서 "인삼 은 백제 것을 중요하게 여기는데 모양은 가늘지만 단단하고 희며 기운과 맛은 상당삼보다 부드럽다. 다음으로는 고구려산을 사용하는데 고구려 는 바로 요동이다. 모양은 크지만 속은 성글고 연하여 백제의 것보다 못

인삼과 숲에서 나는 여러 약재들.

하다. 백제가 요사이 사신을 고구려에 딸려 보내어 인삼을 가져오는 것이 두 가지이다. 오로지 사용처에 맞추어 골라 사용할 뿐이다." 라고 하였다. 그는 고구려인이 부르는 인삼 노래도 기록해 두었다.

"줄기는 셋이고 잎은 다섯 갈래이네   三柯五葉

해를 등지고 그늘과 같이하나니   背陽同陰

인삼이 나를 찾아온다면   欲來求我

잎 큰 나무아래에서 만나리라   柯樹相尋"

도홍경은 "가수柯樹의 잎은 오동나무처럼 매우 커서 그늘이 넓기 때문에 음지를 많이 만든다. 산삼을 채취하는데 엄한 법칙이 있다."라 하였다.[113] 사람이 인삼을 찾는 것이 아니라, 인삼이 사람을 찾는 것이라는 고구려 노래는 오늘날 심마니들이 산삼을 대하는 태도와 다를 것이 없다.

인삼 교역

인삼은 은銀, 담비 가죽과 더불어 고구려의 대표적인 수출품으로, 양梁 (420~479), 남제南齊(479~502)를 비롯해 많은 나라들에 알려졌다.[114] 660년 당나라 장초금이 쓴 『한원翰苑』은 인삼의 산지로 고구려에서 가장 큰 산인 마다산을 소개하고 있다.[115] 고구려와 백제뿐만 아니라 신라도 인삼을 수출하였는데, 귀한 인삼은 1척 남짓한 삼나무를 양편에 대고 붉은 비단으로 싸서 수출되었다.

인삼은 외국에 보내는 선물로도 많이 사용되었다. 신라 33대 성덕왕은 723년 당나라에 과하마, 우황, 인삼, 바다표범 가죽, 금, 은, 조하주, 어아주(실크의 일종) 등을 선물로 보냈고, 734년에도 인삼 2백 근을 선물로 보냈다.[116] 739년 성덕왕의 조문을 위해 당나라에서 파견된 사신 형도란 자는 신라에서 황금 30냥과 베 50필과 함께 인삼 100근을 선물로 받았다.[117] 인삼은 신라가 외교관계에서 외국에 보내는 가장 중요한 특산물이었다.

발해도 739년 일본에 모피, 꿀 등과 함께 인삼 30근을 선물로 보내준 바 있다.[118] 발해가 당나라에 수출하는 상품에는 모피, 명주, 베, 말, 양, 구리와 더불어 인삼, 백부자 등의 약재가 포함되어 있었다.[119]

이 시대에도 개인적으로 인삼을 선물로 주기도 했는데, 최치원은 879년부터 4년간 당나라에서 종사관으로 일하면서 윗사람인 고변의 생일에 인삼 3근과 천마 1근을 보냈다. 최치원은 이 약재가 해돋이 지역에서 캐서 바다를 건너왔음을 글과 함께 밝히고 있다.[120] 당시 당나라에는 인삼이 신라의 대표적인 약초로 탁월한 약효를 갖고 있다는 것이 잘 알려져 있는 상태였다. 인삼이 공적 무역만이 아니라, 사적 거래를 통해서도 유통되고 있었던 것이다.[121]

삼국 시대에 수십, 수백 근을 수출하던 인삼은 고려시대에는 한번에 1천 근을 송나라에 보내기도 했다.[122] 1036년 정종靖宗은 인삼 3백 근을 세금으로 거둬들이라고 명령했다. 그러자 신하들이 이렇게 간언했다.

"주상께서 인삼 3백 근을 올리라고 분부하셨으나 그 얼마 전에 바친 1천 근 만으로도 쓰시기에 충분할 것입니다. 국고의 공물은 모두 백성의 피땀에서 나온 것이니 함부로 거두어들일 수 없는 것입니다. 다시 인삼을 바치라는 분부를 하지 마시기 바랍니다."[123]

인삼이 수출품 가운데 가장 큰 이익을 얻을 수 있는 것이기 때문에, 왕실의 이익을 늘리기 위해 강제 징수를 하고자 했던 것이다. 최고의 약재

인삼은 몽골에도 알려졌다. 1270년 고려의 항복을 받아낸 몽골은 인삼 공납을 무리하게 요구했다. 몽골은 사람을 보내어 고려 전국의 지방 관리들에게 인삼을 바치라고 요구했다. 그러자 고려 정부는 인삼은 동북계에서 산출될 뿐 다른 지역에서는 거의 드물다면서, 산출되는 지역에 국한해 시기를 맞추어 바치도록 하고, 함부로 캐내어 인삼 씨를 말리지 않도록 명해 달라고 몽골에 요청하기도 했다.[124]

몽골제국에서 인삼의 인기는 식을 줄 몰랐다. 고려로 시집온 몽골 공주인 충렬왕비 제국대장공주가 인삼 징수에 앞장섰다.

> "공주가 환관을 각도에 보내어 인삼과 잣松子을 구하게 하였다. 앞서 공주가 인삼과 잣을 배당시켜 거두고 강남江南에 보내어 매매하여 매우 이익을 보았기 때문에, 특히 환관을 보내어 비록 생산되지 않는 지방까지도 다 징수해 들이게 하니, 백성들이 많이 원망하고 한탄하였다."[125]

인삼을 강제 징수하다보니, 자연산 인삼의 생산량은 현저하게 줄어들게 되었다. 수렵 채집민이 틈틈이 약재로 사용하기 위해 캐던 인삼은, 고조선, 삼국 시대만 하더라도 생산량이 많지 않았다. 농경민과 교역을 위해 인삼을 채취하지만, 수렵 채집민은 씨를 말릴 정도로 인삼을 채취하지 않는다. 하지만 인삼의 이익을 알게 된 국가에서 인삼 공납을 강요하게 되면서, 고려시대에는 인삼 생산량이 갑자기 증가하게 되었다. 관리를 보내 농민들에게 인삼 채취를 강요하자, 곧 인삼의 씨가 말라 결국에는 인삼의 생산량이 현저하게 줄어들었다. 국가의 통제를 적게 받았던 수렵 채집민의 생활은 인삼이 중요한 상품이 되면서 달라졌다. 고려 정부 관리는 물론, 몽골의 환관들까지 숲속 마을을 찾아다니며 인삼 채취를 독려했다. 인삼으로 인해 숲속 마을이 국가의 적극적인 간섭과 지시를 받는 공간으로 변화되어 갔다.

천연 약재 교역

숲에는 모피동물과 인삼 외에도 천연 약재들이 자생한다. 인삼의 자생지로 당나라에도 알려진 마다산에는 백부자, 방풍, 세신이 많이 난다. 족두리풀뿌리인 세신은 감기, 풍한, 염증 치료 등에 쓰인다. 노랑돌쩌귀라 불리는 백부자는 통증을 다스리며 간에 효험이 있는 약재다. 방풍은 풍과 열증에 효험이 있는 약재다.

다른 약재들도 중국에서 수입해갔다. 오미자는 혈압을 내리고 면역력을 높이며, 가래 해소, 기침 치료에 도움이 되며, 강장제로도 쓰이는 약재다. 중국에서는 고구려에서 생산된 오미자가 살이 많고 시면서도 달아 최상급으로 평가했다. 머위의 꽃봉오리를 말린 관동화는 폐결핵, 기관지천식 등에 사용하는데, 일등급은 하북 땅에서 나는 것이고, 고구려와 백제 것을 그 다음으로 여겼다고 한다. 여여는 기를 내려주고 피고름을 없애는 등 여러 효능을 가진 약재인데, 고구려 것을 최고로 쳤다. 무제蕪荑는 오직 고구려에서 나는 약재이며, 해송자 즉 잣은 신라에서 나는 것이 좋은데 자양강장 효과가 있는 약재다. 오공蜈蚣 즉 말린 지네는 고구려 산중에서 썩은 풀들이 쌓인 곳에 많이 나는데, 파상풍, 관절염, 염증 억제 등의 효능이 있는 약재다. 남등근은 신라에서 생산되며 인체 내에 응열된 냉기가 쌓여 발병한 기침 치료에 쓰이는 약재다. 박하는 신라박하가 유명하다. 신라 사람들은 여름과 가을에 줄기와 잎을 따서 땡볕에 말려 차를 만들어 마시는데, 진통제, 구충제 효과가 있다. 형개는 신라형개라 부를 정도로 신라

산이 유명한데, 해열 작용, 땀 분비 촉진, 소화 작용, 항균 작용 등에 효과가 있는 약재다. 이처럼 삼국에서 생산된 세신, 백부자, 방풍, 오미자, 관동화, 여여, 무제, 해송자, 오공, 남등근, 박하, 형개 등 다양한 약재들이 외국에 수출되었다.[126]

이밖에도 숲에는 감초, 당귀, 작약, 마황, 결명자, 구기자, 율무 등 다양한 약용식물이 자란다. 더덕은 위, 허파, 비장, 신장을 튼튼하게 하는 약재인 동시에, 식용으로도 널리 사용된다. 취나물은 감기, 두통 등 약재로 쓰이기도 한다. 단맛이 나는 감초, 매운 맛이 나는 산초, 차로 끓여먹기도 하는 구기자 등 다양한 약재가 숲에서 자란다.

뼈에 이로운 수액이 나온다고 하여 골리수骨利樹로도 불리는 고로쇠나무는 인간에게 좋은 음료를 제공한다. 고로쇠 수액은 위장병, 폐병, 신경통, 관절염 등에 좋다고 알려져 있다. 자작나무 수액도 이뇨작용에 효과적이며, 나무를 숯으로 만들 때 발생하는 연기가 액화되어 떨어진 목초액은 악취 제거나 농약으로 사용되기도 한다.

꿀은 자연산도 있지만, 대개는 벌을 산에 풀어 양봉養蜂을 해서 채취한다. 꿀은 장기 보전이 가능하며, 단맛 때문에 인류가 선사시대부터 선호하던 음식이다. 구내염, 감기, 냉증, 외상치료 등에 약재로 사용하기도 한다. 우리 역사에서 언제부터 양봉을 시작했는지는 알 수 없다. 다만 643년 백제 태자 여풍이 꿀벌통 4개를 왜국 삼륜산에 놓아길렀으나 끝내 번식시키지 못했다는 『일본서기』 기록으로 볼 때 늦어도 삼국 시대에는 널리 양봉이 행해졌음을 알 수 있다.[127] 꿀은 왕실의 결혼 예물, 외국에 보내는 선물로 사용되기도 하는 등 수요가 많았다.[128]

청나라를 건국한 누루하치도 유년 시절에는 산에 올라가 인삼, 잣 등을 채취해 무순의 시장에 내다 팔아서 먹고 살았다. 여진족 사람들은 매년 산에 올라가 인삼과 잣, 버섯, 개암, 꿀 등을 채취하고 들짐승과 날짐승을 사냥했다. 수개월에 걸쳐 산에서 채집하고 사냥한 것들을 명나라와 교역하기 위한 마시馬市에 가지고 가서 다른 생필품과 바꾸어 이득을 얻었다.[129] 여진족은 모피, 인삼, 말 등의 교역을 통해 얻은 이익으로 청 제국을 건설할 수 있었다.

이처럼 수렵 채집민에게 모피, 인삼, 약재 교역은 많은 경제적 이득을 주었다. 수렵 채집민이 모피와 인삼을 생산할수록 국가의 숲에 대한 접근이 많아졌고, 수렵 채집민의 외부 의존도 또한 계속해서 높아졌다. 수렵 채집민은 고립된 존재가 아니었다.

4장

수렵민, 제국을 세우다.

1. 주몽이 되고 싶은 사람들

추모왕과 온달

삼국 시대는 전쟁의 시대였다. 전쟁의 시대에서 가장 각광받는 사람들은 전사들이다. 삼국 시대 전사들은 말타기와 활쏘기, 창과 칼, 도끼 등의 무기를 잘 다루고 전투력이 뛰어나야 살아남을 수 있었다. 무기 가운데 활을 다루는 능력이 가장 중요하다. 활쏘기는 자기희생을 최소화하면서 적을 물리칠 수 있는 장점이 있다.

현대 사회에서 각광받는 사람, 누구나 되고 싶은 사람을 일컬어 스타라고 부른다면, 삼국 시대에는 활쏘기를 잘하는 사람이 스타라고 할 수 있다. 부여와 고구려에서는 활을 잘 쏘는 사람을 '주몽朱蒙'이라고 했다. 주몽이란 칭호를 받는 인물로 널리 알려진 사람은 고구려 건국시조인 추모왕이다. 추모왕 다음으로 주몽 칭호를 받았을 것으로 보이는 인물은 바보로 널리 알려진 온달이다.

그는 어렸을 때 너무 가난해 밥을 빌어 어머니를 봉양했고, 늘 해진 옷과 신발을 걸치고 시내를 오가며 살았다. 때로는 느릅나무 껍질로 연명해야 했던 온달이 출세를 하게 된 것은 매년 3월 3일 열린 사냥대회에서 두각을 나타냈기 때문이다. 고구려에서는 이때 잡은 돼지와 사슴으로 하늘과 산천의 신에게 제사를 지

수렵민인 말을 탄 추모왕 상상도(북한 동명성왕릉 전시관)

씨름무덤 주인공과 부인. 주인공 곁에는 칼과 활과 화살이 놓여있다.
고구려 사람들에게 활, 칼을 다루는 것은 생활의 일부였다.

냈다. 온달은 나라의 축제인 사냥대회에서 두각을 나타내 장군으로 임명된다. 온달은 평원왕(559~590)의 딸 평강공주와 결혼하여 부마도위가 되고, 북주군과 전투에서 선봉장으로 나가 공을 세웠으며, 신라로부터 아단성을 되찾기 위해 출정했다가 적의 화살에 맞아 죽었다.[130]

인재선발의 기준 활쏘기

사냥대회는 인재 선발의 장이었다. 가난했던 온달이 평원왕의 사위가 되어 평강공주와 결혼을 허락받을 수 있었던 것은, 주몽이라 불릴만한 능력을 갖추고 있었기 때문이다.

신라에서는 788년(원성왕 4년) 처음으로『논어』등 유교 경서를 익힌 정도에 따라 독서삼품을 제정하여 관직을 주는 제도가 시행되었다.[131] 이 제도가 시행되기 전에는 활쏘기만으로 인재를 선발弓箭選人했다고『삼국사기』

는 기록하고 있다.

활쏘기로 인재를 선발한다고 해서, 요즘 양궁대회처럼 누가 더 과녁을 잘 맞히느냐로 평가하는 것이 아니다. 사냥감은 이동하는 동물이다. 수풀 속에서 불쑥 나타나 나무 뒤로 숨어 버리는 것들도 많다. 사라지는 적군도 그냥 한곳에 머물러 있는 고정 목표물이 아니다. 순간적인 판단이 뛰어나지 않으면 움직이는 목표물을 맞힐 수가 없다. 민첩성과 상황 판단력이 필요하다.

사냥이나 전쟁은 혼자 하는 것이 아니다. 사냥에 나설 때에는 10~20명이 함께 움직인다. 사냥감을 궁지에 몰아넣으려면 사냥꾼이 효율적으로 움직여야 한다. 유능한 사냥꾼은 사냥에 참여하는 무리를 잘 통솔해야 한다. 사냥 집단의 우두머리는 공평하게 분배를 할 줄 알아야 여러 사람들이 믿고 따른다. 따라서 사냥대회에서 두각을 나타내려면 활쏘기 기술, 강한 근력, 달리기 능력, 민첩함, 참을성, 빠른 상황 판단력, 사람들과 소통, 지휘력 등 전쟁에서 요구하는 다양한 능력을 고루 갖추고 있어야만 한다. 삼국 시대에 활쏘기로 인재를 선발한 것은 시대가 요구하는 여러 능력을 갖춘 사람이 활쏘기를 잘하는 사람이기 때문이었다. 숲에서 사냥하며 사는 사람들이 삼국 시대에는 인재들이었다.

강궁 쏘기

활쏘기는 활을 잡으면 금방 배울 수 있는 것이 아니다. 『삼국사기』는 고구려 시조 동명성왕(추모왕)이 비류국 송양왕과 논쟁을 벌이다가 다시 활쏘기로 재주를 비교하였는데, 송양왕이 대항할 수가 없어 나라를 바치며 항복했다고 기록하고 있다. [132] 『동명왕편』에서는 두 사람의 활쏘기에 대해 구체적으로 묘사하고 있다.

"송양은 추모왕이 여러 차례 천손이라 칭하자 내심 의심스러워 그 재주를 시험하고자 하여 이에 말하기를 "왕과 더불어 활쏘기를 원하오."라고 하였다. 사슴 그림을 1백 보 안에 놓고 쏘았는데 그 화살이 사슴 배꼽에 들어가지 못했는데도 힘에 겨워하였다. 왕이 사람을 시켜 옥가락지를 가져다가 1백 보 밖에 달아매고 쏘았더니 기왓장 부서지듯 깨졌다. 송양이 크게 놀랐다."[133]

송양왕이 사슴 배꼽을 정확히 맞추지 못한 것은 실력이 부족하다는 것을 말한다. 반면 추모왕이 화살로 단단한 옥가락지를 기왓장 부서지듯 깨드린 것은 단순히 명사수임을 보여준 것이 아니다. 명중만 하고 화살에 힘이 없으면 사냥감을 잡을 수가 없다. 호랑이, 곰 등은 웬만한 사냥꾼이 쏜 화살 한 발에는 죽지 않는다. 하지만 옥가락지를 깨뜨릴 만한 강한 활을 쏠 수 있는 추모왕이라면 단 한 발에 맹수를 사냥할 수가 있다.

강한 활을 멀리까지 쏘려면 엄청난 훈련을 해야 한다. 주몽이라 불릴만한 실력을 갖추려면 어려서부터 작은 활을 당기기 시작해서 강궁을 빠르고 정확하게 어떤 자세에서도 쏠 수 있을 만큼 10여 년 이상을 연습해야만 한다. 평상시 농사만 짓던 농민들이 쉽게 이룰 수 있는 경지가 아니다.

2. 전쟁의 시대와 수렵민

쇠뇌와 강궁

진시황릉에는 쇠뇌(노-弩)를 든 토용 무사상이 많이 등장한다. 쇠뇌는 방아쇠가 달려 있어, 활시위를 당기는 힘이 부족한 사람들이라도 강한 활을 쏠 수 있게 만든 기계활이다. 쇠뇌는 활에 비해 배우는 기간이 짧다. 쇠뇌는 한 발을 쏘고 다음 화살을 장전해서 쏠 때까지 활에 비해 시간이 많이 걸린다는 단점이 있다. 따라서 활에 익숙한 전사들에게는 쇠뇌가 도리어 불편하다. 하지만 인구가 많은 농업국가에서 궁병을 단기간에 양성하고자 할 때는 쇠뇌를 보급하는 것이 유리하다. 훈련받지 못한 쇠뇌병의 전투능력이 떨어진다고 해도, 쇠뇌병 숫자가 압도적이라면 전투력이 강한 전사들을 제압할 수가 있기 때문이다.

인구가 많지 않은 고구려, 백제, 신라에서 동원할 수 있는 병력은 한정

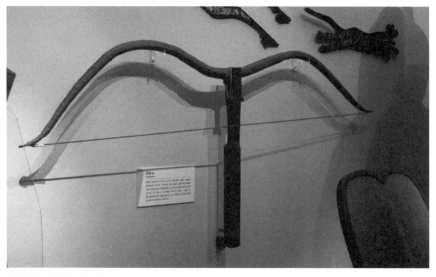

쇠뇌는 농경민이 사용할 수 있는 강력한 활이었다(전쟁기념관 전시품).

되어 있다. 따라서 어린 아이들을 오랫동안 가르쳐 강궁을 쏠 수 있는 전사를 양성하는 길을 택할 수밖에 없다. 신라에서는 성 방어를 위한 대형 쇠뇌가 발전했지만, 삼국 모두 개인용 쇠뇌가 널리 사용되지 못한 것은 이러한 이유 때문이다.

수렵 채집민은 농민과 달리 자연스럽게 만들어진 전사들이다. 굳이 경당이나 화랑도에서 활쏘기를 가르치지 않더라도, 생업이 사냥이기 때문에 활쏘기를 자연스럽게 익힐 수 있다. 농한기에만 잠시 사냥하는 농민과 활쏘기 능력에서 차이가 날 수밖에 없다.

고구려와 동옥저의 차이

고구려와 동옥저는 음식, 주거, 의복, 예절 등에서 서로 흡사하지만 사람들의 기질은 많이 달랐다. 동옥저는 토질이 비옥하며, 산을 등지고 바다를 향해 있어 오곡이 잘 자라며 농사짓기에 적합한 나라였다. 동옥저는 고구려의 신하 나라가 되어, 옷감, 물고기, 소금, 해조류 등을 바쳐야 했다.[134] 고구려는 큰 산과 깊은 골짜기가 많고 넓은 들과 좋은 밭이 없으므로, 농사를 지어도 식량이 충분하지 못했다. 그럼에도 고구려에는 농사를 짓지 않으면서도 앉아서 먹는 인구, 즉 좌식자 1만여 명이 있었다. 그들은 하호들이 먼 곳에서 가져온 양식, 고기, 소금을 공급 받았다.[135]

동옥저는 창을 들고 싸우는 보병 전투를 잘하고便持矛步戰, 고구려는 말을 잘 타고 사냥에서 활을 잘 쏘았다便鞍馬, 善獵射는 습속에서 두 나라의 차이를 찾기도 한다.[136] 보병 전투에 능한 동옥저인은 농사와 어업에 종사한 사람들이다. 이들은 말을 타고 활을 쏘는 고구려 수렵민을 당해낼 수가 없었다.

고구려는 건국 직후부터 강력한 무력을 앞세워 주변에 위치한 말갈부

락부터 물리치고,[137] 주변 소국들보다 빠르게 성장했다. 강한 전투력을 지닌 수렵민 출신 무사들이 곧 좌식자로, 이들은 평소에는 농사를 짓지 않지만 전쟁이 날 때 앞장서서 싸우는 전문전투집단이다. 그런데 고구려가 성장해가자 상대하는 적들도 달라졌다. 1~2세기에는 수천 명을 동원해 전투를 하였지만, 3세기 이후에는 수만 명 단위로 전쟁규모가 커졌다.

경당과 화랑도

전투 규모가 커지면 전문전투집단만으로 전쟁을 치를 수가 없다. 병력을 늘리기 위해서는 일반 백성들도 군사 훈련을 시켜서, 전투에 참여시켜야만 한다. 따라서 고구려는 교육기관인 경당에서 청소년에게 활쏘기와 말타기를 가르쳤다.[138] 신라도 교육기관인 화랑도에서 귀족과 평민들에게 무예를 가르쳤다.[139] 청소년을 조직해서 집단에서 필요한 지식과 기술을 가르치는 것은 고대 사회에서 일반적인 일이다.

전쟁이 잦았던 삼국 시대에 활쏘기는 누구나 갖추어야 할 필수 생존 기술이었다. 고구려 시조 추모왕의 어머니 유화부인은 아들에게 활과 화살을 직접 만들어주었다.[140] 김해 대성리 57호 고분에서는 여성의 시신과 함께 활과 화살, 창 등의 무기, 갑옷, 철제투구가 발견되었다. 무덤의 주인은 여성 지휘관이었는데, 무덤에는 여성 무사 3명도 순장되어 있었다.[141] 여성도 무예를 익혀 전쟁에 참여했음을 보여주는 유적이다.

오늘날까지 만주 북부지역에서 수렵민으로 살아가는 어룬춘족의 경우, 신랑의 조건으로 활쏘기 능력을 최우선으로 본다. 사냥을 잘하는 사람은 신랑감으로 인기 있고, 사냥을 못하는 사람은 결혼하기도 어렵다. 사냥 능력이 장차 가족을 얼마나 잘 부양할 수 있느냐를 가름하기 때문이다.[142]

삼국 시대에 전쟁이 벌어지면 농민이라고 하더라도 적군에게 무기력하

누루하치의 허투알라성. 전사들의 도성으로, 명나라의 도성과는 다른 궁궐구조를 갖고 있다.

게 당하지 않았다. 조선은 10만이 안 되는 청나라 군대에게 항복했지만, 조선보다 인구가 적었던 고구려는 수나라 113만 대군을 격파했다. 고구려보다 인구가 적었던 신라도 마찬가지로 당나라 수십만 대군을 격파하고, 당군을 축출했다. 임진왜란이 발생한 후, 조선에 온 명나라 사신 유원외는 선조에게 이렇게 말했다. "귀국은 고구려 때부터 강국이라 일컬어졌는데 근래에 와서 선비와 서민이 농사와 독서에만 치중한 탓으로 이와 같은 변란을 초래한 것입니다."[143] 삼국과 조선의 다름은 사냥과 농사, 독서라는 생업의 차이에서도 찾아볼 수 있다.

3. 전쟁기계

왕을 거부한 수렵 채집민

제로니모(1829~1909)는 인디언 가운데 가장 유명한 추장이다. 1858년 멕시코군이 습격해 와서 부족의 여성과 아이를 학살하고 제로니모 가족을 몰살시킨 사건이 발생하자, 아파치족의 젊은 전사였던 그의 인생이 변한다. 제로니모는 여러 부족과 연맹을 맺고 학살에 대한 복수를 결정한다. 전쟁의 지휘권을 부여받은 제로니모는 군사지휘자로 능력을 발휘해, 멕시코군 수비대를 대파한다. 이 사건으로 제로니모의 권위는 크게 오른다. 아파치 사람들은 복수전이 대승리로 끝났으니 그것으로 목적이 이루어졌다고 생각했다. 제로니모는 멕시코에 대한 더욱 강도 높은 보복을 주장하며, 모든 아파치족 전사들에 대한 지휘권을 달라고 요구했다. 제로니모의 이러한 요구는 왕의 등장을 의미했다. 그러자 아파치의 여러 부족은 제로니모의 요구를 거부한다. 그들은 그들 사회에 권력자의 등장이 가져올 변화를 거부했던 것이다. 제로니모의 사례를 소개한 나카자와 신이치中沢新一는 수렵 채집민이 오랜 세월 자발적으로 국가를 만들지 않는 것을 그들 문명의 버팀목 역할을 해온 대칭성 원리로 설명한다.[144]

크리스토퍼 보엠은 수렵 채집민과 부족민들이 고도로 정교한 평등주의 문화와 제도를 발전시켰다고 주장한다. 그는 인류가 여론, 비판, 조롱, 처형 등의 제재를 통해 권력을 추구하는 자, 탐욕스러운 이기주의자, 공격적인 탈법자 등 우두머리를 통제하고 평등주의를 오랫동안 유지해왔다고 하였다.[145]

수렵 채집 사회에는 평등한 사회도 있지만 불평등한 사회가 있다. 이를 인류학자들은 단순 수렵 채집 사회와 복합 수렵 채집 사회 두 가지 유형으로 구분하기도 한다. 단순 수렵 채집 사회는 환경이 예측 불가능하고·가변적인 환경에 처해있어 이동을 자주 하며, 전쟁이 드물며, 노예도 없고, 종족간의 경쟁도 없으며, 식량을 저장하는 것도 그다지 중요하게 생각하지 않는다는 특징을 갖고 있다. 반면 복합 수렵 채집 사회는 변동이 적고 예측 가능성이 높은 환경에 살며, 이동을 적게 하고 정주하는 경우가 강하다. 식량 공급에 비해 인구밀도가 높고, 식량 저장을 중요하게 생각하며, 위계·부·출신에 따른 계급이 있고, 전쟁도 흔하며, 노예도 있는 사회다.[146] 단순 수렵 채집민 부족의 수장은 집단의 평화를 유지하는 존재였다. 수장은 군림하는 왕이 아니라, 봉사하는 자, 이해를 조정하는 자였다. 복합 수렵 채집민 부족의 대군장이라고 하더라도, 그는 왕이 아니었다. 수렵 채집민 집단이 부족연합을 형성하는 경우는 대개 외부 적대적의 위협, 압력이 강해질 때 형성된다. 하지만 일반적으로 수렵 채집민 부족연합은 지속성이 약하다.

인류학자 마셜 살린스가 분절 계보(segmentary lineage)라고 부른 이들의 정치 관계는 영구적인 사회적 실체가 아니라 상대적인 실체로서, 외부 사정에 의해 생겨난 것이다.

외부 압력이 커지면 집단의 단결력이 커지고, 외부 압력이 중단되거나 처음의 목표가 달성되면 동맹은 붕괴되며 부족은 원래대로 통일되지 않은 상태로 되돌아간다. 부족연합을 이끌었던 사람도 다시 자기 부족만을 이끌게 될 뿐이다.[147] 제로니모가 왕이 되지 못한 것은 수렵 채집민 사회에서 흔히 볼 수 있는 사례다.

국가를 세운 수렵 채집민
하지만 제로니모와 다른 과정을 겪는 수렵 채집민이나 유목민도 많다.

외부 위협을 받았을 때 인디언의 경우처럼 힘이 통합되었다가 외부 위협이 사라지면 다시 흩어지는 경우도 있지만, 그렇지 않고 통합을 이뤄내는 경우가 있다. 외부와 대항하는 과정에서 농경민을 흡수하거나, 이들 스스로 농업의 비중을 높이는 등 경제적 상황이 변화되는 경우다. 이때 내부 통합을 주장하는 탁월한 지도자가 등장하기도 한다. 고구려가 5부족 연맹체에서 국가로 성장할 수 있었던 것은 주변에 농경제국인 한제국의 동방 군현과 북방의 강자 부여의 위협이 있었으며, 철제농기구의 보급으로 농업의 비중이 차츰 높아졌기 때문이다. 이때 추모왕, 대무신왕, 태조대왕 등 통합의 지도자가 등장해 국가로 성장이 가능했던 것이다.

단기간에 부족을 통합해 국가를 건설한 사례로 유목민인 거란족이 있다. 10세기 초 거란부족연합을 이끌었던 야율아보기는 농경민인 한족을 받아들이고, 그들의 조언을 받아들인다. 왕의 탄생을 반대하는 부족장을 기습적으로 죽이고 스스로 왕이 된다.[148] 전투력이 강한 이들은 발해, 송을 제압하고 대제국으로 성장한다. 이들은 흩어져 있을 때는 약하지만, 뭉치면 엄청나게 강하다. 여진족은 1107년 고려 17만 대군의 위협을 받으며 내부 통합의 필요성을 절감한다. 완안부를 중심으로 결집하여 1115년 금나라를 세웠고, 1125년에는 거란족의 요나라를 멸망시켰고, 1127년에는 송나라 수도를 함락해 송나라를 남쪽으로 몰아내는데 성공한다. 하지만 1234년 몽골에게 멸망당하자, 다시 수렵 채집민 사회로 되돌아가고 만다.

몽골은 사회구성원 전체를 군사 조직으로 구성하여, 정복전쟁을 실시하여 거대한 몽골제국을 건설할 수 있었다. 하지만 쿠빌라이 칸이 1271년 수도를 대도로 천도하고, 농경제국으로 국가의 성격을 바꾸어 버렸다. 그것은 곧 정복 전쟁을 더는 확대, 지속할 수 없다는 것을 의미했다.[149] 몽골은 인구가 많지 않은 약점 때문에, 다수의 농경민을 지배하는 데 많은 어려움을 겪었다. 결국 인구가 많은 농경민의 저항을 이기지 못하고 제국 지배를 포기한다. 유목민, 수렵 채집민이 세운 국가가 오래 지속되기 위해서는 자신들의 장점을 잃지 않아야 한다. 또한 인구가 많지 않은 그들이 분열될 때에는 도리어 농경국가에게 부림을 당하게 된다.

전쟁기계

정주 농경 국가에서 군사 동원은 큰 사회적 부담을 안겨준다. 병력 징발이 농업의 위기를 초래하여 자칫하면 국가적 위기로까지 번질 수 있기 때문이다. 대외적인 정복 활동은 정주 농경 국가에서는 특별한 경우가 아니면 수행하기 어렵다. 정주 농경 국가에서는 대외전쟁을 효과적으로 치르기 위해서 유목민, 수렵민을 전쟁에 용병으로 활용하기도 한다. 질 들뢰즈와 펠릭스 가타리는 이들을 '전쟁기계'[150]라 불렀고, 국가가 전쟁기계를 포획하여 활용한다고 하였다.

수렵민이나 유목민은 숫자가 적을 때는 전쟁기계로 국가에 포획되어 활동하지만, 그들이 통합될 때에는 무서운 힘을 발휘한다. 요나라 사람들이 일찍이 말하기를 "여진의 병사가 만약 1만을 채운다면 대적할 수 없을 것이다."[151]라고 했다. 평소 사냥으로 단련된 수렵민의 높은 전투력을 평가한 말이다. 사냥을 하는 것처럼 전쟁을 하면서 두려워하지 않는 수렵민과 활쏘기 훈련조차 제대로 받지 못한 농민들은 맹수와 초식동물과 같은 힘의 차이가 있었다. 수렵민은 동물을 사냥할 때처럼 전쟁하기 때문에 기후와 지형에 대응능력이 뛰어나며, 온갖 감각이 농경민보다 발달해 민첩한 대응이 가능하며, 전략적 사고 또한 뛰어나다. 활쏘기, 달리기, 근력, 기민함, 순간적 판단력 등 전반적인 전투 능력에서 농경민보다 훨씬 뛰어나다. 강력한 전투력을 갖고 있음에도 수렵민 집단이 농경 제국에게 예속되기도 했던 것은, 그들이 집단 규모가 작고 통합되지 못한 상태로 오래 지속되었기 때문이다. 수렵민 집단은 농경제국과 교역 필요성 때문에, 그들의 형식적인 요구를 들어주며 부림을 당하기도 했다.

초식동물과 같은 농경민을 지배하는 농경 국가의 왕에게는 전쟁기계인 그들을 포획장치[152]를 통해 통제하고, 필요시에 이용하는 것이 대단히 중요한 과제였다. 농경제국이 유목민과 수렵민의 인구를 이동시켜 통합되지 못하게 하거나 이이제이以夷制夷 방책을 통해 자주 분열을 획책한 것은 그들의 힘을 두려워했기 때문이다.

고구려는 선비, 말갈, 거란인을 전쟁기계로 활용하여 대외전쟁에 적극 활용했다. 고구려는 철, 곡물 등을 포획장치로 삼아 거란, 실위, 말갈 등을 통제했다. 또한 이들을 보호해줄 강력한 무력을 가짐으로써 이들의 신뢰를 얻었다. 당나라(618~907)는 고구려와 전쟁에서 유목민인 돌궐인을 앞장 세웠으며, 신라와 전쟁에서는 거란, 말갈인도 동원했다. 당나라 역시 압도적인 인구와 경제력, 개방적인 사회시스템을 통해 이들을 포획했다. 포획장치가 잘 가동되는 시기에는 고구려와 당 모두 빠르게 팽창할 수 있었으나, 그렇지 못한 경우에는 도리어 국가의 쇠망을 가속화시키기도 했다. 북송(960~1127)은 경우 전쟁기계로 여진인을 활용하려다가, 도리어 그들에게 수도를 함락당하고 말았다. 전쟁기계를 통제할 포획장치가 북송의 허약한 무력으로 인해 제대로 작동하지 못했기 때문이었다.

4. 수렵민, 제국을 세우다

말을 탄 수렵민

수렵민의 삶은 말을 타기 시작하면서 크게 바뀌었다. 말을 타면서 속도를 얻었고, 활동 범위를 획기적으로 넓혔다. 말은 겁이 많은 초식동물이고, 인간도 맹수 앞에서는 겁을 먹는다. 그러나 말을 탄 인간은 활을 쏘며 사나운 맹수를 추격할 수 있게 되었다. 말로 인해 수렵민은 호랑이를 능가하는 최강의 맹수가 될 수 있었다. 소가 농경민에게 가장 소중한 동물이라면, 말은 수렵민에게 가장 소중한 동물이다.

말에 대한 일반적인 이미지는 드넓은 초원을 달리는 모습이다. 하지만 말은 산도 잘 오르고, 숲에서도 잘 자란다. 『삼국지』에는 "고구려의 말은 작지만, 산에 오르기에 편하다.", 고구려에 복속된 "예濊에서 과하마果下馬가 생산된다."고 하였다. 또한 『삼국지』에 주석을 단 배송지는 "과하마는 높이가 3척이라서 말을 타고서도 능히 과실나무 아래로 지나갈 수 있으므로 과하마라 불렀다."고 했다.[153] 과하마는 몸집이 작기 때문에 속도에 한계가 있지만, 숲이 우거진 지역에서 사냥하는 수렵민이 타기에는 최적의 말인 셈이다. 과하마는 고구려 시조인 추모왕이 탄 말이라고도 한다.[154]

말을 타고 각궁에 화살을 매어 호랑이와 사슴을 사냥하는 용맹한 무사들이 그려진 무용총 수렵도는 고구려를 대표하는 이미지로 자리매김하고 있다. 수렵도에는 사람과 동물들 외에 산이 그려져 있다. 넓은 초원에서 사냥하는 것이 아니라, 산과 들이 함께 있는 곳에서 사냥을 하는 모습이다. 약수리 고분 수렵도에는 사냥하는 사냥꾼 외에 몰이꾼 10여명이 산에서 몰이하는 장면도 함께 그려져 있다.

말은 초원에서 양떼를 모는 유목민들에게도 필요하지만, 숲에서 사냥

무용총 수렵도. 산에서 사냥하는 장면이다.

하는 사람들에게도 필요하다. 수렵민도 사냥을 잘하기 위해서는 말을 잘
타야 한다. 호랑이, 사슴, 노루 등 빠른 동물을 사냥하기 위해서는 말타기
가 필수였기 때문이다.

말의 나라

『동명왕편』에는 고구려 건국과 말에 관한 일화가 실려 있다.

> "금와왕이 추모에게 말을 돌보라 명하고는 그의 뜻을 시험하려 하
> 였다. 스스로 생각하니 천제의 후손으로 말 먹이는 일을 하려니 참
> 으로 부끄러워 가슴 움켜쥐고 몰래 늘 말하기를 "사는 게 죽는 것만

못하구나. 마음으로야 부여를 떠나 남쪽 땅으로 가서 나라와 성을 세우고자 하나, 어진 어머니 계시니 이별이 정말 어렵구나." 어머니 유화가 아들 말을 듣고 울다가 맑은 눈물을 닦으며 "너는 염려하지 말거라. 나도 늘 맘 아프고 답답하구나. 장수가 먼 길을 나서는데 모름지기 좋은 말이 있어야 한다."고 말하고는 함께 마구간에 가서 긴 채찍으로 말을 때리니 여러 말이 모두 달아나는데 한 마리 붉은색 얼룩말 있어 두 길 난간을 뛰어넘으니 비로소 준마인 줄 깨달았다. 남몰래 혀에 바늘 꽂으니 시리고 아파 먹지 못했다. 며칠 못 돼 꼴이 아주 여위어 외려 나쁜 말과 비슷해졌다. 나중에 금와왕이 돌아보고는 내려준 말이 바로 그 말이었다. 말을 얻자 비로소 바늘 뽑

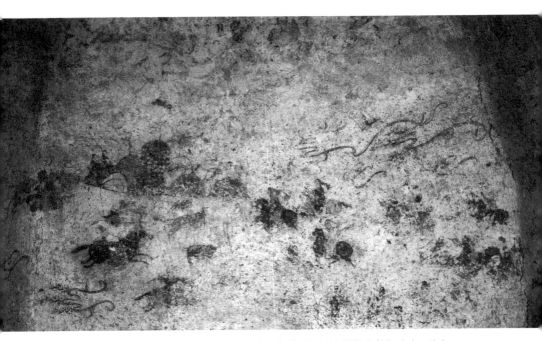

약수리 수렵도. 10여명의 몰이꾼이 짐승을 몰고, 사냥꾼이 양쪽에서 짐승을 향해 활을 날리고 있다. 사냥은 집단의 협력을 통해 이루어졌다.

고는 낮밤으로 먹이를 주었다."[155]

우리 속담에 "장수 나자 용마 난다."는 속담이 있다. 큰일을 도모할 영웅에게 좋은 말은 필수다. 추모왕은 말을 만나면서 부여의 촉망받는 젊은이에서 새로운 국가를 탄생시킬 영웅으로 존재론적 전환을 하게 된다.[156]

고구려 건국에서 말의 중요성을 보여주는 기록은『한원翰苑』에도 보인다.

> "고구려의 늙은 노인이 전하는 이야기에 따르면, 고구려의 선조인
> 주몽이 부여를 떠나 이곳에 이른 적이 있다. 주몽이 아직 말을 갖고
> 있지 않을 때다. 그는 이 산에 도착하자 느닷없이 말떼가 굴에서 나
> 오는 것을 보았다. 크기는 작으나 튼튼하고 잘 달린다. 때문에 이
> 산을 마다산馬多山이라 일컫는다고 한다."[157]

『한원』에는 이 말을 과하마라고 주석까지 달아두었다. 국가 건설에 말의 중요성을 보여주는 일화는 신라에서도 보인다. 신라 시조 박혁거세가 알에서 태어난 것을 알린 것이 말이었다는 건국신화가 그것이다.[158]

말을 탄 수렵민의 위력은 속도와 돌출성에서 두드러진다. 말을 탄 수렵민은 기습적으로 나타나 맹수를 사냥할 수 있고, 농경민을 상대로 기습적인 약탈을 감행할 수 있다. 말은 품종에 따라 좀 더 빨리 달릴 수 있는 말이 있다. 경주용 말의 경우 시속 60㎞ 정도로 달릴 수 있지만, 가장 좋은 말은 시속 80㎞를 넘기도 한다. 몽골의 말은 하루에 150㎞를 달리지만, 준마는 하루에 550㎞를 달리기도 한다.[159] 다만 말은 로봇이 아니기 때문에 사람을 태우고 달리면 속도가 느려지고 빨리 지친다. 따라서 장거리를 달릴 때에는 여러 말을 바꾸어 타고 가야 한다.

고구려에 과하마만 있던 것은 아니다. 서기 20년 대무신왕은 골구천에서 사냥을 하다가 신마神馬를 얻어 거루라고 이름을 지었다. 대무신왕은 다음해 12월 부여 정벌에 나설 때도 거루와 함께 했다. 하지만 전쟁에서 패해 돌아오면서 거루를 잃어버렸다. 하지만 거루는 부여의 말 백 필과 함께 고구려로 돌아왔다.[160] 신마라 불리는 말은 몸집이 크고 보다 빨리 달릴 수 있는 말을 의미한다. 거루 이야기가 『삼국사기』에 전해진 것은 좋은 말이 갖는 가치가 매우 컸기 때문이다.

광개토태왕이 즉위 초 거란을 정벌하여 소와 말, 양 등을 노획한 것[161]이나, 479년 장수왕이 좋은 말의 산지인 지두우地豆于를 유목제국인 유연柔然과 함께 분할하고자[162] 했던 것은 좋은 말의 확보가 국가경영에서 중요했음을 보여주는 사례라고 하겠다. 고구려는 408년 북중국의 남연의 왕 모용초에게 여러 선물을 보냈다. 이 가운데 고구려가 두 차례 보낸 선물로 주목되는 것이 천리마千里馬다.[163]

서역으로 파견되었다가 돌아온 장건(~B.C 114)은 선선이라 불린 나라에 하루에 천리를 달리는 한혈마汗血馬라는 명마가 있다고 한나라 무제에게 보고하였다. 이를 계기로 한나라가 한혈마를 얻기 위해 서역 진출에 나서게 되었고, 이것이 실크로드 개통으로 이어진다. 한나라가 선선국의 한혈마를 탐낸 것처럼, 고구려에도 탐을 낼만한 명마가 있었던 것이다. 고구려는 종종 중원의 나라에 말을 수출하기도 했다. 439년 고구려는 송나라에 800필의 말을 해로를 통해 보내주기도 했다.[164] 당시 고구려는 북위가 대립관계에 있었기 때문에 송나라가 북위를 공격하려고 하자, 이를 돕기 위해 말을 보낸 것이다.

수렵민의 제국

말은 추운 극지방이나, 더운 열대지방에서는 살기가 어렵다. 따라서 이 지역에 사는 수렵 채집민은 말을 타지 못했다. 하지만 온대와 냉대 기후대에 사는 수렵 채집민은 야생말을 길들여 타고 다닐 수가 있다. 말을 타지 않는 수렵민은 그들이 살고 있는 숲 속에서 사냥하며 살기 때문에, 농경민에게 큰 위협이 되지 못한다. 반면 말을 탄 수렵민은 먼 곳까지 가서 사냥할 수가 있어 농경민을 두렵게 만든다.

말은 19세기 이전까지 육상 교통수단 가운데 가장 빠른 운송수단이었다. 말은 수렵민에게 공간을 크게 좁혀주었다. 말을 타게 되면서 수렵민의 최대 약점인 낮은 인구밀도를 상쇄할 수 있게 되었다. 말이 좁혀준 거리로 인해 수렵민은 큰 집단을 형성하여 국가를 형성할 수 있게 된 것이다.

농경민도 말을 탄다. 하지만 농경국가는 농민들의 이동을 가급적 억압하고, 한 곳에서 정착해 농사짓기를 권장한다. 이는 농민들이 말타기에 익숙하지 못한 원인이 된다. 전쟁에서 말을 탄 기병은 말을 타지 않은 보병보다 5배~10배 정도의 전투력을 가진다. 하지만 농경국가는 개인의 부족한 전투력을 많은 인구로 상쇄한다. 반대로 적은 인구에도 불구하고 수렵과 유목국가는 기마병의 높은 전투력을 바탕으로 인구가 많은 농경국가보다 강한 군사력을 갖기도 한다.

수렵민의 제국은 강력한 군사력을 바탕으로 형성된다. 고구려, 발해, 금, 청 등이 대표적인 수렵민의 제국이라고 할 수 있다. 하지만 한나라 고조가 항우를 격파한 후, "말 위에서 천하를 얻었다."고 자화자찬했을 때 육가陸賈라는 유생이 "말 위에서 천하를 얻었다고 어찌 말 위에서 천하를 다스릴 수 있겠습니까?"라고 말한 바 있다.[165] 수렵민이 무력으로 강력한 국가를 건설한다고 하더라도, 제국을 유지하기 위해서는 결국 문치文治를 병행해야 한다. 국가를 유지하기 위해서는 세금을 거두어 나라 살림을 관리해야 한다. 세금을 거두기 위해서는 행정기관이 필요하다. 또한 국가의 물자를 유통시킬 시장과 교통망을 정비해야 한다. 따라서 군사력만이 아니라, 행정력에 발휘하여 국가를 통치할 수밖에 없다. 또한 행정, 군사, 상업의 중심지인 도시를 건설해야 한다. 도시 건설과 상업 발전을 위해서는 기술자도 육성해야 한다. 따라서 좁은 지역에 많은 인구가 모여살 수 있는 농경민을 육성하여 세금을 많이 거두는 것이 국가를 유지하는데 유리하다.

고구려는 초기에는 무력을 앞세워 주변국과 싸우며 성장했다. 또한 인구가 많은 한나라의 변경을 습격해 약탈하여 경제력을 키우고, 농민들을 포로로 데려와 농업을 발전시켰다. 국가가 성장하면서 수렵민은 농민, 도시민으로 변신을 하게 되었다. 상인, 기술자를 우대하고, 행정력을 효과적으로 발휘하기 위해 학문을 발전시키기도 했다. 국가가 건설되면서 수렵민의 삶은 크게 변하게 되었다. 물론 농민, 도시민으로 변한다고 해서, 당장 수렵활동을 그만두지는 않지만, 점점 수렵과 채집활동 시간이 줄어들면서 생활풍습도 변해갔다.

5. 전쟁 목적으로 활용된 숲

임수

임수林藪는 도시재해 방지, 군사 방어, 휴양지 확보, 종교적 이유, 농업 이익, 보안, 특정한 목재의 확보, 중요 시설 보호, 자연 보호 등 여러 특수 목적을 위해 조성되어 마을 사람들의 보호를 받으며 오래도록 지속된 숲이다. 풍수지리에 따라 땅의 기운을 보호하기 위해 조성된 비보림裨補林도 임수의 일종이다.[166] 비보림, 동제洞祭를 지내는 신성한 숲, 수해 방지를 위해 하천변에 조성된 하천숲, 마을에서 상당한 거리를 두고 주변 농경지를 강한 바닷바람으로부터 보호하기 위해 인위적으로 조성된 해안숲은 명확한 기능을 갖고 있기 때문에 지금까지 잘 보존되어 왔다.[167]

임수 가운데는 군사적 기능을 위해 조성된 것도 많다. 숲이 전쟁에 있어서도 매우 중요한 존재이기 때문이다. 1938년 일본이 조선의 임수를 조사한 바에 따르면 43개 지역에 군사적 기능을 가진 임수가 존재했었다. 하지만 2002년 조사에 따르면 영광 법성포 숲쟁이숲 등 6개소만 현존하고 있다.[168] 조선뿐만 아니라 다른 나라에도 군사적 기능을 위한 임수가 있다. 명나라는 산해관에서 요동에 이르는 수천 리 구간에 참호를 파고 보를 쌓고, 나무를 심어 북쪽 오랑캐가 엿볼 수 없게 했다. 청나라도 압록강에서 산해관에 이르는 곳에 한족 등의 만주 이주를 금지시키기 위해 버드나무를 심어 울타리로 삼았는데 이를 유조변柳條邊이라고 했다. 유조변은 군사적 목적으로 조성된 임수에 해당된다.

전쟁과 임수

국방에서 임수의 중요성은 1785년 조익의 상소에서 잘 드러난다. 조익은 삼국 시대에는 골짜기 어귀에 참호를 파고 목책을 세워 적을 방어했고, 당나라도 느릅나무와 버드나무를 심어 오랑캐의 기병을 막았다는 전례를 들었다. 그는 고갯길 좁은 목을 방어하는 방법은 나무를 많이 기르는 일보다 상책은 없다면서, 국방상 요지가 되는 고개 안팎에 나무를 많이 기르고, 군사 시설과 창고와 사찰과 어촌에 모두 둑을 쌓고 나무를 심는다면 변경을 방어하며 지키는 방도가 될 것이라고 했다.[169]

적을 방어하는 성 주변에는 반드시 숲이 필요하다. 645년 당나라군이 충차와 포차로 안시성의 누대와 성벽을 허물었으나, 안시성 사람들은 그때마다 목책을 세워 부서진 곳을 막았다.[170] 적의 공격으로 성벽이 무너졌을 때 즉시 보수할 수 있는 목책을 만들거나, 겨울철에 적과 싸울 때 추위에 떨지 않기 위해서라도 나무가 성 안에 있어야 한다. 1455년 경상도 관찰사 황수신은 안시성 사례를 들며, 성 안에 매년 봄마다 나무를 심고 그 숫자를 기록하여 관리하게 할 것을 상소하기도 했다.[171]

성곽 주변의 임수는 대체로 북쪽에 많이 위치하는데, 겨울의 북서풍을 막기 위한 목적이 크다. 성 주변 숲은 어떻게 이용하느냐에 따라 보존 상태가 달라진다. 적을 기만하기 위한 복병을 숨기기 위해서 성 주변의 숲을 보호하기도 하지만, 반대로 적이 쳐들어오는 것을 알 수 없게 하는 커다란 나무 등은 없애기도 한다. 적이 성 주변에 다가와 숨어 있을 만한 곳이 없도록 하여, 방어를 보다 쉽게 하려는 것이다. 성으로 접근하는 적을 다 볼 수 있도록 사계射界(화살이 닿을 수 있을 만한 구역) 청소를 실시하는 경우도 있다. 반면 백성들이 사는 곳은 사계청소를 금지하고 활엽수를 심어 적으로부터 보이지 않게 한다. 물론 지나치게 밀집된 숲은 적의 화공에 취약하기 때문에, 방화선을 구축하는 의미에서 숲을 베어내거나 불을 놓는 경우가 있다.[172]

숲은 자연성벽도 되기 때문에, 성곽에서 비교적 거리를 두고 임수를 조성하여 1차 방어선의 역할을 하도록 하는 경우도 있다. 죽령, 조령, 추풍령 등의 군사상 요지에 성을 쌓지는 않았지만, 목책이나 군사상 활용을 위해 나무를 심고 길러 적의 침략에 대비하기도 했다. 또한 강을 건너는 적이나 도강하는 자를 막기 위해 강가에 나무를 심는 경우도 있다.

해안방어용 임수는 외적의 침입을 막기 위해, 전함선의 건조 혹은 건축 용재로 활용키 위해 해안에 가까운 숲을 지정해 보호한 것이다. 정조 12년(1788)에 반포하여 시행된 금송절목松禁節目에서 '바다 연변의 30리 안에 서는 비록 개인이 나무를 심고 키운 산이라 하더라도 일절 벌채를 금지한 다고 하였다.'고 규정했다. 해안방어용 임수는 규모가 크며, 전선 제작을 위해 소나무 위주로 조성되었다. 또 조선소에 근접한 곳이나 군사 요충지 에 있는 숲이 임수로 지정되었다. 현대식 무기가 개발되기 이전 임수는 적의 외침에 대비하기 위해 중요하게 다루어진 군사적 자원이었다.[173]

전쟁 피해를 입은 숲

숲은 전쟁 때문에 가장 크게 피해를 입는다. 전쟁터로 숲이 선택되는 순간, 숲은 크게 훼손된다. 승리하기 위해 숲에 불을 지르기도 하고, 무기 나 목책 등을 만들기 위해 나무를 마구 베기도 한다. 또 군사들의 숙영宿 營을 위해 땔감용 나무가 많이 베어지기 때문이다. 전쟁으로 숲이 파괴된 대표적인 곳이 평양이다.

고구려 후기 수도로 수십만 명이 모여 살았던 평양은, 612년, 661~662 년, 667~668년 3회에 걸쳐 수·당군의 침략을 받았다. 668년 당나라와 신 라 연합군의 공격에 고구려가 멸망하면서, 평양 일대가 크게 황폐해졌다. 당나라는 고구려가 부흥하지 못하도록 고구려인 3만 8천호, 약 20만 명을 당나라로 끌고 갔다. 발해는 고구려를 계승하였지만, 발해의 변경이 된

북한의 수도 평양도 고구려 멸망 후에는 한동안 황무지였다. 북한의 대표공연시설인 인민문화궁전의 모습.

평양을 방치해 두었다. 901년 후고구려를 세운 궁예는 사람들에게 이렇게 말했다.

> "이전에 신라가 당나라에 청병하여 고구려를 격파하였기 때문에,
> 평양의 옛 도읍이 황폐하여 풀만 성하게 되었으니, 내가 반드시 그
> 원수를 갚겠다."[174]

고구려가 멸망한 지 233년이 지난 901년까지도 풀만 무성한 땅으로 남아있었던 것이다. 하지만 궁예는 평양을 재건하지 못했다. 918년 고려를 건국한 왕건은 궁예와 달리 평양을 적극 재건하겠다고 약속하며 이렇게 말했다.

> "옛 고구려 도읍지 평양은 황폐한 지 비록 오래되었으나 터는 아직

도 남아 있다. 가시밭이 우거져 오랑캐 사람들이 돌아다니며 사냥
하다 우리 변경을 침략해 그 폐해가 크다. 백성을 옮겨 이곳에 거주
하게 해 나라를 오래도록 이롭게 하겠다."[175]

전쟁이 할퀴고 간 지역은 농경지는 물론 숲도 단기간에 회복하기 어렵
다. 풀과 가시밭이 우거진 곳이 되어 버린 것이다. 환경을 회복하기 위해
서는 인간의 관리가 필요하다.

1231년부터 1259년까지 몽골군은 고려를 수시로 침략해왔다. 몽골군
은 고려 전역을 누비면서 약탈과 방화, 살인, 납치 등을 거듭했다. 황룡사
9층 목탑을 비롯한 문화재가 파괴된 것은 물론, 고려의 산림도 크게 훼손
되었다. 1350년대부터 1380년대 초까지 고려 해안가에 출몰한 왜구는 단
순한 도적떼가 아니었다. 왜구는 1회에 수천 명을 이끌고 쳐들어오기도
했다. 왜구와 격전은 전쟁이었다. 왜구는 섬과 해안가의 경작지와 숲을
황폐하게 만들었다. 1592년부터 7년간 지속된 임진왜란은 조선의 대부분
을 전쟁터로 만들었다. 이 전쟁에서는 화약무기가 널리 사용되었기 때문
에, 앞선 전쟁에 비해 숲 파괴가 심했다. 1627년 정묘호란과 1636년 12월
에 발생한 병자호란 역시 조선의 숲과 경작지를 황폐화시켰다.

어니스트 볼크먼은 인류 발전에 가장 큰 공헌을 한 것이 과학이었고, 그
런 과학의 발전에 박차를 가한 것이 바로 전쟁이라고 지적했다.[176] 전쟁에
서 승리하기 위해 인간의 계속된 노력이 활, 칼, 창, 전차, 포차, 총, 기관
총, 함선, 탱크, 미사일, 항공기, 핵무기 등 더 강한 무기를 계속해서 탄생
시켰다. 그와 동시에 엄청난 나무가 무기의 재료나, 무기 제작을 위한 땔
감으로 사라졌다. 더 강한 무기는 더 많은 숲을 불태웠다. 전쟁이 문명 발
전을 촉진하였지만, 그로 인해 숲은 더 빨리 훼손되었다.

6. 살생유택이 세속오계에 포함된 까닭

세속오계

"서기 600년 신라의 원광법사가 수나라에서 공부를 마치고 귀국하
자, 귀산과 취향 두 사람이 찾아와 평생의 지표가 될 이야기를 해달
라고 했다. 원광법사는 이렇게 말했다.
'불교에는 10가지 보살계가 있다. 그러나 너희들은 남의 신하요 자
식이니 이를 감당할 수 없을 것이다. 지금 세속에는 5계가 있다.
충성으로써 임금을 섬기는 사군이충, 효도로써 어버이를 섬기는 사
친이효, 믿음으로써 벗을 사귀는 교우이신, 싸움에 임해서는 물러
남이 없는 임전무퇴, 산 것을 죽임에는 선택이 있는 살생유택이 다
섯 계율이니라.'
귀산은 원광에게 '다른 말씀은 알아듣겠지만, 살생유택은 잘 이해가
되지 않습니다.'하고 다시 물었다. 그러자 원광은 '육재일[177]과 봄, 여
름에는 죽이지 않고, 시기를 가리는 것이다. 부리는 가축은 죽이지
말아야 하니, 말, 소, 닭, 개 등이다. 고기가 한 점도 되지 못하는 미
물을 죽이지 말아야 하니 생물을 가리는 것이다. 또한 필요만 만큼
만 죽이고 많이 죽이지 말라는 뜻이다. 이것이 세속의 좋은 계이다.'
라고 다시 말해주었다."[178]

세속오계는 불교의 계율이 아니다. 충, 효, 신은 특정 종교의 계율이기
보다 보편적으로 지켜야 할 인간의 도리다. 하지만 싸움에 나가 물러서지
말라는 임전무퇴의 계율은 불교에서는 언급할 수 있는 계율이 아니다. 살

생유택 역시 불교의 근본 계율이 아니다. 원광이 육재일에 살생하지 말라는 것은 승려의 입장에서 추가한 것일 뿐이다. 신라 건국 이전부터 숲에서 동물들과 함께 생활하던 수렵 채집민이 지켜왔던 계율이다.

수렵 채집민의 계율

봄, 여름에 생명체를 죽이지 않는 것은 동물이 성장하는 계절이기 때문이다. 어린 생명을 죽이면 동물이 새끼를 낳지 못해 개체수가 줄어든다. 그래서 동물 사냥은 가급적 가을, 겨울에 한다. 부리는 가축을 죽이지 말라는 것은 말, 소, 닭, 개는 사람에게 충성을 다하는 동물이며 인간에게 도움을 주는 존재인 만큼 함부로 죽이지 말라는 것이다. 유목민인 몽골인은 가족을 지켜주는 개는 먹지 않는다. 고기가 한 점도 되지 않는 미물을 죽이지 말라는 것은 함부로 생명을 죽이지 말라는 것이다. 작은 벌레는 이들을 먹고 사는 짐승들에게는 소중한 식량이 된다. 그래서 사람들이 먹을 것도 아니면서 마구 죽이면 동물 생태계를 파괴하는 것이 된다.

필요한 만큼만 죽이고 더 이상 죽이지 말라는 것은 인간이 살기 위해서 사냥을 하되, 불필요한 살육을 하지 말라는 의미다. 농경민은 수확량이 많으면 식량을 저장해 둘 수 있다. 하지만 수렵민은 많이 사냥한다고 해서 농경민들처럼 고기를 무작정 오래 보관할 수가 없다. 수렵민은 자신들이 먹을 만큼만 사냥한다. 자연 생태계가 파괴되지 않아야, 인간도 계속해서 사냥하며 살 수가 있기 때문이다. 숲속에 사는 수렵민은 욕심을 내며 살지 않는다. 그런데 신라가 농업 사회로 전환되면서 수렵민의 건강한 계율을 잃어가고 있었기 때문에 원광법사가 세속오계를 언급한 것이라고 하겠다.

삼국의 위기 극복 방법

신라만이 아니라, 고구려, 백제도 비슷한 문제를 갖고 있었다. 4~5세기 고구려는 영토를 크게 확장해 만주와 한반도 서북부의 넓은 평야 지대를 장악했다. 그에 따라 전체인구에서 농경민의 비율이 높아졌다. 인구가 늘고, 경제력이 강해진 반면, 잘 훈련된 수렵민 전사의 비중은 상대적으로 낮아졌다고 할 수 있다. 수렵 채집민과 반농반렵민이 농경민으로 전환되기 시작하면 전투력이 약화된다. 수렵민은 어려서부터 사냥을 위해 활쏘기를 자연스럽게 익히지만, 농경민, 반농반렵민은 농사일로 인해 활쏘기 숙련도가 수렵민에 비해 낮을 수밖에 없다. 넓어진 영토와 오랜 평화, 왕실의 내분 등이 겹치면서 고구려군의 전투력은 약화되기 시작했다. 그 결과 551년 백제와 신라 연합군의 공격을 받아 남부 지역 영토를 크게 빼앗겼다.

그러자 고구려는 경당을 만들어 청소년에게 활쏘기와 말타기를 가르치고, 온달을 새로운 '주몽'으로 내세우면서, 백성들에게 '주몽'과 '온달'을 본받도록 사회적 분위기를 만들었다. 이를 통해 고구려는 위기를 극복했던 것이다.

백제는 554년 신라의 공격을 받아 성왕이 죽고, 관산성 전투에서 대패하여 위기에 처하게 된다. 백제는 왜국에 사신을 보내 원병을 요청했다. 이때 왜국에서 권력을 잡고 있던 소아경蘇我卿이 백제 왕자 혜惠에게 이렇게 말했다.

"옛적 웅략천왕 시기에, 당신 나라가 고구려에 핍박을 받아 위험하기가 계란을 쌓아 놓은 것보다 더했습니다. 이때 천황이 신기백에게 명하여 천신지기부터 삼가 계책을 받들게 하였습니다. 축자(제사

담당관)가 곧 신탁을 받아 '건국의 신을 모셔 가서 멸망하려는 군주를 구하면 반드시 국가는 안정되고 백성들은 편안해질 것이다.'고 보고하였습니다. 그리하여 신을 초청하여 가서 구원하여 사직이 평안해졌습니다. 무릇 나라를 세운 신은 하늘과 땅이 나눠지고 풀과 나무가 말을 할 때 하늘에서 내려왔습니다. 요즈음 당신 나라에서는 제사를 지내지 않는다고 들었습니다. 지금이라도 이전의 잘못을 뉘우치고 신궁을 수리하여 신령을 받들어 제사 지내면 나라가 크게 번영할 것입니다. 저의 말을 절대로 잊지 마십시오."[179]

백제 위기의 원인을 백제 초기 신앙과 문화가 변했다는 것에서 찾고, 다시 건국의 신에게 제사를 지내며 건국 초기의 문화로 돌아가라고 말한 것이다. 원광법사의 세속오계는 당시 신라가 처한 현실에 대한 처방이었다. 6세기 중엽 진흥왕 시기의 전성기가 끝나고, 고구려와 백제가 수시로 국경을 넘보고 있던 신라의 위기 상황을 극복하기 위해서는 다시 수렵민의 건강한 문화가 필요하다고 말한 것이다. 생명을 존중하고 자연 질서에 순응하면서도, 집단의 강인한 결속력을 다지며 용맹하게 살았던 사람들의 자세로 돌아가자는 것이다. 삼국 모두 자국의 위기를 이렇게 극복하려고 노력했다.

7세기 동아시아는 대전쟁의 시대였다. 농사짓고 평화롭게 살기가 어려운 시대였다. 이때 필요한 것은 강인한 수렵민 전사였다. 하지만 그들이 잔인한 야만인, 무법자, 살인자는 아니었다. 그들은 자기가 속한 집단을 지키기 위해, 자연과 조화로운 삶을 지속하기 위해 활과 창을 든 사람들이었다. 자연을 거스르며, 땅을 뒤엎고, 세상의 질서를 인간 중심 특히 특정한 개인인 황제 중심으로 바꾸려고 했던 자들이야말로 잔인한 전쟁광, 살인마라고 할 수 있다. 하지만 권력에 아부한 자들이 기록한 역사서에서는 그러한 전쟁광을 성군, 영웅으로 기억하라고 강요해왔다.

5장

달라져버린 숲

1. 소금, 철, 선박 그리고 나무

마을 주변 숲은 마을 사람들의 사냥터이자 생활에 필요한 목재를 비롯한 임산물을 제공해주는 삶의 터전이었다. 마을 숲은 누구의 소유가 아닌, 신이 허락한 생활의 터전이었다. 사람들은 신을 공경하며 제사를 드리고, 자연과 인간의 공존이 영원히 지속되기를 기원하며 살았다. 그런데 신이 허락한 숲을 이용하던 인간 사회에 큰 변화가 생겼다.

권력과 벌목

강력한 권력자의 등장은 인간 사회는 물론, 숲에도 큰 변화를 초래했다. 무력을 앞세운 권력자들은 스스로를 신의 대리인, 신의 자손으로 자처했다. 정복활동에 성공했다는 것은 상대편의 사람뿐 아니라 그들이 섬기는 신도 함께 제압한 것이 된다. 상대편 신을 제압했다는 것은, 그 신이 머무는 숲도 마음대로 할 수 있음을 의미한다. 신의 거처였던 숲이 인간의 권력 안으로 들어온 것이다.

숲의 자원과 공간이 국가와 권력의 지배 대상이 되자, 권력은 촌역의 설정, 시지柴地의 지급, 개간과 벌목, 조림, 임산물 채취와 분배, 사냥터 출입, 숲의 사용권과 소유권 설정 등에 간여했다. 권력이 생태환경의 변화를 주도하게 된 것이다.[180]

숲을 가장 크게 변화시킨 벌목에 권력이 간여하자, 벌목의 규모가 달라졌다. 돌, 청동기, 선철로 만든 도끼를 사용하던 시기에 벌목은 효과적이지 못했다. 숲의 복원력을 넘어서는 개간을 이루기에는 예리함과 강도에서 부족했다. 강철이 등장하자 많은 것이 바뀌었다. 강철이 등장할 무렵 권력자의 힘은 커졌으며 대규모 벌목이 이루어지기 시작했고, 거대 국가도 등장했다.[181] 벌목용 도구인 도끼는 권력자의 상징이 되었다. 권력자의 힘이 숲의 신보다 우월해지면서, 숲에 대한 경외감이 사라져갔다.

『삼국지』〈한韓〉전에는 서기 20년 무렵에 활동한 염사치 설화가 기록되어 있다.[182] 진한의 거수渠帥(군장) 염사치가 낙랑군이 잘 산다는 말을 듣고, 그곳에 귀화하려고 가던 도중에 호래라는 한漢나라 사람을 만났

대장간에서 쇠를 불리고 있다. 철제 도구의 등장은 숲을 크게 바꾸었다. 김홍도 작, 국립중앙박물관 소장.

다. 호래는 3년 전 나무를 벌목하기 위해 진한 지방에 왔다가 붙잡혀 노예가 된 1,500명 가운데 한 명이었다. 벌목이 무척 힘들게 진행된 탓인지 1,500명 가운데 500명이 죽고, 생존자는 1,000명에 불과했다. 진한에서 1,500명의 노예를 동원해 벌목을 진행한 것은, 대형 건축물 축조나, 선박 건조를 위한 목재 확보, 소금 또는 철을 생산하기 위한 땔감 마련이 필요했기 때문일 것이다.

소금과 땔감

대규모 벌목과 관련해 주목해야 할 것이 소금 생산이다. 인간은 생존하기 위해서 반드시 소금을 먹어야 한다. 소금이 흔한 현대와 달리, 고대에는 소금이 매우 귀했다. 소금을 만드는 제염업은 고대에는 국가의 중요 산업 활동의 하나였다. 소금은 철과 더불어 국가가 독점해 제조 판매하는

품목이었다. 민간에서 소금을 생산하더라도 소금세는 국가의 주된 수입 원으로 관리되었다.[183]

서요하 상류 지역은 내륙임에도 염수鹽水가 있고,[184] 동북만주에도 염천 鹽泉[185]이 있어 소금이 생산되지만, 남만주와 한반도에는 소금호수나 바위 소금이 없기 때문에 모든 소금은 바닷물로부터 얻을 수밖에 없다. 위치는 분명하지 않지만, 삼국시대에 염지통鹽池通[186]이란 곳이 있었다. 염지통은 소금을 생산한 곳임에 분명하다. 고구려 15대 미천왕은 즉위 전 궁궐에서 나와 소금장수를 했었다.[187] 하지만 삼국 시대에 소금을 어떻게 생산했는 지 오랫동안 알지 못했다.

그런데 2012년 평안남도 남포시 온천군에서 신석기 혹은 청동기 시대 의 것으로 추정되는 소금 생산 유적이 발견되었다.[188] 2014년에는 4세기 중엽 고구려 시대 소금 생산유적이 발견되었다. 바닷물을 끌어들이는 도 랑과 질그릇과 벽돌, 쇠가마 조각 등이 발견되었다. 유적은 재가 두텁게 깔린 웅덩이 시설과, 돌과 벽돌로 축조된 구조물 2부분으로 나눠진다. 염 전에서 바닷물을 농도 짙은 함수鹹水로 만든 후 2차로 끓여서 소금을 생산 하는 방식을 택했는지는 명확히 알 수 없지만, 쇠로 만든 평가마에 바닷물 을 끓여서 소금을 생산했다는 것은 확인할 수 있다.[189] 바닷물을 끓여서 소 금을 생산하려면 많은 나무가 필요하다. 바닷물을 햇빛에 말려 소금을 생 산하는 천일염은 20세기 초반에 시작된 것으로, 그 이전에는 바닷물을 끓 여서 소금을 만들었다. 그러므로 과거 염전 주변에는 땔나무 숲이 있어야 만 했다. 조선 시대 소금 생산지인 충청도 태안, 서산 등지에는 소금 생산 을 위해 나무를 함부로 베지 못하게 하는 숲들이 있었다.

금속과 나무

소금 생산보다 더 많은 목재를 소비한 것은 금속 생산이다. 60파운드 (27kg) 구리 덩어리 하나를 만드는데 필요한 숯을 구우려면 120그루의 소나무, 약 5천㎡의 소나무 숲이 베어져야 한다.[190] 가야는 변진시대부터 철을 생산해 중국과 왜국에 수출한 나라였다. 금관가야가 있었던 김해 지역에는 감물야촌을 비롯해 주변 여러 곳에 철산지가 있었다. 김해에서 숯을 생산한 탄요炭窯 유적지는 화정, 두곡, 구산동 등지에 있는데, 이들 숯 생산지는 철산지와 가까운 곳에 있다. 신라의 주요 철산지인 울산 인근에서 탄요지가 많이 발견되는 것은 철 생산과 숯이 밀접한 관계가 있기 때문이다. 철의 나라 가야는 목재 소비량이 대단히 많았다. 목재가 부족해져 3~5세기 가야의 묘제墓制가 나무를 사용한 목곽묘에서 돌을 사용한 석곽묘로 바뀌게 되었다는 연구도 있다.[191]

선박과 목재

『가락국기』에는 석탈해가 가라국에 와서 가야의 왕위를 빼앗으려 하자, 김수로왕이 술법 대결을 펼쳐 그를 굴복시켰다는 이야기가 등장한다. 석탈해가 패하여 물러가자, 김수로왕은 그가 반란을 꾀할까 염려하여, 급히 수군 500척을 보내서 쫓게 하였다고 한다. 탈해가 계림(신라)으로 도망가자 수군이 되돌아왔다고 한다.[192] 신화적인 이야기라 사실 그대로라고 볼 수는 없겠지만, 선박 500척이 등장한 이야기가 만들어진 것은 금관가야에 많은 선박이 있었음을 반영한 것이라 하겠다. 금관가야는 왜국, 낙랑, 대방 등에 철을 수출하는 등 해상무역으로 번성한 나라였다. 따라서 많은 선박을 갖고 있어야 했다. 배를 만들려면 엄청난 목재가 필요하다. 변진부터 금관가야까지 철 수출로 계속 번영한 것은 목재를 공급할 숲의 관리가 지속적으로 이루어졌기 때문이라 추측된다.

1058년 고려에서 탐라와 영암의 목재를 벌채하여 큰 배를 만들어 송나라와 교역하려고 했던 일이 있었다. 이때 내사문하성에서 올린 상소에서는 탐라에서 작년 가을에 벌목하여 바다를 건너 목재를 보내고, 새로 절을 창건하느라고 노고가 많았는데, 이제 또 거듭 괴롭게 하면 다른 변이 생길까 두렵다는 이유를 들어 반대한다.[193] 탐라 백성들에게 고된 벌목 일을 또 시키면 반발이 일어날 것을 우려했던 것이다.

왜구를 막는 최고의 대책

1430년 병조참의 박안신이 세종에게 왜구를 막을 병선을 만들자고 아뢰었다.

> "병선을 만들 때는 반드시 소나무를 써야 하며, 소나무는 거의 1백 년을 자라야 배를 만들 수 있고, 배 한척에 소용되는 재목은 거의 수백 그루가 되는데, 배를 만들다 보면 나중에는 배를 만들 재목이 없어서 전함을 만들지 못해 과거처럼 왜구의 화를 당할까 두렵습니다. … 산에 화재를 금하게 하고 나무를 잘 가꾸도록 법령을 엄하게 하며, 소나무가 무성하고 산과 들에 재목이 가득하게 하여야, 왜구의 피해를 막을 수 있습니다."[194]

1444년 이조판서가 된 박안신은 세자에게 강의하면서 나무를 심어 가꾸는 일은 왜구를 제어하는 가장 좋은 방책이라고 강조하기도 했다.[195] 나무가 부족하면 선박을 만들 수도 없고, 나라를 지킬 수도 없다. 선박 건조에는 수백 그루 나무가 필요하다. 영국을 비롯한 유럽 각국도 16세기 이

모래로 뒤덮힌 고비사막. 문명이 숲을 다 파괴하면 사막만이 남지 않을까?

후 선박 건조를 위한 나무를 구하기가 어려워 적극적으로 산림을 보호하기 시작했다. 또 신대륙에서 목재를 구해 선박을 건조하기도 했다.[196]

프랑스의 소설가이자 외교정치가인 프랑수아르네 드 샤토브리앙(1768~1848)은 다음과 같은 말을 남겼다.

"문명 앞에는 숲이 있고, 문명 뒤에는 사막이 남는다."

숲이 문명 건설에 너무도 중요한 역할을 했다는 것을 함축적으로 표현한 말이다. 광산개발, 소금생산, 선박건조, 대형 건조물 건축 등에 목재가 대량으로 소비된다. 백제 사비성, 고구려 장안성 등 새로운 계획도시 건설, 인구 증가에 따른 농지 개발, 전쟁 격화에 따른 철제무기 대량 생산과 대형 선박 건조 등 문명 발전의 지표들이 올라갈수록 더 많은 나무가 베어져야 했다.

2. 우경과 숲

신라 촌락문서

　신라『촌락문서』에는 4개 촌에 말이 각각 25, 18, 8, 10마리 총 61마리, 소가 22, 12, 11, 8마리 총 53마리[197], 4개 마을 공연孔烟[198]이 47호, 인구가 462명이 있다고 기록하고 있다.[199] 1호당 말과 소는 평균 2.4두다. 부유한 촌락은 호당 4.3두, 가난한 마을은 1.8두 등 차등이 있기는 하지만, 가난한 농민들도 소와 말을 1~2두 갖고 있었다는 점은 주목할 만하다.『삼국사기』에 등장하는 가실이라는 신라 청년은 집이 가난했지만 좋은 말 1필을 소유하고 있었다.[200] 1910년 조선의 전국 농가 234만 호가 보유한 소는 70만 3천두, 말과 당나귀는 4만 9천두에 불과했다. 조선 시대 농민이 1호당 소와 말을 합쳐 0.32두를 가진 것과 비교하면『촌락문서』에 등장하는 신라 농민들은 소와 말을 훨씬 많이 가졌다.[201] 물론 4개 촌에는 국가가 소유한 관모전, 관모답, 내시령답, 촌주위답 등 특별한 농지가 있기 때문에, 소와 말이 더 필요했을 것으로 여겨진다. 또 호당 인구도 신라와 조선이 다를 수도 있기 때문에, 신라 농민이 조선 농민에 비해 7배 이상 많은 소와 말을 가졌다고 보기는 어렵지만 조선 시대 보다 소와 말을 많이 가진 것은 분명하다.

겨리농사

　고구려 지역은 신라 지역보다 기온이 낮아, 겨울철에 땅이 얼어붙는 곳이 많다. 따라서 봄철에 땅을 갈 때 소가 없으면 농사짓기가 어렵다. 고구려에서는 겨리結犁 농사를 지었다. 겨리란 소 두 마리를 짝 지워 쟁기를 가는 방식이다. 지린성 지안시 일대에서 발굴된 보습은 크기가 20~50㎝에 이르고, 너비도 최대 48㎝에 달한다. 황해남도 신원군 아양리토성 1호 건물터에서 발굴된 보습은 길이 80㎝, 너비가 60㎝이다. 고대 중국에서 일반적으로 사용하던 보습보다 배 이상 크다. 보습은 쟁기의 술바닥에 끼우는 넓적한 삽 모양의 쇳조각이다. 보습이 갈아 올린 흙밥을 뒤집어 던지는 역할을 한 볏도 출토되었는데, 볏 달린 쟁기의 사용은 토양의 생산력을 향상시킨다. 볏은 가로 세로 길이가 30~40㎝에 달해, 대형 보습과 비슷한 크기다. 이런 볏을 대형 보습에 장착했다면, 전체 쟁기의 크기는 상당했다고 볼 수 있다.[202]

이렇게 초대형 쟁기를 끌려면 당연히 소가 있어야 한다. 6세기 초에 북위의 가사협이 저술한 농업기술서인 『제민요술』에는 요동의 쟁기犁에 대해 소개하고 있다. 요동 쟁기 관련 기록은 2세기경 후한 시대 요동 지역의 농업 실태를 보여주는 것으로, 이를 통해 고구려 농업 상황을 엿볼 수 있다. 중원에서는 농부 한 사람이 소 1마리를 끌고 하루에 1경(100무)를 파종할 수 있지만, 요동에서는 2마리 소에 여섯 사람이 일해 하루에 25무에 파종할 수 있다고 했다. 두 사람이 각자 소를 끌고, 한 사람이 쟁기를 잡고, 나머지 사람은 파종과 정지 작업을 맡았다.[203]

밭을 갈고, 씨를 뿌릴 때 중원 지역에 비해 생산성이 크게 떨어지는 것은 자연환경 때문이다. 요동 땅은 점토성이 강하고 파종기에도 얼은 곳이 있어, 높고 넓은

겨리소로 농사짓는 그림.
김홍도 작, 국립중앙박물관 소장.

이랑을 만들어 햇빛이 잘 받게 밭을 갈아야 한다. 남만주와 한반도 북부 지역은 산지가 많아, 소가 길게 밭을 갈지 못하고 자주 회전을 해야 한다. 이곳에서 농사를 지으려면 거리 농사를 해야 한다. 두 마리가 쟁기를 끌면 소가 덜 지치고 서로를 지탱해 아래로 구를 염려가 적어, 비탈진 지역에도 밭을 만들 수가 있다.

1가구당 농사에 종사할 수 있는 인력이 2명 정도이므로, 3가구가 합쳐야 우경에 필요한 노동력을 충당할 수 있다. 따라서 고구려 농촌에서는 3가구당 소를 2마리 정도 보유하고 있다고 볼 수 있겠다.[204] 무겁고 큰 쟁기를 사용한 중세 북유럽의 경우도 우경은 한 가호 단위로 운영될 수 없고, 일정 규모 촌락에서 협력관계를 형성해 운영했다. 고구려 시대는 개인이나 한 가정보다, 마을, 부 단위로 사람들이 함께 하는 경우가 월등히 많았으므로, 농업도 서로 협력하여 이루어졌다.

말을 얼마나 소유했는지를 구체적으로 알 수 있는 자료는 없지만, 지역 특성상 상당수의 말을 보유하고 있었을 것이다. 고구려는 소와 말을 확보하는데 많은 노력을 기울였다. 고구려 서북쪽에 살고있는 거란족은 소, 말, 양 등을 키우며 살아가는 유목민이다. 395년 광개토태왕은 거란의 3개 부족과 6~700개 영囊(부락)을 쳐부수고, 소·말·양떼 등을 헤아릴 수 없을 만큼 많이 획득했다. 이때 데려온 소는 농민들에게 무상으로 나눠주어 농사에 활용하게 하고 대신 세금을 더 거두거나, 국영 농장이나 군에서 사용했다. 고구려와 이웃한 전연의 경우도 농업을 진흥시키기 위해 국가가 확보한 소를 농민들에게 나눠주고 세금을 더 걷는 방식을 택했다.[205] 소를 확보하는 것은 고구려 농업 발전에 있어서 필수적인 과제였다.

소와 말은 가치가 높은 재산이어서, 고구려에서는 소와 말을 죽인 자를 노비로 삼을 만큼 중죄인으로 취급했다. 7세기 무렵 수당온난기라 불리는 따뜻한 시기가 도래한다. 이때 고구려의 농토가 겨울에도 얼지 않자, 농사짓기가 쉬워졌다. 2세기에 후한과 고구려의 농업 생산성이 큰 차이를 보인 것과 달리, 7세기 당나라 사람들은 고구려 농업수준이 당나라와 동일하다고 평가했다.[206] 우경이 확대되어 고구려 농업이 성장할수록 인구도 늘고 농경지가 확대된 반면, 숲은 줄어들었다.

고구려가 일찍 우경을 실시한 것과 달리, 신라는 502년에 처음 우경을 실시했다고 기록되어 있다.[207] 고구려의 영향을 받아 좀 더 일찍 시작되었을 가능성도 있지만, 국가 차원에서 우경을 권장한 것은 이때부터라고 할 수 있다. 소를 이용하기 전에는 주로 강가 주변의 평지가 농경지로 전환되었다면, 우경이 실시된 이후에는 비탈지고 척박한 곳의 밭도 갈기 쉬워짐에 따라 산기슭 등이 농경지로 많이 전환되었다. 우경의 시작은 신라가 발전하는 계기라는 점에서 중요했다. 나지막한 산지가 많은 신라는 농경지를 빠르게 확장시킬 수 있었다. 또한 농업 생산성도 향상되어, 6세기 신라 영토 팽창의 원동력이 되었다.

사치품 숯

숯은 나무가 탈 때 공기가 부족해져 불완전연소가 되면서 만들어진다. 탄소 덩어리인 숯은 다양한 용도로 사용된다. 숯은 부패를 방지하기 때문에 시신을 오래 보관하기 위해 무덤에 사용되기도 하고 장을 담을 때에도 넣는다. 숯은 약재, 습기 제거제, 필터 재료로 사용되기도 한다. 숯이 가장 많이 사용되는 용도는 연료다. 탄(炭)이라고 하면 석탄을 생각하기 쉽지만, 석탄이 널리 사용되기 전에는 숯(목탄)을 의미했다. 쇠를 가공하려면 1,000℃가 넘는 온도에서 쇠를 녹이는 일부터 시작해야 한다. 숯은 온도를 1,200℃ 이상으로 올릴 수 있는 연료다. 따라서 품질이 우수한 금속을

제주도 거문오름에 있는 숯 가마터.
숯은 나무를 많이 소비한다.

만들기 위해서는 온도를 올릴 수 있는 좋은 숯 확보가 필수적이었다.

숯을 만들기 위해서는 숯가마에 참나무, 뽕나무, 버드나무, 소나무 등을 넣고 구워야 한다. 흑탄은 섭씨 600~700도로 구워 자연적으로 식혀서 꺼낸 숯이고, 백탄은 섭씨 1,000도 이상 올려서 구운 다음 벌겋게 달은 상태에서 꺼내 흙이나 재를 덮어 빠르게 식혀서 만든 숯이다. 백탄과 같은 질 좋은 숯을 만들기 위해서는 숯의 10배가 되는 나무가 필요하다. 따라서 숯은 나무에 비해 값이 비싸다.

값비싼 상품인 숯을 만들기 위해 숯가마를 만들어 숯을 굽는 이들이 살던 곳은 지금도 숯쟁이골, 숯재골 등 지명으로 남아 있다. 숯은 주로 제련소나 대장간 등에서 산업용으로 사용된다. 『삼국유사』에는 석탈해가 호공의 집을 빼앗기 위해 속임수를 쓰는 기록이 등장한다. 석탈해는 몰래 숫돌과 숯을 호공의 집에 묻어놓고는 자신의 집이라고 우겼다. 관가에서 그의 주장의 근거를 요구했다. 그는 자신은 본래 대장장이였으니 땅을 파서 조사하자고 했다. 과연 숫돌과 숯이 나오자 탈해가 승소해 그 집을 차지했다는 이야기다.[208] 숯은 대장장이의 상징물 가운데 하나였다.

숲의 낭비가 가져온 신라의 멸망

신라 초기부터 제철의 연료로 사용된 숯은 삼국 통일의 전성기를 거쳐 후대로 내려오면서 차츰 다른 용도로 변해갔다. 전쟁의 위협이 사라지면서, 화려한 귀족문화가 꽃핀 것이다. 풍요는 낭비로 이어지고, 사람들은 삶의 안락함을 우선으로 추구하게 된다. 그 가운데 하나가 고급 연료인 숯을 취사용으로 사용하는 것이었다. 고급 숯은 연기가 나지 않아, 아궁이나 벽을 그을리지 않아 취사용으로 사용할 때도 우수하다. 신라 번영기에 숯이 도시민의 연료로 크게 인기를 끌었던 것이다. 조선 시대 북촌의 명문대가들도 숯을 연료로 사용하지 않았는데, 천 년 전 신라인들이 사치를 부린 것이다.

880년 9월 신라 49대 헌강왕(857~861)은 신하들과 함께 월상루에 올라가, 사방을 바라보면서 시중 민공을 돌아보면서 말했다.

> *"내가 듣건대 지금 민간에서는 짚이 아닌 기와로 지붕을 덮고, 나무*
> *가 아닌 숯으로 밥을 짓는다는데 과연 그러한가?"*
> *민공이 "저도 일찍이 그렇다는 말을 들었습니다."라고 답했다.*
> *신하들도 그러하다고 답하면서, 이를 백성들이 풍요롭게 사는 모습*
> *이라고 말했다.[209]*

당시 신라 수도 금성은 국제적인 대도시로, 경제적으로 크게 번영을 누린 사람들이 많이 살았다. 하지만 이러한 번영은 엄청난 나무 소비를 바탕으로 이루어진 것이다.

기와집이 많아진 것도 숲에 치명적이었다. 기와도 높은 온도에서 구워야하기 때문에, 연료인 나무를 대량으로 소비하게 된다. 신라의 도성 안에서 숯과 기와가 대량으로 소비되자, 도성 주변의 숲이 가장 먼저 타격을 입게 되었다. 숯과 기와를 생산하기 위해 나무가 마구 베어지면서 산이 민둥산이 되었다. 민둥산은 비가 오면 빗물을 저장하지 못한다. 산 아래로 빗물이 마구 흘러가면서 흙이 평지로 쓸려 내려간다. 산에서 붕괴된 토사는 농경지를 파괴하고, 강바닥을 높였고, 결국 강을 범람하게 하여 홍수를 만들고, 농사를 망치게 한다. 또한 나무가 없는 숲은 구름을 만들지 못해 비도 적게 오게 하고 내린 빗물도 빨리 고갈시킨다. 이로 인해 큰 가뭄이 발생한다.

신라는 886년부터 888년까지 계속해서 가뭄에 시달렸다. 숲 파괴로 자연재해가 심해졌던 것이다. 가뭄 때문에 수확이 적어지면 농민들의 생활이 어려워지므로, 세금이라도 줄여주어야 한다. 그런데 신라는 세금을 거두는 양이 줄자, 도리어 억척같이 세금을 징수했다. 889년 원종, 애노 등이 사벌주에서 반란을 일으킨 것을 시작으로, 굶주린 백성들이 신라 정부에 대항하기 시작했다. 양길, 견훤, 궁예 등도 들고 일어나 후삼국 시대가 시작되었고, 결국 신라는 멸망하고 말았다.

숯은 좋은 연료이지만, 자원 낭비가 심하다. 산업용으로 아껴 써야 할 숯을 가정용 연료로 사용하였으니, 숲이 빠르게 훼손될 수밖에 없었다. 임학자 박상진은 헌강왕의 숯 이야기가 기록된 해로부터 불과 10여 년 후 후삼국 시대가 개막된 것을 거론하면서, 천년왕국 신라 쇠망에 한 가닥 빌미를 제공한 것이 숯으로 대표되는 신라 말의 호사스러운 생활이었다고 지적했다.[210]

신라 멸망의 원인은 여러 가지가 있겠지만, 숲의 훼손도 하나의 원인이 된 것은 분명하다. 이솝 우화에 '황금알을 낳는 거위' 이야기는 지나친 욕심을 가져서는 안 됨을 알려주는 이야기다. 숲은 거위처럼 인간에게 엄청난 것들을 제공해 주었다. 그런데 인간이 욕심을 부려 더 많은 것을 얻고자 숲을 파괴해버리면, 숲에서 아무것도 얻지 못하게 된다. 숲이 사라지면 인간이 만든 국가, 문명도 위태로울 수밖에 없다. 한국 역사에서도 마찬가지였다.

3. 울창한 숲과 거대 건축물

과시용 건축물

성城은 20세기 이전까지 인류가 만든 최대의 건축물로 인간을 보호하기 위해 만들어낸 위대한 발명품이다. 성 덕분에 인류는 보다 안전하게 한 곳에 오래 정착해서 거주할 수 있게 되었고, 문명을 지속적으로 발전시킬 수 있었다. 또한 성을 건설하면서 인간은 토목학, 건축학, 지질학, 수학, 물리학, 재료학의 발달은 물론, 인력과 재료 조달을 위한 행정, 교통, 운송, 도시, 군사 등 다방면에 걸친 지식을 축적할 수 있었다.

성을 비롯한 대형 건축물은 여러 가지 이유로 축조된다. 전국시대를 통일한 진나라는 갑자기 실업자가 된 군인들과 각국 포로의 에너지를 어떤 방식으로든 해소해야 했기 때문에 거대 건축물인 만리장성을 만들었다. 피라미드는 이집트의 계절 특성상 나일강이 범람하는 기간 동안 굶주린 백성들에게 일자리를 제공하기 위해 축조되었다는 주장이 있다. 그런데 피라미드와 진시황릉에 버금가는 초거대 무덤인 다이센고분(인덕천황릉)은 조금 다른 의도로 건설되었다.

다이센고분은 하루 1천 명씩 4년간, 또는 연인원 약 680만이 동원되어 축조된 것으로 추정되고 있다.[211] 5세기경에 만들어진 다이센고분을 비롯해 일본 고훈시대古墳時代(3세기 중엽~6세기)에는 일본열도 곳곳에서 초거대 무덤이 경쟁적으로 만들어졌다. 크기에 집착해 거대 무덤을 만든 것은 무덤 축조 집단의 힘을 과시하여 외부세력이 함부로 넘보지 말라는 의미가 컸다.

양쯔강 상류 쓰촨성에 위치한 세계 최대 석각불상인 러산대불樂山大佛은 산을 깎아 불상을 만든 것이다. 높이 71m에 달하는 거대 불상은 보는 이

경주 남산 탑곡 부처바위에 새겨진 황룡사 9층 목탑. 탑의 거대함을 알 수 있다.

를 압도한다. 8세기 초에 려산대불을 만든 이유는 토번 등 이민족이 강을 따라 내려오다 거대한 불상을 보고, 이러한 거대한 불상을 조성할 정도로 이곳에 막강한 세력을 가진 자들이 존재한다고 생각하게 만들어 쉽게 침략해 오지 못하게 하려는 의도로 조성된 것이다. [212]

청동기 시대 거석문화의 유물인 고인돌은 요동반도와 한반도 일대에 집중적으로 분포하고 있다. 전라남도 화순에는 세계 최대의 고인돌 덮개돌인 핑매바위가 있다. 폭 7m, 높이 4m로 무게가 무려 220톤에 달한다. 6.8톤쯤 되는 덮개돌을 끌기식으로 150m 옮기는 데 73명의 노동력이 필요했다는 실험이 있었다. [213] 한 사람이 100kg 정도 끌어 옮길 수 있다고 본다면, 220톤 되는 돌을 옮기려면 적어도 수천 명이 동원되어야 한다. 청동기 시대에 수천 명이 단지 무덤의 덮개돌을 옮기는데 동원된 이유가 집단의 결속력과 힘을 과시하기 위한 것이라고 하더라도, 이것은 힘의 낭비이고 문화적 사치라고 할 수 있다. 고인돌을 옮기기 위해서는 굴림 막대가 대량으로 필요하다. 당연히 나무가 엄청나게 소비될 수밖에 없다.

하지만 자원이 제한된 상태에서 언제까지 과소비를 지속할 수는 없다. 고인돌 문화도 철기 시대에 접어들면서 사라진다. 보다 만들기 쉬운 토광묘 등으로 바뀌기도 한다. 일본의 경우도 초대형 고분을 만들던 유행이 6세기에 접어들면서 쇠퇴한다. 중국의 경우도 진나라와 한나라 초기에 만들었던 거대 고분이 3세기 삼국 시대에 접어들면서 쇠퇴한다. 신라도 5세기 황남대총 등 거대고분이 만들어지다가, 6세기 이후에는 무덤의 규모가 작아진다. 고구려와 백제도 초기에 거대한 적석총이 만들어지다가, 후기에는 봉토석실분이 만들어지면서도 규모가 작아진다.

경쟁적으로 지어진 대형 건축물

하지만 자신을 과시하고자 하는 권력자가 등장하거나, 주변 세계와 경쟁의 정도가 높아지면, 또다시 사치스러운 대형 건축물이 등장한다. 1970년대 체제 경쟁 중이던 북한과 남한은 경쟁적으로 초대형 건축물을 만들었다. 1974년 북한이 연건평 5만 2천㎡의 거대한 인민문화궁전을 만들자, 남한은 1974년 1월 착공하여 1978년 연건평 5만 3천㎡에 달하는 세종문화회관을 완성했다. 그러자 북한이 1982년 연건평 10만㎡에 달하는 인민대학습당을 만들었고, 남한에서도 1988년 연건평 12만㎡가 넘는 문화시설인 예술의 전당을 만들었다. 거대 건축물이 체제 선전에 이용되면서, 자원의 과소비가 이뤄진 것이다.

북경의 자금성은 황제권력을 과시하기 위한 대표적인 건축물이다. 황제가 생활하기에 불편한 높은 계단과 필요 이상의 넓은 마당, 높은 누각 등은 다른 사람들의 시선을 의식해서 만든 것이다. 조선의 창덕궁은 왕의 권위를 과시할 필요성이 적었기 때문에, 웅장하기보다는 자연과 조화에 중점을 두고 만들어졌다.

반면 외적과 전쟁이 많았던 고구려는 초기부터 자신의 힘을 과시하기 위해 궁궐 건축에 집착했다. 고구려 사람들은 음식은 절약한 반면, 궁궐 치장하기를 좋아했다.[214]『양사공기』와『태평광기』에는 다음과 같은 기록 이 전한다.

> "고구려 왕궁 안에는 수정성水晶城이 있는데, 사방이 1리 가량 되며,
> 날씨가 좋지 않아도 밝은 대낮과 같다. 갑자기 성이 보이지 않으면
> 문득 월식이 일어난 것이다."[215]

수정성은 대들보나 기와 등에 빛을 반사하는 도료 등을 칠하여 밤에도 빛이 날 수 있도록 만든 성이라고 생각된다. 자기 과시를 위해 만든 것이 라고 하겠다. 고구려 안학궁성 내전 제2궁전터는 폭이 19칸으로 길이가 약 87m에 달한다. 발해 상경성 제2궁전터 역시 폭이 19칸 길이 96m에 달 한다. 당나라 장안성의 정전인 함원전이 11칸 길이가 67m 였던 것과 비 교해 봐도 큰 건물터임을 알 수가 있다.[216] 고구려와 발해가 이렇게 큰 건 물을 만든 것은 비교 대상인 중원의 나라들을 의식한 탓이라고 생각된다. 6~7세기 백제 미륵사와 신라 황룡사의 거대한 탑의 경우도 두 나라의 과 시욕과 경쟁, 또는 시대적 유행의 산물이라고 할 수 있다.

발해 상경성. 거대한 규모의 상경성은 발해 멸망 후 폐허가 되었다. 제2궁전터의 폭은 96m에 달한다.

고려의 대형 건축물

1123년 고려를 방문한 송나라 사신 서긍은 고려의 영토가 넓지 않으나 백성이 매우 많으며, 산림은 매우 많고 평탄한 땅이 적다고 하였다.[217] 서긍은 사신선의 항로를 따라 고려의 흑산도, 군산도 등 섬과 해안의 육지를 보고 개경에 도착하여 개성 주변만을 돌아다녔기 때문에, 그의 견문에는 분명 한계가 있다. 그럼에도 그의 견문은 고려 시기 생활환경을 아는데 큰 도움이 된다.

> "큰 산과 깊은 골이 많아 험준하고 평지가 적기 때문에, 밭들이 산간 에 많이 있는데, 그 지형의 높고 낮음에 따랐으므로 갈고 일구기가 매우 힘들며 멀리서 바라다보면 사다리나 층층계와도 같다. … 나 무꾼은 원래 전업이 없고 다만 일의 틈이 있으면 소년이나 장년이

힘에 따라 성 밖의 산에 나가 나무를 한다. 대개 성 부근의 산은 음양설에 의해 꺼리는 것이 있다 하여 나무하는 것을 허용하지 아니한다. 그러므로 그 가운데에는 아름드리 큰 나무가 많아 푸른 그늘이 우거져 있다."218

서긍은 고려의 울창한 숲을 인상 깊게 바라보았다. 그는 고려의 토산물로 광주, 양주, 영주 등에 큰 소나무가 많다고 하였고, 인삼을 자세히 소개했다. 더불어 고려 땅에 솔이 잘 자라 소나무 뿌리에 기생해서 성장하는 약재인 복령茯苓이 특산물이며, 유황流黃, 백부자, 황칠, 족제비 털로 만든 붓, 송연묵(소나무 연기로 만든 먹), 능금, 참외, 복숭아, 배, 대추, 복숭아만한 크기의 밤 등을 특산물로 꼽았다.219

12세기 고려는 다양한 임산물을 생산할 수 있는 풍요로운 숲을 갖고 있는 나라였다. 큰 소나무가 많아 건축물도 크게 지을 수가 있었다. 1123년 고려 정부는 송나라 서긍 일행을 여러 사찰로 안내했다. 서긍은 정국안화사로 가는 도중, 키 큰 소나무가 길 좌우에 있는 길을 보고 삼엄하기가 만 자루의 미늘창을 세워 놓은 것 같다고 적었다. 서긍 일행이 도착한 광통보제사는 개성에 있는 거대한 사찰의 하나였다. 서긍은 광통보제사의 정전이 극히 웅장하여 왕의 거처를 능가할 정도라고 했다. 이곳에 높이 2백 척(약 60m)이 넘는 5층탑이 있었다.220 고려가 송나라 사신들에게 의도적으로 고려의 힘을 과시하기 위해 이곳으로 초대한 것이다.

보제사는 조선 시대에는 연복사라 불렸는데, 1393년 탑을 중수하여, 태조 이성계를 비롯한 많은 사람들이 탑을 보러 연복사를 방문했고, 많은 시인묵객들이 탑에 올라가 시를 지었다. 성현(1439~1504)이 지은 '연복사 층각에 오르며登演福寺塔'라는 시를 보자.

"금벽은 저녁 노을에 휘황찬란히 빛나고,

오층 높은 누각이 우뚝하게 솟아 있네.

돌아가는 사다리는 하늘을 향해 오른 듯,

놀란 새들은 항상 발밑에서 나는구나.

마을마다 봄이 깊어 꽃이 반쯤 떨어졌고,

사방 산엔 구름 걷혀 푸른빛이 에워싸네.

난간 기대니 수많은 시름 다할 길 없어라.

도읍의 번화함은 오래전에 글러버렸네. "[221]

새들이 발밑에 날고 있다고 할 만큼 거대했던 연복사탑은 1563년 화재로 소실되었다.

김동진은 조선 초기 사재감과 선공감에 할당된 땔감숲을 분석하여 15세기 중엽 조선의 임목축적량을 1ha당 오늘날에 비해 최소 4배가 넘는 600㎥ 이상으로 추정했다. 조선 초기 이전에는 이보다 임목축적량이 더 높았을 것으로 추정된다. 조선 초기에는 울창한 숲에 사슴도 많고, 호랑이도 많았고, 울창한 숲과 좋은 목재들이 많았다.[222] 따라서 연복사를 비롯해, 한양의 정릉사 등 거대한 사찰 등이 만들어질 수 있었던 것이다. 일본에는 758년경에 만들어진 세계 최대 목조건축물인 도다이지東大寺 대불전이 있다. 이 건물이 계속해서 중수될 수 있었던 것은 일본이 숲을 잘 보존하여 좋은 목재가 많았기 때문이다. 반면 백제 미륵사, 신라 황룡사, 고려 광통보제사와 같은 거대한 사찰은 조선 시대 중기 이후에는 만들어지지 않았다. 삼국과 고려 시대에는 나무 사용도 많았지만 숲을 관리하여 좋은 목재를 꾸준히 확보하였다. 반면 조선 시대에는 숲 관리가 제대로 이루어지지 못했다. 불교가 배척되었던 것도 원인이지만, 조선 후기에 좋은 목

세계 최대의 목조건축물인 일본 도다이지 대불전.

재들이 사라진 탓에 거대 사찰이 만들어지기가 어려웠다.[223]

시대별로 달라진 목재

2007년 박원규와 이광희는 선사시대부터 근대까지 65개 유적지를 조사하여, 시대별로 건축물에 사용된 목재 수종의 변천을 연구하였다.[224] 이들의 연구에 따르면, 선사시대 주거지에 사용된 목재는 상수리나무아속이 94%로 대부분을 차지한다. 삼국 시대에는 참나무가 57%, 굴피나무 21%, 밤나무 13%로 활엽수종이 건축부재의 대부분을 차지하며, 소나무는 6%에 불과했다. 그런데 고려 시대에 들어오면 소나무의 비중이 71%를 차지하며, 느티나무가 22%를 차지한다. 조선 전기와 중기에는 소나무가 73%, 참나무 14%, 느티나무 9%의 비중을 보이다가, 조선 후기에는 소나무가 무려 88%로 대다수를 차지하며 전나무가 5%, 참나무는 4%에 불과하다.

삼국 시대 기둥에 사용된 수종은 활엽수가 많다. 대전 월평동 유적의 기둥 15개는 모두 참나무다. 참나무는 기건비중[225](함수율 12%)은 1㎤당

0.8g으로 소나무 0.45~0.5보다 월등하다. 기건비중이 높은 목재는 단단해서 대패질이나 톱질하는데 어렵기는 하지만, 건물을 지으면 내구성이 좋다. 삼국과 고려 시대에 기둥으로 널리 사용된 느티나무는 궁궐과 중요 목조건물을 지을 때 많이 사용되었다. 고려 부석사 무량수전 기둥 16개는 모두 느티나무다. 느티나무의 비중은 0.7~0.74g로, 마찰이나 충격에 강하다. 나뭇결이 곱고 황갈색 빛깔에 윤이 나며, 벌레 먹는 일도 적은 느티나무는 고급목재로 사용된다.

참나무는 비중, 압축강도, 휨강도에서 모두 큰 값이 나온다. 느티나무도 참나무보다 낮지만 소나무보다는 높게 나온다. 참나무와 느티나무 목재는 더 무거운 무게를 지탱하며, 덜 휘어져 건축물의 원형을 오래 유지할 수 있다. 건물의 기둥으로 소나무를 사용할 때 100년을 버틴다면, 느티나무는 300년은 버틸 수 있다.

조사된 표본이 많지 않고 북한 지역이 제외되었다는 한계는 있지만, 두 사람의 연구를 통해 건축용으로 사용된 목재가 시대에 따라 크게 달라졌음을 확인할 수 있다. 건축물에 사용된 목재가 변하면 건축물의 크기나 외형도 변한다. 고구려와 발해 시대에 초대형 건축물을 만들기 위해서는 당연히 기둥으로 사용할 큰 목재가 필요하다. 당시에는 한반도 북부와 만주 일대에도 참나무, 느티나무 등 곧게 자란 키 큰 활엽수가 많았기 때문에 대형 건축물이 만들어질 수 있었다.

6~7세기 대형 건축물의 축조와 함께 동아시아 대전쟁의 여파로, 만주와 한반도 일대의 숲은 큰 변화를 겪었다. 특히 한반도 남부 지역에서 활엽수의 비중이 줄고, 소나무, 잣나무, 가문비나무, 미송, 잎갈나무, 전나무, 솔송나무 등 소나무과 나무들이 인공조림의 대상으로 선호를 받았다. 7세기 말 이후 인공 조림 덕분에 고려 시대는 울창한 숲과 거대한 나무들

이 상당히 많았다.

삼국 시대까지 주목받지 못했던 소나무는 고려 시대 이후 건축 부재로 사용이 늘어나기 시작했다. 경북 봉화나 울진, 강원 지역의 금강소나무, 충남 안면도의 소나무는 곧게 자라며 일반 소나무보다 단단하다. 따라서 조선 궁궐 기둥에는 금강소나무가 주로 사용되었다.

조선의 경복궁 근정전은 정면 5칸, 측면 5칸, 폭 30m 크기로 2층 건물이다. 근정전에 사용된 1, 2층 사이를 관통하는 뿌리기둥은 길이 11.44m, 밑둥 너비가 67㎝나 된다. 그런데 2001년 근정전 보수공사를 하면서 확인한 결과 뿌리기둥 4개 중 3개가 지탱할 수 없을 정도로 많이 부서졌다. 문화재청에서는 이를 미국산 홍송나무로 교체했다. 조선의 상징인 경복궁 근정전에 사용할 목재를 우리나라 나무로 사용하지 못하고 수입한다고 해서 논란이 있었다. 조선 시대 사용했던 금강소나무가 많이 사라져 문화재 복원에 사용할 금강소나무를 구할 수 없었기 때문에 수입산이라도 사용해야 했던 것이다.[226]

궁궐이나 사찰 같은 거대 목조건축물을 지으려면 10m 이상 곧게 자란 나무가 필요하다. 울창한 숲속에서 자란 나무는 곧고 기다란 형태로 자란다. 하지만 열린 공간에서 자란 나무는 2~3m만 자라도 가지가 사방으로 돋아나 기둥으로 쓰기 부족하다. 조선 후기에는 숲이 파괴되면서 곳곳에 띄엄띄엄 자라는 소나무가 많아졌다. 이런 소나무들은 가지가 많고 휘어져 좋은 목재가 아니다. 민간에서는 휘어진 소나무도 그 모습 그대로 건축물에 사용하는 경우도 있지만, 궁궐마저 그럴 수는 없었다.

19세기 말에 세운 경복궁 근정전에 사용된 기둥, 보, 도리, 창방, 박공 등 144점에 대한 조사에 따르면, 기둥을 제외한 다른 목재 92점 가운데 도리 2개가 전나무인 것을 제외하면 모두 소나무였다. 2층 기둥 16개도 모두 소나무다. 조선에서 소나무가 얼마나 많이 사용되었는지를 알 수 있다. 하지만 1층에 사용된 기둥은 소나무 15개, 전나무가 21개였다. 소나무보다 강도는 약하지만, 곧게 자란 키 큰 전나무를 소나무 대신 사용했던 것이다. 좋은 소나무를 구할 수가 없어지자, 잣나무, 가문비나무 등 다른 침엽수를 건축부재로 사용하는 경우가 늘어난 것으로 볼 수도 있다.[227]

좋은 목재가 사라지면서, 점점 목재의 길이가 짧고 강도가 약한 나무가 건축물에 사용되었다. 따라서 건물의 규모가 작아질 수밖에 없었다. 고려시대에 흔했던 2층 건축물이 조선에서 많이 만들어지지 못했던 것은, 조선 시대에 숲이 훼손되어 기둥으로 사용할 좋은 목재를 구하기가 어려워졌기 때문이다.

4. 숲에 들어온 사찰

사찰로 바뀐 성스러운 숲

『삼국유사』에는 전불前佛시대 7가람 설화가 등장한다. 고구려 승려인 아도가 신라에 가서 불교를 전하려고 하자, 그의 어머니인 고도령이 아도에게 신라 서울 안에 전불시대 사찰 터 일곱 곳을 알려준다. 신라인이 성소로 섬기던 일곱 장소인 천경림은 흥륜사, 삼천기는 영흥사, 용궁남은 황룡사, 용궁북은 분황사, 서천미는 영묘사, 신유림은 천왕사, 서청전은 담엄사가 된다.[228]

이 이야기는 불교가 신라인이 숭배한 기존 신앙과의 충돌에서 승리했음을 말해준다. 하지만 신라에 불교가 전파되는 과정은 순탄하지 않았다. 법흥왕과 이차돈의 노력에 의해 불교가 신라에서 종교로 공인되었지만, 하루아침에 당장 불교로 개종하는 것이 쉬운 일은 아니었다. 따라서 신라인이 오래도록 숭배해온 성지를 사찰로 바꾸기 위해서는 사람들에게 무엇인가를 보여주어야만 했다.

불교의 심오한 교리는 불교를 처음 전파할 때는 큰 힘을 발휘하지 못한다. 일반인들은 불교의 겉으로 드러난 상징물을 보고 믿을만한 종교인가를 평가하게 된다. 불교라 하면 머리를 깎고 가사를 입고 목탁을 두드리며 염주를 돌리는 스님을 떠올릴 수도 있지만, 사람들의 눈을 사로잡는 것은 불교를 상징하는 것은 부처님을 모신 금당金堂과 불상, 그리고 종과 탑이라고 할 수 있다. 기독교의 십자가, 이슬람의 초승달 등 각 종교의 상징물이 사람들에게 깊게 각인될수록 종교는 널리 퍼진다. 불교도 마찬가지로 기존에 없던 새로운 공간인 사찰을 사람들에게 깊게 각인시키기 위해 노력했다. 그래서 불교는 사원건축에 많은 노력을 기울였다. 인도에서 발원한 불교는 여러 나라를 거치면서 다양한 신문물과 함께 신라에 들어왔다.

사찰과 기와

사원건축에는 사람들이 접하지 못한 새로운 건축양식이 도입되었다. 금당에 기와를 올린 것이 그 첫 번째다. 지붕을 덮기 위해 점토를 틀에 넣어 일정한 모양으로 가마에서 구워 만든 건축재인 기와는 약 3천 년 전 주나라에서 사용하기 시작했다. 고조선 말에 만주와 한반도 지역에 전파된 기와는 초기에는 왕궁과 관청, 사찰에만 사용될 만큼 비싼 건축재였다. 기와를 지붕재료로 사용하면 눈과 빗물로 인한 침수를 차단하여 지붕을 썩지 않게 하며, 건물을 아름답게 치장할 수 있으며, 실내 공간도 크게 만들 수 있다. 다만 기와집은 움집, 초가집, 천막집과 달리 무거운 기와를 지탱해줄 기둥이 필요하다. 따라서 기둥을 받쳐줄 주초석이 커야 한다. 또

기와이기. 김홍도 작.

공포, 도리, 보 등 복잡한 지붕건축 구조가 있어야 한다. 기술력이 없이는 기와집을 만들기가 어렵다.

고구려는 늦어도 3세기 전반부터 기와를 생산하여 왕궁, 관청, 귀족의 집, 고분 등에 널리 사용하였다.[229] 불교 도입 이전부터 사용된 고구려와 달리, 기와 사용이 늦은 신라의 경우는 불교 전파와 함께 크게 확산되었

600년경에 만든 백제기와가 일본 나라현 간고지 건물 지붕에 여전히 사용되고 있다.

다. 3세기에 신라에서 기와를 사용한 기록[230]이 있기는 하지만 본격적으로 기와를 사용한 것은 흥륜사[231], 황룡사[232] 등 사찰 건축이 활발해진 6세기 중반 이후라고 할 수 있다.

  일본의 경우도 마찬가지였다. 일본 나라현에 위치한 간고지元興寺에는 600년경에 만든 백제 기와가 지금도 그대로 사용되고 있다. 기와지붕을 올린 사찰과 달리, 일본 신사에서는 여전히 고대로부터 사용하던 나무지붕을 고집하고 있다. 불교가 전파된 초기에 불교가 가져온 새로운 건축방식에 저항했던 것이 지금까지 이어진 것이라고 하겠다. 6세기 말 백제의 기술이 전파되어 건립된 아스카데라飛鳥寺, 시텐노지四天王寺는 기와를 사용한 반면, 642년에서 654년까지 궁궐이었던 이타부키노미야板蓋宮는 이름 그대로 궁궐 지붕을 나무판으로 만들었다. 694년 궁궐이 된 후지와라쿄藤原宮부터 기와지붕이 궁궐에 사용된다. 사찰에서 기와를 사용한 지 약

100년이 지나서야, 궁궐에서 기와가 사용된 것이다.

불교의 상징물

사찰에서는 사람들이 기존에 믿었던 온갖 신들을 제압할 위대한 힘을 가진 부처님을 거대한 불상 형태로 만들어, 기와집으로 만든 금당에 모셨다. 574년에 주조된 신라 3대 보물의 하나로 손꼽는 황룡사 장육존상은 무게가 35,007근으로 황금 10,198푼이 들어갔고, 두 보살에는 철 12,000근, 황금 10,136푼이 소모되었다.[233] 장육이란 16자로 약 4.5~5m에 달한다. 장육존상을 금당에 안치하기 위해서는 굵고 긴 목재가 기둥으로 사용되어야만 한다. 그래야 높고 넓은 실내공간을 확보할 수 있다. 금당의 지붕에는 가마에서 구워낸 암키와, 수키와, 막새, 치미 등 다양한 형태의 기와들이 올려졌다. 특히 황룡사 금당에는 높이 182㎝, 최대 너비 105㎝나

황룡사 장육존불 및 협시보살이 놓였을 초석. 초석의 크기로 당시 거대한 불상의 크기를 확인할 수 있다.

되는 동양 최대의 초대형 치미가 지붕 꼭대기 좌우에 올려 있어 건물의 권위를 높여주었다.[234]

사찰에는 금당, 불상보다 더 강력한 상징물도 있었다. 645년에 완공된 황룡사 9층 목탑은 목탑 바닥의 한 변 길이가 22.2m, 바닥 면적이 약 150평 규모이며, 높이는 225척으로 20층이 넘는 건물로 추정되며, 탑신부 약 65m, 상륜부 15m, 전체 80m가 넘었다.[235] 황룡사는 신라 수도 금성의 상징건축물이 되었다. 백제 무왕이 건설한 익산 미륵사 역시 거대한 사찰로, 이곳에는 중앙에 거대한 목탑과 양옆에 석탑을 지어 웅장함을 더했다.

신단수보다 더 잘 눈에 띄고, 더 압도적인 모습을 한 탑과 불상, 거대한 사찰은 불교를 전파하는 데 큰 역할을 했다. 압도적인 불교의 거대 상징물은 사람들로 하여금 부처의 힘이 기존에 모시던 신보다 강력하다고 믿게 했다. 하지만 이러한 거대 상징물을 만들기 위해 수많은 나무들이 목재로 사용되었고, 황금이나 구리, 철을 녹이는 땔감으로 불에 태워졌다. 따라서 엄청난 넓이의 숲이 파괴될 수밖에 없었다. 천경림의 나무를 베어낼 때 신라인의 저항이 있었던 것처럼, 숲을 파괴하고 사찰을 건립할 때도 당연히 마찰이 있었다.

하지만 불교는 왕과 귀족의 절대적인 지지를 받았다. 불교의 연기설緣起說은 전생의 공덕을 쌓은 덕분에 현세의 부귀를 얻게 되었다는 논리를 제공해주었기 때문이다. 계급질서를 옹호한 불교는 지배층의 지지를 통해 서서히 확대되었다. 따라서 샤머니즘이 모시던 신들은 불교의 하위신에 편입되는 방식을 통해 생존을 모색해야만 했다. 기존의 신들은 부처에게 자신의 터전을 내주어야만 했다. 신라 수도 경주에 있던 샤머니즘의 성소였던 신성한 숲의 나무들이 베어지고, 그곳에 사찰이 들어서게 되었다.

불교를 국교로 내세운 고려에는 건국자 왕건이 개경에 10대 사찰을 창건한 것을 비롯해, 창건 또는 중건된 사찰이 무려 3,800여사에 달한다. 이 가운데 1,200칸 규모의 홍천사, 2,800칸 규모의 홍왕사 등 초대형 사찰도 많았다. 앞서 보았던 광통보제사(연복사)의 정전正殿이 극히 웅장하여 왕의 거처를 능가할 정도였다. 2백 척(60m)에 달하는 연복사탑을 1391년 수리하기 위해 경기와 양광도의 백성을 시켜 가져온 나무만 해도 무려 5천 그루나 되었다. [236]

금당과 탑만이 아니라, 대형 종을 만들 때도 금속을 녹이기 위해 땔감용 목재가 엄청나게 사용되었다. 높이 3.66m, 무게 18.9t인 성덕대왕신종은 구리 12만근을 들여 771년에 만든 종이다. 지금은 남아 있지 않지만, 성덕대왕신종보다 4배가 더 큰 황룡사 대종은 754년 구리 49만 7,581근을 들여 만들었다. [237]

사찰은 백성들로 하여금 불교를 신앙하기 위해 만들어진 인위적인 성소다. 사찰이 많이 건립되고 거대화될수록 많은 나무가 베어졌다. 자연 그대로, 또는 인공미가 적은 기존의 성소와 달리 불교가 전파되면서 숲은 많은 변화를 겪게 되었다. 사찰은 초기에는 도시의 넓은 평지에 주로 위치했지만, 선종이 전파된 8세기 말부터는 경치가 아름다운 산에 사찰이 자리한 경우가 많아졌다. 도선의 풍수지리설의 영향도 컸다. 사찰이 산으로 들어오게 되자, 숲도 달라졌다.

사찰에는 운판, 목어, 종 3가지 소리를 내는 물건이 있다. 새, 물고기, 뭍짐승에게도 불법을 널리 알린다는 표면적인 목적이 있지만, 숲속에서 큰 종소리, 목어를 두드리는 소리, 금속으로 된 운판의 소리는 동물들에게 저곳은 위험하다는 것을 알리는 소리였다. 조용하던 숲에 새벽부터 종소리가 크게 오래 울려 퍼진다. 종소리를 듣게 된 맹수들은 사찰에 접근을 피하게 된다. 호랑이, 표범, 곰, 늑대 등은 사람이 먼저 피해야 할 동물로 생각되지만, 동물의 입장에서도 사람은 피해야 할 무서운 천적이다. 동물들이 사람들이 사는 공간으로 내려오는 것은 먹이가 크게 부족했을 때 뿐이다. 그래서 사람들은 큰 소리를 내어 동물의 접근을 막고자 했던 것이다. 종, 목어, 운판이 사찰에 동물이 접근하는 것을 막은 것처럼, 절에서 피우는 향도 온갖 벌레를 쫓아내는 역할을 했다. 그래야 사찰에서 사람들이 안전하게 신앙 활동을 할 수 있기 때문이다. 아무리 숲속에 있

현존하는 최대의 종 성덕대왕신종.
이 종을 만들기 위해 엄청난 양의 나무가 소모되었다.

는 사찰이라고 할지라도, 사찰은 문명을 상징하는 공간이었다.

다양한 행사가 열린 사찰은 수많은 신도들로 붐볐다. 사찰에서는 사람들이 오래 머무를 수 있도록 숙박 시설인 원院을 만들기도 했다.[238] 많은 신도들이 원에 머물자, 다량의 땔나무가 필요했다. 숲이 우거진 곳에 자리한 사찰에서는 나무로 숯을 만들어 팔았다. 뿐만 아니라 사찰 안에 공방을 두고 각종 물건을 생산해 팔기도 했다. 사찰은 거대한 기업과도 같았다.[239]

숲 지킴이가 된 사찰

사찰이 숲으로 들어오면서, 사람들은 숲의 일부를 파괴하여 건물을 짓고 길을 닦았다. 하지만 사찰이 숲을 파괴만 한 것은 아니다. 수많은 나무

를 소비하고 숲 생태계를 변화시키기도 했지만, 사찰은 숲 지킴이기도 했다.[240] 스님들은 사찰 주변에는 반드시 나무를 심어 아름다운 경치를 보존하는 것을 부처의 가르침이라고 여겼다. 스님들은 고기를 먹지 않은 대신, 과일, 버섯, 잣, 고사리, 칡, 도토리, 밤 등을 주요 식량으로 삼았다. 도토리와 밤 등을 구황식량으로 비축하려면 산림을 잘 관리해야만 했다. 숲은 수도자들에게 좋은 수련장이었다. 부처님도 숲에서 도를 깨우쳤고, 숲에서 제자들을 길러냈다. 모든 생명을 존중하는 불교 교리는 숲의 생명을 함부로 해치지 않고 생태계를 보존하는데 큰 역할을 했다. 사찰에 따라 산감山監 스님을 두어 도벌꾼과 산불을 감시하기도 했다.

사찰은 국가의 허락 하에 장생표 등을 세워 주변 땅에 대한 독점적 지배를 보장받기도 했다. 사찰은 국가에서 주어진 사원전뿐만 아니라, 땔감을 마련하는 숲도 갖고 있었다.[241] 조선 시대에는 왕실이 사찰에 하사한 땔감 숲, 왕실의 태실과 능침수호를 담당한 원당사찰에게 지급한 산림 등이 있었다. 지금도 전체 산림의 1%는 사찰 소유이며, 국립공원에서 사찰림의 비율은 8.3%, 도립공원에서 사찰림의 비중은 15.5%에 달한다. 월정사, 신흥사, 해인사, 표충사, 법주사 등은 광대한 산림을 소유하고 있다. 사찰이 숲을 관리하고 책임지면서, 사찰 주변 숲은 상대적으로 잘 관리될 수 있었다. 사찰을 오래 유지하기 위해서 사찰은 숲의 일부가 되는 길을 택했던 것이다.

5. 숲과 함께 달라진 돼지의 위상

사람과 동물이 사랑한 도토리

B.C 6천 년대 후반기에 살던 사람들이 남긴 울산 황성동 세죽리 유적지에서는 도토리가 담긴 저장 구덩이가 발견되었다. 양양 오산리, 창녕 비봉리 등 신석기 시대 유적지에는 도토리 화석이 많이 출토된다. 신석기 시대 사람들의 식생활에서 도토리의 비중이 매우 컸음을 알 수 있다.[242] 도토리는 상수리나무, 굴참나무, 신갈나무, 떡갈나무, 참나무 등 참나무속 나무에서 생산되는 열매다. 참나무속 나무들이 삼국 시대까지 한반도 지역에서 우세종이었다. 따라서 당시 사람들은 도토리를 쉽게 구할 수가 있었다.

도토리는 탄수화물을 보충하는 중요한 양식이다. 물론 도토리를 그냥 먹으면 떫은맛이 난다. '개밥에 도토리'라는 말은 아무거나 잘 먹는 개도 떫은 도토리를 먹기 싫어하기 때문에 나온 말이다. 떫은맛을 없애려면, 물을 넣은 토기에 도토리를 담아 두었다가 몇 번 물을 갈아주면 떫은맛이 사라진다. 도토리는 가루로 만들면 다양한 요리재료로 사용될 수 있다. 도토리는 오래 보관할 수 있는 장점이 있어, 식량을 구하기 어려운 계절에 유용한 양식이 되었다.

도토리는 다람쥐를 비롯한 작은 동물들의 중요한 먹거리다. 도토리가 많은 숲에는 다람쥐가 많고, 다람쥐를 잡아먹기 위해 여우, 올빼미, 족제비 등이 모인다. 울창한 참나무 숲에는 이끼들도 많이 자란다. 사슴, 고라니 등이 와서 서식하고, 곰이나 멧돼지도 많이 살 수가 있다. 또 초식동물을 잡아먹기 위해 늑대, 표범, 호랑이 등 야생동물이 모여 살게 된다.

도토리는 돼지가 가장 좋아하는 먹이다. 사람들은 수수, 기장 등 곡물에 비해 먹기 좋은 식량이 아닌 도토리를 직접 먹기보다 도토리를 즐겨 먹는 돼지를 숲에 풀어놓고 키우는 것을 선호하기 시작했다. 도토리라는 단어의 어원도 돼지의 옛말인 돝에서 따온 단어다.

돼지는 본래 숲에서 자라던 동물이다. 풀, 열매, 뿌리, 지렁이, 물고기, 개구리, 도마뱀 등 가리는 것 없이 다양하게 먹는 잡식성 동물이다. 따라서 돼지는 숲에서 키우면 사료비가 거의 들지 않는다. 유럽인들이 돼지를 많이 키웠던 것은, 숲에 참나무가 많아 돼지를 방목해서 키울 수 있었기 때문이다. 『삼국지』에는 수렵민인 읍루인이 돼지를 즐겨 키웠다고 전하고 있다.

> "항상 산림 속에서 살며, 혈거생활을 한다. 그들은 돼지고기를 좋아하여 그 고기는 먹고, 가죽은 옷을 만들어 입는다. 겨울철에는 돼지기름을 몸에 바르는데, 그 두께를 몇 푼이나 되게 하여 바람과 추위를 막는다."[243]

돼지가 바꾼 역사

돼지는 읍루뿐만 아니라, 부여, 고구려에서도 널리 길러졌다. 서기 1세기 왕충이 쓴 『논형』에는 부여 건국 신화가 실려 있다.

> "옛날 북방에 탁리국에서 왕의 시녀가 아이를 낳았는데, 왕이 아이를 죽이려고 돼지우리에 버렸으나, 돼지가 입김을 불어 넣어 죽지 않았다."[244]

돼지가 살려준 아이가 곧 부여를 건국한 동명왕이다. 부여는 가축을 잘 키우는 나라답게 부족장의 호칭도 동물 이름을 딴 마가, 우가, 구가, 저가였다.[245] 이 가운데 저가猪加는 돼지를 의미했다. 고구려에서도 돼지는 신에게 올릴 제물로 관리들의 보살핌을 받았다.

『삼국사기』에는 고구려에서 희생용 돼지가 3차례 도망을 쳐 큰 사건을 일으킨 이야기가 기록되어 있다.[246] 이 가운데 유명한 것은 유리명왕 21년 (서기 2) 돼지가 도망치자, 이를 쫓던 관리가 국내위나암까지 갔다가, 이곳이 수도로 삼기 좋은 곳이라고 임금께 아뢰어 고구려가 수도를 졸본에서 국내성으로 옮긴 사건이 있다. 돼지가 고구려의 수도를 정해준 셈이다.[247] 이 이야기는 고려 건국설화에도 그대로 재현된다. 고려 왕건의 할아버지 작제건이 용녀를 구해주고 용왕으로부터 돼지를 받게 되었는데, 그 돼지가 장차 고려의 창업지가 될 송악 남쪽 기슭의 땅을 거주지로 정해주었다는 것이다.[248]

돼지는 수도를 정해주었을 뿐만 아니라, 사람과 사람을 연결해주는 중매자 역할도 했다. 208년에도 희생용 돼지가 달아나자, 고구려 관리들이 돼지를 쫓다가 주통촌이란 곳에서 후녀라는 여인의 도움으로 돼지를 붙잡게 되었다. 관리들이 돌아와 후녀 이야기를 하자 궁금해진 산상왕이 후녀를 찾아가 만나게 되었고, 두 사람 사이에서 동천왕이 태어났다.[249]

돼지와 멧돼지

돼지는 많은 자식을 낳아 다산을 상징하고, 덩치에 걸맞게 풍요로움을 상징한다. 따라서 신에게 다산과 풍요를 빌기 위해 돼지가 제물로 바쳐졌다. 돼지는 희생용 제물일 뿐만 아니라, 신의 의지를 전달해주는 동물로 사람들의 사랑을 받았다. 고구려의 대표음식인 맥적貊炙은 멧돼지나 돼지를 통으로 구운 음식이다.[250] 고구려에서도 돼지를 많이 길렀는데, 645년

고-당 전쟁 당시 안시성 안에서 닭과 돼지 소리가 많이 들렸다는 기록도 있다.[251] 고구려를 계승한 발해에서는 막힐부의 돼지가 특산물로 유명했다.[252] 숲이 많았던 부여, 고구려, 발해에서는 돼지를 키우는 데 어려움이 없었다. 북쪽 지역에서만 돼지를 많이 기른 것은 아니다. 신라 재상의 집에 소, 말, 돼지가 많다는 기록[253]을 통해 볼 때, 신라에서도 귀족들의 잔칫상에 돼지고기가 자주 올랐음을 알 수 있다.

그런데 한반도 남부 지역에서 출토된 돼지 유존체를 분석한 이준정의 논문에 따르면, 삼국 시대 초기까지만 하더라도 사육종 돼지가 존재는 했지만 여전히 야생종 돼지의 비율이 높아 돼지 사육이 보편화되지 않았다고 한다. 식생활에서도 동물성 식재료의 대부분은 야생 사슴 사냥으로 충당하고, 야생 멧돼지를 일부 이용하는 양상을 보인다고 한다. 삼국 시대에 사육종 돼지는 의례적 맥락에서 주로 활용되어, 출토 사례도 증가하지만, 돼지 사육이 보편화되었다고 단언할 수는 없다고 한다. 여전히 야생 사슴과 멧돼지 등을 사냥하는 것이 가축 사육에 요구되는 비용과 이로 인한 여러 다양한 문제를 감당하는 것보다 용이했기 때문이라는 것이다.[254]

그의 논문에서 다루지 못한 한반도 북부와 만주 지역의 경우는 돼지 사육이 남부 지역보다 앞서 이루어졌고, 읍루의 사례처럼 좀 더 일찍 일반화되었을 것이라 추정된다.

삼국 시대 사람들은 돼지를 키우기는 했지만 여전히 사슴과 야생 멧돼지를 사냥하며 동물성 식재료를 확보했다. 그런데 돼지는 신라 시대부터 조금씩 부정적인 대상이 되어갔다. 불교의 도입으로 인해 육식을 삼가는 풍습이 퍼지기도 했지만 또 하나의 이유는 숲이 변했기 때문이다.

천대받은 돼지

신라 말 이후 한반도의 숲이 참나무에서 소나무로 우세종이 바뀌기 시작하면서 숲에서 돼지를 방목해 키우기가 어려워졌다. 그러자 돼지는 밭에서 나는 곡식 등을 먹고 살게 되었고, 사육비용이 올라갔다. 결국 사람들은 곡식을 먹는 돼지를 잘 키우지 않게 되었다. 『고려도경』에는 고려인들이 돼지고기를 잘 먹지 않았고, 도축 방법도 졸렬하다고 적었다.

"고려는 정치가 심히 어질어 부처를 좋아하고 살생을 경계하기 때문에 국왕이나 재상이 아니면, 양과 돼지고기를 먹지 못한다. 또한 도살을 좋아하지 아니하며, 다만 사신이 도착하면 미리 양과 돼지를 길렀다가 시기에 맞춰 사용하는데, 이를 잡을 때는 네 발을 묶어 타는 불 속에 던져, 그 숨이 끊어지고 털이 없어지면 물로 씻는다. 만약 다시 살아나면 몽둥이로 쳐서 죽인 뒤에 배를 갈라 내장과 위장을 다 끊고, 똥과 더러운 것을 씻어낸다. 비록 국이나 구이를 만들더라도 고약한 냄새가 없어지지 아니한다."[255]

조선 시대에는 돼지 자체를 혐오하기 시작했다. 정월 상해일上亥日에는 다음과 같은 풍습이 있었다.

"정월의 첫 번째 해亥가 들어가는 날은 돼지날이라고 한다. … 조선의 오랜 행사로서 궁중에서 낮은 지위의 젊은 관리들 수백 명이 잇달아 횃불을 땅에 그을면서 '돼지 그슬리자, 쥐를 그슬리자.'하며 외치며 돌아다닌다."[256]

12지신 중 하나인 돼지.
숲이 줄자 돼지의 선호도가 떨어졌다.

이것은 곡물을 먹고 밭을 망가뜨리는 돼지의 주둥이를 불로 그슬려 돼지가 곡식 먹는 것을 막아, 풍농을 기원하고자 하는 주술적인 행위이다. 고기를 얻는 것을 목적으로 키워진 돼지는 농사와 군사적 목적으로 키워진 소, 말에 비해 가치가 떨어졌다. 돼지는 농민들에게는 농사에 도움이 되지 않으면서 귀한 곡식만 먹는 천대받는 동물로 전락했다. 육류를 선호했던 삼국 시대에는 풍요의 상징으로 신에게 바쳐진 제물이었던 돼지는 고려와 조선 시대에는 천대를 받았다. 돼지의 위상 저하는 곧 육류소비량이 많은 수렵민의 위상이 떨어진 것과 궤를 같이 한다고 할 수 있다.

6장

농경민의 세계

1. 발해인과 여진인의 이별

발해의 특산물

발해는 고구려의 역사적 경험을 바탕으로 성립된 나라다. 국가를 수립했던 경험을 가진 수렵민은 국가가 해체되고 부족민으로 돌아가더라도 언제든지 다시 구심점이 생기면 빠르게 국가를 건설할 수 있다. 발해가 건국한 지 얼마 되지 않아 큰 영토를 확보할 수 있었던 것은 고구려가 이룩해 놓은 사회통합의 기억과 잔재들이 있었기 때문이다.

발해는 고구려에 비해 북쪽으로 영토를 확장한 나라다. 7~9세기 기온이 온난해짐에 따라 작물의 북방한계선이 올라갔다. 그러자 만주 동부와 연해주 일대 평원은 빠르게 농경지로 전환되었다. 『신당서』에는 발해 특산물이 기록되어 있다. 태백산의 토끼, 남해의 다시마, 책성의 된장, 부여의 사슴, 막힐의 돼지, 솔빈의 말, 현주의 베, 옥주의 솜, 용주의 명주, 위성의 철, 노성의 벼, 미타호의 가자미, 환도의 오얏, 낙유의 배 등이다.[257] 이 가운데 옥주의 솜, 용주의 명주는 발해의 기온이 지금보다 더 따뜻하고 강우량이 충족했기 때문에 특산물이 될 수 있었다. 뽕나무는 기온이 온화해야 잘 자라기 때문이다.[258] 발해 특산물 가운데 노성의 벼, 책성의 된장 등 농산물도 있지만, 솔빈의 말, 막힐의 돼지, 부여의 사슴, 태백산의 토끼 등 동물류도 있다.

『신당서』에는 발해의 대표적인 특산물인 모피를 빼놓았다. 발해는 727년 일본에 처음 사신을 보내 교류를 시작했는데, 이때 담비 300장을 선물로 보냈다. 739년에도 일본에 호랑이와 큰곰 가죽 각 7장, 표범 가죽 6장, 인삼 30근, 꿀 등을 보내주었다.[259] 발해는 일본에 담비 가죽을 비롯한 모피를 대량으로 수출했다. 그러자 일본 정부는 정4위하 이상의 고위 귀족들만 담비 가죽을 입도록 규제했다.

920년 발해 사신 배구를 환영하는 연회가 열렸다. 때는 장마철이라 후덥지근한 날씨였다. 모피 수출국의 사신이라는 체면 때문에, 배구는 담비 가죽으로 만든 갖옷을 입고 참석했다. 그런데 일본의 시게아키라 친왕은 고가품인 검은담비 가죽옷을 8벌이나 겹쳐 입고 참석했다. 이 사례를 통해 당시 일본에서 모피옷을 입는 과시욕과 모피 구매 열기가 대단했음을 알 수 있다.[260]

발해는 당나라에 인삼, 우황, 백부자, 사향, 꿀 등의 약재, 고래, 문어, 매, 말, 양, 포, 구리, 명주와 더불어 담비, 호랑이, 표범, 곰, 말곰, 토끼, 족제비 등의 모피를 수출했다.[261] 발해는 중앙아시아와도 교역하였는데, 가장 중요한 수출품이 검은담비 가죽이었다. 러시아의 샤부쿠노프(E.Shavkunov)는 1985년에 발해와 여진의 유적들에서 발견되는 소그드-이란 계통의 유물들을 검토하면서 발해와 중앙아시아 지역을 연결하는 교역로를 담비길로 부를 것을 제안했다. 그는 카자흐스탄의 세미레체를 기점으로, 알타이, 서시베리아, 서몽골을 거쳐 아무르강, 송화강, 우수리강까지, 중앙아시아와 극동에 이르는 이 교역로를 '검은담비 가죽黑貂이 수출된 길'이라 불렀다.[262] 담비길에서 중간 유통은 당시 동서교역의 중계역할을 맡았던 소그드인이 담당했다. 연해주 아누치노 구역에 있는 발해 시대 산성인 노브고르데예프카 성지 주변에서는 소그드 은화 1점이 발견되었다. 샤부쿠노프는 이곳이 초피를 구하러 온 소그드인의 집단 거주지일 가능성이 크다고 하였다.[263]

모피에 대한 선호는 동서양을 가리지 않았다. 1581년 예르마크 티모페예비치가 카자크 원정대를 이끌고 시베리아 정복을 시작한 이후, 1644년 오호츠크 해안 및 사할린에 러시아인이 도착한다. 러시아가 우랄산맥을

넘어 멀고 먼 동방을 향해 진출하게 된 것은 질 좋은 모피를 구하려는 욕망 때문이었다.[264]

모피는 추위를 이기는 방한용 의복소재로 최고일 뿐만 아니라 부와 권력을 상징하는 사치품으로 선호도가 높은 값비싼 의복소재지만, 생산지가 제한되어 있다. 모피동물은 표범, 호랑이, 곰, 담비, 수달, 족제비, 바다족제비, 물개, 여우, 밍크, 카라쿨(양), 고양이, 개 등이 있지만, 그 가운데 수요가 많았던 것은 담비, 수달, 족제비, 여우 등이고, 밍크, 카라쿨 등은 20세기 이후에 인기가 높아진 것이다.

부족민의 비율이 높았던 발해

발해는 모피 생산에 최적인 나라였다. 수렵 채집 생활을 하며 부족민으로 사는 사람들의 비율이 고구려보다 높았던 나라가 발해였다. 발해는 10대 선왕(818~830) 시기에 사방이 5천리에 달하는 대국을 건설하며 해동성국이란 칭호를 받으며 번영을 누렸다. 수도인 상경성을 중심으로 5경 15부 62주의 행정구역을 두고, 각 지역으로 연결된 도로를 통한 교역과 강력한 군사력을 바탕으로 전국을 통치했다. 이때가 발해의 농업과 상업, 수렵 모두가 조화롭게 발전했던 시기였다.

하지만 발해는 9세기 말부터 위기에 처하게 된다. 남아있는 기록이 부족해 발해 위기의 원인을 명확히 알 수는 없지만, 이 시기에 기온이 낮아지면서 농업상황이 악화된 것이 중요한 원인이라 생각된다. 농산물 수확량이 줄어들면 거둘 수 있는 세금이 줄고, 정부 재정이 축소되면서 발해를 지탱하는 강력한 정부의 구심력이 약화된다. 정치적 구심력뿐만 아니라 교역의 구심점 또한 약화되면서, 변경지대를 중심으로 부족단위로 생활하던 소집단들이 이탈을 시도하게 되었다고 추정된다. 그들은 초피를 비롯한 상품을 독자적으로 교역하여 그들의 경제적 위기를 극복하려 했을 것이다. 이러한 사례가 『삼국사기』에 보인다. 886년 적국狄國 사람이 신라의 북진에 들어와 보로국과 흑수국 사람들이 모두 신라국과 화친하고자 한다는 15글자가 적힌 나무 조각을 나무에 걸어 놓고 돌아갔다.[265] 보로국과 흑수국은 발해에 속한 작은 집단들이다. 발해의 지방 통제력이 약화되자, 독자적으로 신라와 교역하려는 움직임을 보인 것이다.

발해가 멸망하기 전인 920년 고려의 골암진(강원도 안변군의 추정)에 북적北狄이 쳐들어왔다. 이때 고려 태조 왕건은 유금필을 보내 이들을 제압하게 했는데, 그는 북적의 추장 300여 명을 불러 모아 술과 음식을 차려 놓고 성대히 대접하다가, 갑자기 술에 취한 추장들을 모조리 잡고 위협하여 그들을 복종시켰다. 이때 북적 부락에서 귀순한 자가 1,500명이었고, 포로로 잡혔던 고려인 3천여 명도 되돌아왔다.[266] 북적은 발해의 변방세력을 의미한다고 볼 수 있다. 921년에는 말갈의 별부인 달고의 무리가 신라 북방을 침략하기도 했다.[267]

고려는 발해에서 갈라져 나온 이들을 포섭하여 용병으로 사용했다. 936년 고려와 후백제의 일리천 전투에서 유금필은 흑수, 철리 등의 정예 기병 9천 5백 명을 이끌고 참전하여 고려의 승리에 큰 기여를 했다.[268] 보로, 흑수, 철리, 달고 등은 발해의 중앙통제력에서 일찍이 벗어난 집단들이다. 이들은 기병을 앞세워 노략질도 하고 교역도 하면서 발해의 쇠망기에 자기 집단의 생존을 위해 신라, 고려와 대항하기도 하고, 협력하기도 했다. 고구려보다 고위도 지역을 중심부로 삼았던 발해는 기후변화에 취약하다. 이러한 약점이 발해의 위기를 가져온 것이라고 볼 수 있다.

926년 1월 발해는 거란의 침략을 받아 멸망하고 말았다. 수도가 함락당하고 발해 왕이 거란으로 끌려가 나라가 망했지만, 전체 발해 땅이 거란에게 정복당한 것은 아니었다. 안변부, 정리부, 막힐부, 장령부, 철주, 남해부 등지에서 거란군과 계속해서 싸웠다.[269] 거란의 발해 지배는 쉽지 않았다. 발해 부흥운동을 일으킨 정안국은 986년까지 지속적으로 거란에 저항하기도 했다. 하지만 끝내 발해는 부흥하지 못했고, 발해 유민들은 거란으로 끌려가거나 고려로 투항했다.

발해인과 여진인의 차이

고려와 거란에서는 발해 유민을 크게 발해인과 여진인으로 구분했다. 처음부터 종족이 달라서 타국인이 볼 때에도 한눈에 발해인, 여진인으로 구분이 가능했을까? 현대 사회에서 민족만큼이나 중요하게 사람을 구분하게 만드는 것이 직업이다. 직업에 따라 입는 옷도 다르고 생활 방식도 다르다. 발해인과 여진인의 구분은 그들의 직업으로 구분되었다고 볼 수 있다.

고려와 거란은 농민과 관리, 학자, 기술자 등 국가 지배체제에 쉽게 적응하는 사람들을 발해인으로 불렀고, 이들을 한 곳에 정착하게 했다. 발해 멸망을 전후한 시점부터 예종(재위: 1079~1122) 시기까지 발해인이 고려에 투항했다. 발해 세자 대광현이 수 만 호를 이끌고 투항한 것을 비롯해, 대화균, 대원균, 대심리, 대복모, 오흥 등 발해의 지배층을 구성했던 사람들과 신덕, 대덕 등 발해의 장군들이 사람들을 이끌고 고려에 투항했다.[270] 고려는 영순, 금주(김해), 해주, 신계, 배주(배천) 등에 이들을 거주하게 하여 농사 등을 지으며 살게 했고, 거란과 전쟁에 앞장서서 싸우게 했다.

거란도 마찬가지로 발해인을 자신들이 필요한 곳에 집단으로 이주시켜 지역 개발에 동원하기도 하고, 발해인을 등용해 관리로 삼기도 했다. 발해 유민 가운데는 거란의 고위 관리가 되거나, 황후에 오르는 사람들도 적지 않았다.[271] 고려와 거란에서 농경 정착민인 발해인은 환영받는 존재였다.

반면 수렵 채집 생활을 하는 사람들은 환영받지 못했다. 수렵 채집민은 강한 무력을 갖고 있으면서 부족의 유대를 중요하게 생각하며 자주 이동을 한다. 따라서 국가의 통제에서 벗어나기 쉽다. 이들을 통제하려면 무력으로 제압하는 것보다, 강력한 경제력을 갖추고 교역으로 통제하는 것이 쉽다. 유목과 수렵을 중요한 경제 기반으로 삼았던 거란이 이들을 통제하는 것은 쉽지 않았다. 따라서 반농반렵을 하는 정착 부족민들은 숙여진으로 직접 통제하였지만, 수렵 채집 경제에 대한 의존도 높은 부족민인 생여진은 교역을 통한 간접적인 통제에 만족할 수밖에 없었다.

고려에서 차별받은 사람들

고려 시대 귀화인을 연구한 박옥걸의 연구에 따르면, 고려 전기(918~1170) 귀화인은 발해유민 38회 122,686명, 여진계 52회 44,226명, 거란계 54회 1,432명, 한계漢系 42회 150명으로 발해유민과 여진계가 절대다수를 차지한다.[272] 그런데 여진계와 거란계는 고려에서 높은 관직에 오르는 사람이 거의 없었다.

고려 시대에 차별받은 신분 가운데 양수척, 재인, 화척, 달단이 있었다. 이들이 조선 시대에 천민인 백정白丁의 기원이다.[273] 양수척은 곧 화척으로 이름이 바뀌었고, 달단은 몽골 간섭기에 고려에 왔다가 돌아가지 않고 남은 몽골인이다. 양수척은 풀水草을 따라 옮겨 사는 것을 수시로 하며 오직 사냥을 일삼고 유기柳器를 파는 것을 업으로 삼는 사람들이다.[274] 양수척은 홍화도, 운중도에 많이 살았고 거란이 고려에 침입했을 때 향도가 되기도 했다는 사례 등으로 볼 때, 양수척은 거란계 사람들이라고 파악된다.[275] 고려 태조 왕건은 훈요십조 가운데 4조에서 거란을 금수의 나라이므로 본받지 말아야 할 나라로 규정하고 있었다.[276] 따라서 거란계 귀화인은 고려에서 좋은 대접을 기대할 수 없었다. 농민이 절대다수인 고려에서 정착하지 않고 사냥과 유기 제조와 판매, 창기唱妓 등을 생업으로 삼는 거란계 귀화인은 점점 천민으로 취급받았다.

반면 고려는 한족계 인물들은 적극적으로 등용하려고 했다. 쌍기[277], 장완[278] 등은 고려에서 높은 벼슬에 올랐다. 고려는 이들을 등용하기 위해 집도 주고 벼슬도 내려주었다. 고려의 재상 서필(901~965)은 광종의 한족계 귀화인 우대정책에 심하게 반대하기도 했다.[279] 그럼에도 한족 귀화인이 왕실의 권력을 강화하는 데 필요한 이념과 행정적 실무 능력을 갖추었기 때문에 우대정책이 지속되었다. 문종은 송나라의 진사 신수, 진잠고, 저원빈 등을 불러 시부詩賦를 시험 보게 했다[280] 고려의 적극적인 한족계 지식인 우대 정책에 따라, 그들은 고려에 안착할 수 있었다.

고려의 여진계 귀화인에 대한 정책은 북진정책과 관련되어 있었다. 고려는 1033년에서 1044년까지 천리장성을 쌓아 북쪽 방어를 단단히 했다. 천리장성은 변경 지대의 안전을 위해 축조한 것일 뿐 고려가 천리장성 안에 머물고자 했던 것은 아니며, 북진정책을 포기한 것은 더더욱 아니었다. 1073년 귀순주, 창주, 공주, 온주 등 7주의 여진 추장들이 무리를 이끌고 고려에 복종하여 군현이 되기를 요청하자, 동북지역에 15주를 설치하여 여진에 대한 영향력을 확대했다. 한반도 북부 지역은 수렵 채집민이 살기에 적합한 환경이기 때문에, 고려는 여진 부락민을 그곳에 살게 했던 것이다. 고려는 여진을 복속시킨 지역을 화내化內(교화가 미치는 나라 안)라고 불렀고, 화내의 해변가 700리에 장성을 쌓기도 했다.[281]

여진인은 주로 집단으로 귀화가 이루어졌는데, 고려는 이들이 가진 무력을 국방력 강화에 이용하고자 했다. 고려는 오는 사람은 막지 않는다는 명분을 내세워 인력확충과 북진정책 추진을 위해 귀화인을 받아들였다. 고려는 이들에게 관직 수여, 하사품 수여, 안전보장 등을 통해 포획하고, 지리적 분리, 신분적 제약 등을 통해 이들을 통제하였다.

고려에서 발해인과 송나라인은 쉽게 융화될 수 있었지만, 여진인과 거란인은 고려에 쉽게 동화되지 못했다. 고려의 여진 귀화인 정책에 한계가 있었기 때문이다. 고려는 여진 사람들에게 토지와 집을 주고 호적에 편입하고, 세금을 납부하는 의무를 가진 고려의 백성으로 삼고자 했지만, 동시에 그들을 비하하는 인식을 갖고 있었다.

"여진 오랑캐는 금수와 다를 바 없다"거나[282] "여진은 얼굴은 사람이나 마음은 짐승과 다름이 없으니 은혜로 회유하는 것이 어찌 위엄으로 누르는 것만 하겠습니까?"[283] 등은 여진인에 대해 고려가 가진 두려움과 멸시의 감정을 보여주는 것이었다. 그러자 여진인은 때로 집단적으로 고려에 저항하기도 했다. 고려는 충성을 약속해놓고 배신을 하는 경우를 보고 그들을 적극 신뢰하지 않았다. 게다가 고려는 불교를 숭앙하면서 수렵 채집민의 동물사냥이나 도축 등에 대한 혐오감까지 더해진 상황이었다.

고려는 천하의 중심, 해동천자로 자처하는 황제국 인식을 갖고 있었으며, 여진의 여러 부족장을 고려를 떠받드는 제후로 여겼다.[284] 문명국임을 자처한 고려는 무지한 여진을 교화하거나, 정벌해야 할 대상으로 여겼다. 여진에게 우월의식과 두려움과 멸시하는 감정을 두루 갖고 있던 고려는 12세기 초 중대한 사건을 만나게 된다.

고려사 최악의 오판

고려에 조공을 바치러 온 여진족은 동번, 서번, 북번으로 구분되는데, 동번(동여진)이 가장 빈번했다. 고려는 이들을 동화시키려고 했다. 수렵 채집민인 동번은 두만강 유역 갈라전葛懶甸 지역에서 농경의 비중을 높여가고 있었다. 이들은 안정적인 생활을 위해 고려로 부터 안전을 보장받을 필요가 있었기 때문에, 고려에 복속하여 고려를 부모의 나라로 섬기고 충성을 다했다. 하지만 보다 북쪽에서 수렵 채집과 어렵 생활을 하던 여진족은 고려에 의지하여 생존권을 보장 받을 필요는 없었다. 그들이 고려에 머리를 숙이고 조공을 바친 것은 오로지 조공의 댓가로 고려가 내려주는 물건을 획득하기 위한 경제적 목적뿐이었다.285

그런데 여진족 가운데 북쪽에 위치해 있던 완안부가 서서히 성장하여, 여진족을 통합하기 시작했다. 완완부가 남쪽 갈라전으로 세력을 확장하자, 고려는 이를 적극 저지하였다. 1104년 고려는 여진족과 싸우다가 패배하였다. 패배를 만회하고자 고려는 3년 동안 전쟁 준비를 하여 1107년 기병을 중심으로 하는 17만 대군을 동원해 여진 지역을 정벌했다.

고려는 갈라전 지역 여진족이 완안부에 귀속되는 것을 막고, 이곳을 고려의 완전한 영토로 삼기 위해 행정구역인 9성을 설치했다. 9성 지역에 1차로 둔전병 성격을 가진 군민 6,466정호丁戶(조세와 국역을 부담하는 양인 남자)를 이주시키고, 2차로 농업이민 69,000호를 이주시켰다.286 고려가 여진족을 믿지 못했기 때문에, 이들을 몰아내고 영구히 영토로 삼으려고 했던 것이다.

이 정책은 고려사를 바꾼, 대단히 잘못된 정책이었다. 고려 농민을 대규모로 이주시키게 되면 기존에 있던 여진족의 농경지를 빼앗아 나눠줘야 한다. 여진족이 고려에게 복종한 것은 생존권을 보장받기 위한 것이었는데 고려가 대군을 동원해 여진의 땅을 빼앗으러 왔으니, 고려군을 침략군으로 여기고 저항할 수 밖에 없었다. 따라서 고려는 갈라전의 여진족과 완안부를 떼어놓기는커녕, 도리어 이들을 강력하게 결합하게 만들었다.

반면 완안부는 자연스럽게 갈라전 지역 동번을 자기편으로 끌어들이며, 급속히 성장하여 여진세력을 통합할 수 있었다.

갈라전 지역은 공략하기는 쉽지만, 지키기는 어려운 땅이다. 주변에 산이 많아 적의 공격을 받으면 방어가 쉽지 않은 곳이다. 여진족은 산에 의지하여 게릴라전을 펼치며 고려에 저항했다. 고려는 완안부가 아닌 갈라전 지역 여진족과 더 많은 싸움을 했다. 고려는 방어를 위해 너무 많은 출혈을 해야 했고, 농업 이민은 별다른 성과를 얻지 못했다. 결국 고려의 농민 이주 정책은 실패로 돌아갔고, 약 600일 만에 갈라전에서 물러나 여진인에게 땅을 돌려주게 되었다. 9성 정벌은 완안부 세력이 강성했기 때문이 아니라, 고려의 잘못된 정책과 갈라전 지역 여진족의 게릴라전 때문에 실패했던 것이다.[287]

고려는 10세기 중후반 광종, 성종시기를 거치며 농민의 나라 송나라를 모델로 삼아 왕권을 강화하는 길을 택했다. 고려는 체제 안정과 세금 수취에서 유리한 농민을 중심으로 한 사회체제를 구축했다. 하지만 이러한 선택은 고려가 북진정책을 수행하는데 방해가 되었다. 만약 고려가 동번을 확실한 자기편으로 만들고 완안부와 싸웠더라면, 무리하게 농민 이주를 단행할 것이 아니라 동번을 고려인으로 적극적으로 통합할 대책을 마련했다면, 고려의 북진 정책은 다른 결과를 가져왔을 것이다. 발해인은 고려에 융화되었지만, 여진족은 금나라를 세우고 고려와 완전히 분리되고 말았다. 9성 반환 사건은 반농반렵민, 수렵 채집민을 고려가 포용할 수 있는 기회를 영구히 놓쳤음을 의미한다.

고려가 초기에 가졌던 다원성, 복합성은 여진과 전쟁 사건을 계기로 급격히 약화되고 말았다. 고려는 한반도 동북부와 동남부 만주 일대로 진출할 기회를 놓침으로써 많은 것을 잃고 말았다. 이후 고려는 농경민 위주의 단일한 체제를 갖춘 나라가 되었고, 수렵 채집민은 고려에서 소수자로 전락하게 되었다.

여진과 전쟁 및 묘청의 난 이후 고려는 수렵민을 전쟁기계로 거의 활용하지 못했다. 여진족이 금나라를 건국하면서, 여진족을 대상으로한 고려의 포획장치가 기능을 할 수 없었기 때문이다. 이후 몽골과 고려의 전쟁은 전쟁 전에 이미 승패가 갈려 있었다. 고려의 농민들이 전쟁기계인 몽골의 기사병騎射兵에게 상대가 되지 않았기 때문이다. 결국 고려는 오랜만에 만난 전쟁기계인 이성계 집단의 무력에 의해 멸망당하고 말았다.

2. 고려와 숲

중앙집권과 지방분권

현재 한반도와 만주는 압록강과 두만강에 의해 경계가 구분되지만, 일반적으로 지역 구분은 강이 아닌 산에 의해 정해지는 경우가 많다. 강은 소통의 공간이자, 교통로가 되지만, 숲이 울창한 산은 경계가 되기도 한다. 삼국 시대 초기에 수많은 소국들이 존재했던 것이나, 일본 각 지역에 다이묘大名가 오랫동안 존속할 수 있었던 것은 숲이 많았기 때문이다. 반면 중원대평원 지역에 거대한 제국이 빨리 들어서고, 작은 소국들이 오래 존속하지 못했던 것은 그곳에 산과 숲이 적었기 때문이다. 산림이 많은 곳에는 소국들이 오래 지속되기 쉽고, 산림이 없는 곳은 대국으로 빨리 통합되는 경향을 가진다.

무성한 숲은 천연장벽이 되어, 구분된 지역을 전혀 다른 사회로 만들기도 한다. 고립된 지역에 사는 사람들은 자기 집단에 대한 강한 소속감을 갖기 마련이다. 큰 나라가 등장해도 사람들은 국가와 지역집단에 대한 이중의 귀속감을 유지했다. 삼국 시대에 부部라는 지역집단이 독자성을 오래 유지할 수 있었던 것은 당시에는 숲이 울창했기 때문이다.

대체로 숲이 많으면 지방 분권에 유리하고, 숲이 적으면 중앙 집권에 유리하다. 조선시대에는 인구가 늘고 하천 유역의 저습지 등이 농경지로 개간되면서, 숲이 가로막던 마을과 마을 사이의 공간이 줄어들었다. 각 지역의 지리적 고립이 크게 해소되자, 중앙권력이 지방에 침투하기가 쉬워졌다. 또한 지역의 독자적인 문화가 발전하기보다, 중앙에서 만들어진 문화가 지방으로 빠르게 침투하여 문화적 통일성을 높일 수가 있었다.

숲이 많고 적었던 삼국 시대와 조선 시대를 다음과 같이 대비시켜 볼 수 있을 것이다.

구분	숲이 많은 삼국 시대	숲이 적은 조선 시대
정치	지방 분권에 유리	중앙 집권에 유리
생업	농업 외 수렵	농업 중심
습속	말 타고 사냥하기	농사와 독서
신화	다양한 신화 존재	신화 사라짐
재해	생물 재해 - 호환 등	자연 재해 - 홍수, 가뭄, 산사태
촌락	떨어져 있음	가까움
문화	다양성	통일성

고려의 다양성

고려는 호족 연합국가로 출발했다. 각 지역의 호족들은 자신이 통치하는 지역 내에서 독자적인 권력을 갖고 있었다. 조선 시대 전국 군현이 330개였던 것에 비해, 고려는 지방관이 파견된 주현 130개, 지방관이 파견되지 않은 속현 390개, 그리고 특수행정구역인 향, 소, 부곡, 처, 장 등이 무려 9백 개나 있었다. 신라 말 성주, 장군을 칭하는 세력들이 근거지를 성읍으로 삼아 독자의 영역을 구축한 것을, 고려가 건국된 이후에도 그대로 지배질서로 편제한 것이 복합적이고 서열적인 군현구조를 갖게 된 원인이었다.[288]

경상도 상주목의 경우 속군 7개, 속현 24개, 그리고 주현인 상주에 부곡 14개, 여러 속현에 부곡 8개, 소 3개가 소속되어 있었다. 이와 같은 고려 시대 군현구조는 마치 하나의 벌통에 수많은 벌집이 달려 있는 벌집구조와 같은 형상이라고 고려사 연구자인 박종기는 지적한다. 그런데 130여 개 가운데 60개 주현만 속현과 부곡 등을 거느렸고, 외적을 방어하기 위해 편성된 행정단위인 북계와 동계에는 속현과 부곡 등이 없었다.[289] 북계와 동계는 도호부, 방어부, 진 등 군사적 목적으로 지방을 통제했기 때문에 속현과 부곡을 방치할 수 없었기 때문이다.

속현은 향리 또는 토호 세력이 통치하고 있었다. 호족은 지역민을 통제하고, 지역문화를 발전시켰다. 호족과 향리는 군현 사람들을 지역 수호신에 대한 신앙으로 결속시켰다. 연등회, 팔관회가 그러한 신앙에 입각한 행사였고, 향도는 그 행사를 실행하는 조직으로 군현 사람 대부분이 구성원이었다.[290]

미륵부처를 만나 구원을 얻기 위한 종교적 풍습인 매향 의식은 한국사에서만 나타나는 독특한 신앙 활동으로, 향목이나 소나무 등을 갯벌에 묻어두어 침향沈香이라는 귀한 향, 약재를 만드는 행위다. 매향은 호장을 중심으로 한 향도조직이 담당했는데, 이 역시 향촌공동체의 결속력을 높여주는 활동이었다.[291] 또한 호족과 향리는 지방의 수호신인 성황신을 모시는 성황당을 조성하고, 성황제를 실시하기도 했다.[292] 또한 사찰, 불상, 탑 건립[293]에도 호족과 향리는 향도를 결성해 지역민 대부분이 참여한 가운데 종교적 활동을 주도했다. 이를 통해 지역민의 공동체 의식을 고취시키고, 그들의 지역 지배력을 유지했다. 지역별 다채로운 종교 활동은 고려 문화의 다양성을 만드는 데 기여했다.

향도의 무리는 호랑이 등을 퇴치하거나, 짐승 가죽을 얻기 위해 숲에서 사냥도 하며 결속력을 다졌다. 무력을 가진 지방민을 통솔한 지방 호족과 향리 세력을 고려 정부는 쉽게 통제할 수 없었다. 비록 기인제도를 비롯한 여러 제도를 통해 고려 정부가 지방 세력을 통제하려 했지만, 지방에서 독자적인 힘을 가진 호족과 향리 세력을 완전히 제압하지는 못했다.

고려의 산림천택

1323년 유청신, 오잠 등이 고려에 삼한행성을 설치하여, 고려를 원나라의 1개 성省으로 만들자는 입성책동立省策動 시도가 있었다. 이때 원나라에 있던 이제현이 원나라 중서성에 글을 올려 이러한 시도를 강력히 저지한 일이 있었다. 이제현은 고려가 원나라에서 탐을 낼만한 곳이 아니라는 것을 알리기 위해 이렇게 말했다.

"고려는 국토가 1천 리를 넘지 못하고 산림천수山林川藪(산림과 냇물과 습지) 등 쓸 수 없는 땅無用之地이 십분의 칠 정도가 됩니다."[294]

산림천수는 산림천택山林川澤으로도 사용되는 말이다. 유형원은『반계수록』에서 산림천택을 유민游民이 역役을 피해 도망하는 곳, 재목을 기르고 온갖 짐승 등이 사는 곳, 국가의 지배력이 한정적으로 미치는 곳이라고 하였다.[295] 1217년 고구려 부흥을 자처하며 서경에서 반란을 일으킨 최광수의 무리들은 고려 정부군이 토벌에 나서자, 산림 속에 숨어 끊임없이 옮겨 다니며 토벌군을 피해 각 지역을 약탈했다. 그러자 고려 정부군이 토벌하기가 쉽지 않았다.[296]

산림천택에 국가의 지배력이 미치지 못하는 원인은 크게 두 가지다. 첫 번째는 산림천택에 출몰하는 맹수를 비롯한 생물재해의 위험성 때문이다. 맹수는 인간의 거주지에는 잘 들어오지 않는다. 맹수 역시 사람을 두려워하기 때문이다. 반면 인간이 맹수가 출몰하는 곳에 함부로 진입했다가는 맹수의 먹잇감이 될 수 있다. 독충, 독사, 독초 또한 인간이 산림천택에 진입하는 것을 막는 요인이 된다.

두 번째는 산림천택에 진입한다고 해도, 그곳을 실질적으로 지배할 때

얻을 수 있는 효율성이 높지 않기 때문이다. 고대에는 땅보다, 땅에 사는 사람들을 지배하는 것을 더 중요하게 여겼다. 산림천택 안에도 그곳에 적응해서 살아가는 사람들이 산다. 하지만 이들을 국가의 지배 권력 아래에 두기에는 산림천택에 진입할 때 들어가는 희생의 비용이 너무 높다. 산림천택 내부의 다양한 생태환경에 익숙한 사람들이 처음 이곳에 진입하는 자를 제압하는 것은 매우 쉽다. 바위틈이나 나무 뒤에 숨어서 독화살을 쏘거나, 골짜기 위에서 바위를 굴리거나, 산에 진입한 사람들을 길을 잃게 만든 후 기습할 수도 있다. 따라서 반드시 산림천택을 장악해야 할 어떤 이유가 없다면, 많은 희생을 치르기보다 그 곳을 방치하는 것이 국가에게 이득이 된다.

그런데 13~14세기 몽골의 침략과 약탈, 왜구의 침탈은 고려의 산림을 크게 바꾸어 버렸다. 호족과 향리세력이 지방에서 독자적인 세력을 유지하는 데 도움이 된 산림이 강력한 외적의 침략 앞에서는 장벽의 기능을 충분히 발휘할 수 없었기 때문이다. 호족과 향리 세력이 몰락하면서, 14세기 말에는 주현과 속현이 사실상 해체된다. 조선이 건국된 이후인 15세기에는 속현은 100곳 이하로 줄었고, 16세기에는 속현이 완전히 사라진다.

3. 몽골과 왜구가 바꾼 고려의 숲

몽골이 고려에 요구한 물품

몽골은 1221년 고려에 사신을 보내 수달피 가죽 1만 령領을 요구[297]한 이래로, 지속적으로 수달피를 요구했다. 1224년 고려가 수달피와 명주, 베등을 몽골사신에게 주었는데, 몽골사신은 압록강 변에서 명주, 베 등은 들판에 버리고 오직 수달피만을 갖고 돌아갔다.[298] 추운 지역에 사는 몽골인에게 명주와 베는 큰 쓸모가 없었기 때문이다.

고려의 산림에 가장 크게 영향을 준 사건은 1231년부터 7차례에 걸친 몽골의 침략이었다. 고려 정부는 수도 개경을 버리고 강화도로 천도하며 저항하였다가, 1270년 몽골에 항복하고 수도를 다시 개경으로 옮겨왔다. 이때부터 몽골은 고려 정치에 온갖 간섭을 하고 각종 자원을 수탈하기 시작했다. 몽골은 수달, 해동청, 인삼, 목재를 비롯한 각종 공물을 징수하기 위해 고려에 사람을 보냈다. 고려에 시집 온 몽골 공주들도 각지에 사람을 보내 수탈에 앞장섰다. 고려의 수렵 채집민은 큰 어려움에 빠질 수밖에 없었다.

몽골은 모피뿐만 아니라 고려의 나무도 탐을 냈다. 몽골은 칸이 사용할 상御床을 만드는 데 필요한 향장목香樟木을 고려에 요구한 것[299]을 비롯해 자기들의 궁궐과 사찰 건립에 필요한 목재 등을 조공으로 요구해왔다. 몽골은 울릉도의 나무를 베어가기도 했다.[300] 백두산의 나무를 베어 압록강으로 떠내려 보낸 다음 고려로 하여금 운송하게 하려고 배 1백 척을 건조하라고 요구하기도 했다.[301] 이런 저런 요구로 몽골은 목재를 강탈해갔지만, 고려의 산림을 가장 크게 훼손한 것은 일본정벌을 위해 고려로 하여금 함선을 만들라고 요구한 일이었다.

몽골의 일본원정과 고려의 배

1274년 몽골은 고려의 강력한 해군력을 약화시키고, 또 몽골에 복종하지 않는 일본을 정벌하기 위해 정동행성을 설치했다. 창원시 마산합포구에 지휘부를 두고 몽골은 몽한蒙漢군 25,000명, 고려군 8천 명, 바닷길 안내자 및 선원 6천 7백 명으로 구성된 1차 침공군을 구성했다. 이때 몽골은 고려에게 일본 원정에 필요한 대선 300척과 소선 600척을 건조할 것을 요구했다. 고려는 변산(부안)과 천관산(장흥)에 조선소를 만들고 130일에 걸쳐 전함을 건조했다.[302] 이때 만든 대선 300척은 천료주千料舟라는 것으로, 곡식 천석을 실을 수 있는 큰 배, 또는 판자 1천개로 만든 배다. 천료주를 건조하기 위해 장인과 노무자를 합쳐 3만 500명이 동원되었다.[303] 그런데 여몽연합군은 태풍을 만나 제대로 싸워보지도 못하고 회군해야 했다. 수많은 배들이 태풍에 침몰해버렸다. 이때 무려 1만 3,500명이 익사했다.[304]

하지만 몽골은 전쟁을 포기하지 않았다. 1279년 남송을 멸망시킨 몽골은 그 여세를 몰아 다시 일본 정벌을 계획하여, 고려에 전함 9백 척을 건조하도록 요구했다. 1281년 몽골은 제2차 일본 원정에 나섰다. 이때 몽한군 3만, 강남의 한족 군대 10만과 강남군 전함 9천 척이 동원되었고, 고려도 병력 9천 960명과, 뱃사공 17,029명, 그리고 전함 9백 척을 동원해야 했다. 그런데 이번에는 더 엄청난 폭풍우로 강남군 전함 3,500척이 침몰하고, 10만 강남군 대부분이 익사하거나 전사했다. 고려군도 7천 명 이상이 사망했다.[305]

몽골의 1, 2차 일본원정은 완전히 실패했다. 몽골과 일본도 피해를 입었지만, 가장 크게 피해를 입은 것은 고려였다. 일본 침공에 필요한 배 건조, 군량미 등 물자 조달을 담당해야 했던 경상도 지역 주민의 경제적, 인적 부담이 엄청났기 때문이다. 고려의 산림 피해도 컸다. 1차 원정에 필요

조운선. 배를 만드는데 엄청난 나무가 소비된다. 몽골은 일본 원정을 위해 필요한 배를 고려에게 만들게 하여, 고려의 산림을 크게 파괴했다.

한 전함 건조를 위해 제주도와 변산반도, 나주 천관산의 산림이 조선용 목재로 벌목되었다. 2차 원정에 필요한 배를 만들기 위해 강원도 오지에서도 나무를 벌목해야 했다.

몽골은 2차 원정에 실패한 후에도 계속해서 정벌을 추진했다. 1282년 몽골은 3차 일본 원정을 위해 고려와 제주, 남중국에서 전함 3천척을 건조하라고 명했다.

하지만 이때 일본 원정은 중지되었다. 1285년 몽골은 다시 일본 원정에 대해 논의하여, 고려에 전함 6백 50척, 군사 1만, 군량 10만 석을 준비하라고 요구했다. 하지만 다음 해 1월 쿠빌라이 칸이 스스로 원정을 철회했다. 1292년 8월 몽골은 다시 일본 원정을 논의했고, 다음해 8월 몽골에서 고려의 전함 건조를 관할하기 위해 사람을 보내기도 했다. 하지만 쿠빌라이 칸이 사망하면서 일본 원정 준비는 끝이 났다.[306] 이 기간 동안 좋은 목재들이 대량으로 벌채되었다.

왜구가 노린 소나무

게다가 1350년 무렵부터 고려 해안가에 왜구가 빈번하게 침략하여, 조운선과 병선을 약탈하고 불태우는 일이 많아졌다. 따라서 왜구에 대항하기 위해 선박을 건조할 필요성이 커졌다.[307] 왜구들도 자신들의 선박을 건조하기 위해 고려의 해안가 숲에서 소나무를 베어가기도 했다. 조선 초기

기록이기는 하지만, 1421년 왜구가 전라도를 침략해오자 총제사 이순몽이 세종에게 이렇게 대답했다.

> "전라도의 연해변 도서를 순행하여 보니 거기는 소나무가 무성하나, 육지와 거리가 멀어서 섬의 왜구들이 매양 배를 만들기 위하여 오는 것이니 염려할 것은 없습니다. 신이 보는 바로는, 대마도에도 배 만들 만한 재목이 없습니다. 그래서 전라도 바닷가 섬에 와서 배를 만들어 가지고 돌아가는 것이니, 해변에 있는 소나무를 모조리 벌채하여, 왜선이 오는 것을 끊게 함이 가합니다."[308]

왜구의 침략 목적의 하나는 선박 건조에 사용될 소나무 목재를 확보하기 위함이었다.[309] 왜구는 흑산도를 비롯해 전라도 해안가에 건너와서 배를 만들기도 했다.[310] 하지만 왜구가 조선 땅에 와서 벌목하는 것은 쉽지 않았다. 따라서 소나무를 왜구에 팔아넘긴 조선인도 있었다. 소나무는 국가 안위와 직결된 병선 제작과 관계가 있는 품목이었기 때문에, 조선 정부는 소나무 거래를 불법으로 단정하고 엄금했다. 소나무는 고려와 조선의 전략물자, 금수禁

전쟁기념관에 전시중인 거북선 모형.
목재의 차이가 배의 성능을 갈랐고,
이것이 해전의 승패를 좌우하였다.

輪품목이었던 것이다.[311]

왜구의 노략질은 내륙 깊숙한 곳에도 영향을 주었다. 왜구는 노략질을 하며 민가에 불을 지르기도 했다. 따라서 거주지와 마을의 숲이 불타기도 했다. 몽골의 침략과 수탈, 그리고 왜구의 노략질은 고려의 산림을 크게 변화시켰다.

> "호서의 안면도, 호남의 변산, 완도, 고돌산, 팔영산, 금오도, 절이
> 도, 영남의 남해, 거제, 해서의 순위, 장산, 관동의 태백산, 오대산,
> 설악산, 관북의 칠보산은 다 소나무가 많은 곳으로서 나라에서 유
> 명하나 점점 전과 같지 못하다. 각처의 소나무가 잘 되는 산으로 일
> 컫는 곳까지도 간간히 한 그루의 나무도 없다. 장흥의 천관산은 몽
> 골의 쿠빌라이 칸이 일본을 공격할 때에 배를 만들던 곳인데 지금
> 은 민숭민숭하여 한 그루의 재목도 없다. 소나무는 백년을 기른 것
> 이 아니면 마룻대와 들보로 사용할 수 없는 데 몰래 벌목하는 자가
> 도끼로 다 없애서 한번 몰래 벌목한 뒤에는 다시 계속할 수 없게 된
> 다. 그 기르기 어려운 것이 이와 같고, 취하기 쉬운 것은 저와 같다.
> 재목의 쓰임이 날로 다하여 없어진지 수십 년이 지나면 궁실, 전함,
> 조선의 재목을 다시 취할 곳이 없으므로 배운 자들이 이것을 근심
> 한다."[312]

1808년경 서영보 등이 왕명으로 편찬한 『만기요람』은 소나무로 유명한 산지에 대해 논하면서 모든 산지가 다 전과 같지 못하다고 하였다. 특히 장흥의 천관산은 일본정벌을 위해 대형 선박을 만들 만큼 숲이 무성했던 곳인데, 몽골의 산림훼손이 너무 심해 복구가 불가능한 상태가 되어 지

금은 완전히 민둥산이 되었다고 지적하고 있다. 고려 말에는 왜구의 출몰로 인해 백성들은 해안에서 30~40리까지는 경작하지도 못할 지경이었다. 따라서 한번 산림이 크게 훼손된 천관산 지역은 오랜 세월 방치되었던 것이다. 해안가 주변에는 버려진 농경지와 풀이 울창하게 자란 늪지가 많았고, 사람의 발길이 한동안 끊긴 곳도 많았다.

4. 가까운 숲과 먼 숲

개경 건설에 필요한 숲

고려는 숲이 많은 나라였다. 비록 몽골과 왜국에 의해 숲이 많이 훼손되었지만 고려 시대 대부분의 기간 동안 대체로 울창한 산림이 유지되었고,[313] 조선 초기까지도 임목축적이 600㎥/ha 이상일 만큼 풍요로운 숲을 갖고 있었다.[314] 그러나 고려 전체의 숲이 많다고 해서 산림 부족문제가 없는 것은 아니었다. 인간이 이용할 수 있는 숲은 인간의 거주지에서 일정한 거리 내에 있어야 했기 때문이다.

고려 수도 개경은 13세기 초 10만 호를 가진 거대한 도시였다.[315] 고려의 인구는 대체로 조선보다 적었다. 조선의 한성부가 인구 10만으로 설계된 도시였고, 조선 후기의 인구는 20~35만[316]이었다. 조선의 한성부와 비교하면, 약 40~50만으로 추정되는 개경의 인구는 많다고 할 수 있다. 한양도성의 길이는 18.2㎞, 내부 면적은 16.5㎢인데 비해, 개경 나성의 길이는 23㎞, 내부 면적은 24.7㎢로, 약 50% 정도 면적이 넓다. 조선과 달리 고려 시대에는 지방의 힘이 강했기 때문에 개경의 힘으로 지방을 통제해야 했다. 고려의 중앙군인 2군 6위에 속한 군인 4만 5천 명은 직업군인으로 군인전을 지급받고, 가족과 더불어 수도 개경 일대에 거주했다. 개경에는 거대한 사찰도 많았고, 사찰에 상주하는 인구도 많았다. 따라서 조선 한성부에 비해 고려 개경의 인구가 많았던 것은 분명하다. 또한 제후국을 자처한 조선과 달리, 고려는 황제국을 표방해 수도를 황성으로 불렀다.[317] 그에 걸맞게 건축물도 크고 화려했다.

이현숙은 고려 전기(태조~현종)까지 130년 동안 개경 건설과 재건축(왕경 내 사찰 건축용으로 소요된 목재는 미포함)을 위해 약 163만 평, 즉 오늘날 여의도

오늘날의 개성시 모습. 과거와 달리 나무가 많지 않다.

면적의 2배 내외의 숲이 사라졌을 것으로 추정했다.[318]

강화 천도에 사용된 목재

1232년 고려는 몽골의 침략에 대비하여 수도를 개경에서 강화도로 천도했다. 그해 6월부터 강화도에 궁궐 공사를 시작하였고, 1년이 지난 후에는 궁궐, 관청, 성곽, 사찰, 주택 등 도시의 시설이 갖춰졌다. 강화도성은 점점 인구가 많아졌고 도시는 번화했다.

1240년 이규보는 강화도성江都의 모습을 이렇게 묘사했다.

"송악산 옛 자취 허황한 꿈이거니,

황폐한 그 땅을 다시는 생각마오.

그대여 바라보라 저 신읍新邑의 화산花山을

그 중간 궁전 열어 천자를 받드노라

일천 집 여기저기 푸른 기와 즐비하고

일만 부엌 아침저녁 푸른 연기 일어나네.

만조백관 별이 북극성에 머리를 조아리듯

사방에서 흐르는 물이 바다에 인사하듯

봉루에 베푼 잔치 전일에 손색없다네."319

귀족들이 사는 푸른 기와집이 1천 곳이 넘고, 1만 채가 넘는 집이 별처럼 들어선 강화도성을 건설하기 위해서 수많은 목재가 사용되었다. 무신정권의 실권자인 최우는 자신의 집을 짓는 데에 도방都房과 사령군四領軍을 모두 부역시켜 배로 옛 서울 송도의 재목을 실어오고, 또 소나무와 잣나무를 실어다 집의 동산에 많이 심었다. 그가 조성한 정원과 숲의 넓이는 무려 수십 리에 달했다.320 고려의 임시 수도였지만, 강화도성의 번화함은 개경에 못지않았다.

또한 고려가 1270년 몽골에 항복하면서 개경으로 환도를 하게 됨에 따라 파괴되었던 궁궐과 관청을 새로 짓거나 수리해야 했기 때문에 목재의 수요도 크게 늘었다. 고려에 시집온 몽골 공주들과 그 부하들을 위해 많은 건물도 지어야 했던 만큼, 개경에는 대규모 토목공사가 많았다. 따라서 이때에도 앞선 시대 이상으로 숲이 사라졌을 것이다.

개경과 강화도성에서 궁궐, 사찰 등 대규모 건축이 이뤄질 때 사용된 목재는 어디에서 공급되었을까? 당연히 개경과 주변 지역에서 목재가 공급될 수밖에 없었다. 송나라 사신 서긍이 큰 소나무가 많이 자라는 곳이라고 기록한 광주廣州, 양주楊州 등에서 벌목을 해서 한강을 따라 목재를 이동시킨 후, 임진강이나 예성강을 통해 개경까지 운송했을 것이다. 궁궐 영건에 소요되는 목재 가운데 일부는 좋은 목재가 많은 변산邊山 등지에서 벌목하여 해로를 통해 개경까지 운송되어 왔겠지만, 이는 미비한 수량이라고 하겠다.

궁궐 건축에 필요한 많은 목재들이 벌목되자, 고려 정부도 조치를 취하지 않을 수 없었다. 1035년 예부禮部에서 정종靖宗에게 개경의 명산에서 땔나무 채취를 금지시키고 산에 나무를 심게 하자고 건의하자, 정종은 식목을 권장하는 조치를 취했다.[321] 그리고 다음 해에는 전국의 명산에서 땔나무 채취를 금지하는 명을 내리기도 했다.[322]

1123년 고려에 온 송나라 사신 서긍은 "고려에 큰 산과 깊은 골이 많아 험준하고 평지가 적기 때문에 밭들이 산간에 많이 있고, 지형의 높고 낮음에 따라 갈고 일구기가 매우 힘들며 멀리서 바라다보면 사다리나 층층계와도 같다"고 하였다.[323]

그가 본 계단식 밭은 고려의 수도 개경과 그 인근 지역에 있는 것임에 분명하다. 서긍의 견문이 개경 인근과 서해안으로 국한되어 있기 때문이다.

목재 운송비

고려 수도 개경에는 다양한 신분과 직업을 가진 수십 만 명이 살았다. 도시에 사는 사람들의 먹거리와 땔감은 도시 자체에서 해결할 수가 없다. 세금을 거두는 왕실, 전시과, 녹봉 등의 혜택을 받은 귀족이나 승려, 군인 등을 제외한 일반 도시민들은 시장에서 먹거리와 땔감을 구해야만 했다. 고려 시대 곡물의 시장가격이 구체적으로 알려져 있지 않지만, 지방에서 올라온 곡물 가격은 현지보다 당연히 비싸기 마련이다. 무겁고 부피가 큰 상품일수록, 거리가 멀수록 운송비가 많이 든다. 심지어 상품 가격보다 운송비가 몇 배가 되는 경우도 있다. 육로는 해상보다 운송비가 더 들었다.[324]

국가에서 세금으로 거둔 곡식을 임진강, 예성강, 한강 수로와 서해안을 통해 조운선이 운송했던 것도 비용 문제 때문이었다. 인프라가 크게 발전하지 못한 시대상황을 고려하면 무겁고 부피가 큰 곡물이나 땔감 등을 시장에서 팔려면 근거리에서 가져와야 한다. 원거리에서 가져오려면 높은 운송비 때문에 상품 가격이 높아져 시장에서 경쟁력이 떨어지기 때문이다. 따라서 개경 시장에서 거래되는 곡물과 땔감 등은 도성 주변에서 생산되어야만 했다.

개경에는 땔나무를 팔아 생활하는 사람도 있었다.[325] 개경 주변 산에 계단밭이 만들어진 것은 시장에 내다 팔 곡물이나 채소를 재배하기 위함이었을 것이다. 조선 시대 도성 밖 성저십리에서 도시민이 소비하는 채소 등을 생산하는 근교농업, 상업 농업이 성행했던 것[326]과 같다고 하겠다. 계단식 밭을 본 서긍의 견문은 고려 시대 개경의 인구 과잉을 보여주는 단서는 될 수 있지만, 고려시대 농경지가 계단식 밭 위주였다거나 산림의 다수가 계단식 밭으로 전환되었다고 볼 근거는 되지 못한다.

개경 주변의 산들은 계단식 밭, 목재와 땔감 수요로 인한 벌목으로 민둥산이 되기도 했다. 1106년 예종에게 일관日官이 "송악산은 도읍의 진산鎭山이온데, 여러 해 동안 빗물에 모래와 흙이 흘러내려 암석이 드러나 초목이 무성하지 않으니, 나무를 심어 땅의 기운을 돋우어야 합니다."라고 건의를 했다. 그러자 예종은 나무를 심도록 지시했다.[327] 송악산 외에도 개경 주변의 자남산, 부흥산, 오공산, 용추산, 진봉산, 덕적산 등 또한 벌채를 금지하고 나무를 심어 보호했다.[328] 개경과 교외를 순찰하며 점검하는 군인 가운데는 생나무를 베는 것을 감시하는 군인도 있었고, 송악산의 소

나무를 관리하는 인원도 있었다.[329]

1145년 수양도감輸養都監에서 땅의 품질이 나빠 경작을 하지 못하는 땅에 뽕나무, 밤나무, 옻나무, 닥나무를 심는 것을 장려하도록 왕에게 상주했고 왕이 이를 받아들여 시행한 일이 있었다.[330] 수양도감은 국토를 효율적으로 이용하고 산림 자원을 확보해 궁중에 필요한 물품을 조달하는 임시기관이었던 것으로 보인다. 산림이 풍부한 고려였지만, 산림 보호에 필요한 조치를 취할 만큼 산림의 중요성을 인식하고 있었다. 하지만 산림 관련 법 집행은 제대로 지켜지지 못한 듯하다.

1198년 최충헌의 노비 만적은 개경 북산에서 나무를 하면서 다른 노비들과 함께 반란을 모의하다가 잡혀 죽었다.[331] 북산이 개경의 명산에 해당된다면, 개경의 명산에서 땔나무 채취를 금지하는 명령은 지켜지지 않은 것이 된다. 개경의 귀족들도 땔감을 먼 곳에서 가져오는 것이 아니라, 개경 인근에서 노비를 시켜 땔감을 마련했다.

산림의 사유화

고려의 토지제도는 조선 시대와 달리, 관리, 공신, 관청, 군인 등에게 농지와 시지柴地 즉 땔감을 구할 산림에 대한 조세를 거두는 권리인 수조권을 지급하는 전시과田柴科를 근간으로 하고 있다. 976년 처음 실시된 전시과는 여러 차례에 걸쳐 지급 대상과 지급량을 조절하는 수정 보완을 했지만, 시지에 대한 수조권 분배라는 틀은 바뀌지 않았다. 전지는 북계와 동계를 제외한 전국에 분포되어 있었지만, 시지는 땔감 운송 문제로 개경과 가까운 임진강과 예성강, 한강 주변에 분포했다. 개경은 땔감 소비가 많은 곳이다. 산림은 누구나 자유롭게 이용이 가능했지만, 풍수지리 등의 영향으로 금지된 곳이 많아 접근이 제한적이었다. 하지만 전시과를 통해

시지를 받은 관료들은 상대적으로 안정적인 생활을 할 수 있었다.[332]

시지의 분배는 벌목을 통해 개간을 장려하려는 목적도 있었다. 시지는 개간을 염두에 둔 토지로 파악된다.[333] 시지는 개간하면 사유지가 되었으므로, 시지가 분포해 있는 개경 주변은 다른 곳과 달리 개간이 빨리 이루어졌다고 하겠다.[334]

인구가 밀집된 개경 주변은 이처럼 도성 건설을 위해 대량의 목재가 벌목되고 시지로 분급된 땅이 농지로 개간되고 많은 인구가 땔감 등을 대량으로 소비하면서, 다른 지역에 비해 산림 훼손이 심해졌다. 『고려사』와 『고려사절요』에 등장하는 홍수와 가뭄 등 자연재해 관련 기록은 1341년부터 1392년 고려 멸망까지 시기에 빈도가 높아진다. 그에 따라 고려 정부는 자연재해의 피해를 극복하기 위해 조세 경감 등 여러 조치를 취한다.[335] 기록에 홍수와 가뭄이 발생한 지역이 어디인지는 구체적으로 기록되어 있지 않지만, 산림훼손이 유독 심한 개경 주변에서 가장 빈번하게 홍수와 가뭄이 발생했을 것이다.

시지가 개간되면서 시지로 나눠줄 땅이 부족해졌다. 전시과 제도가 변동되는 동안, 전지보다 시지 분급 규모가 크게 감소했다. 전시과 제도는 이러한 문제로 인해, 12세기 초 이자겸의 집권 시기부터 동요하기 시작했다. 1170년 무신정권 이후에는 무신집권자와 토호, 승려들도 권세를 이용해 남의 땅을 불법으로 빼앗는 사례가 빈번해졌다. 그에 따라 농민들의 반발도 커졌다. 30여 년간 몽골의 침입과 수탈 등으로 왕실 재정이 파탄나서 관리들의 녹봉을 지급할 수 없게 되자, 전시과 제도는 완전히 붕괴된다. 왕과 왕실, 국가기관, 권문세가들이 농지와 시지를 자기 마음대로 빼앗는 일이 늘어났다. 제도가 문란해지자 힘 있는 자들이 가치 있는 땅을 먼저 자기 것으로 만들려고 나섰던 것이다. 그리하여 고려 말에는 전국에 권력자와 사원 등이 소유한 대농장이 늘어났고, 산림의 사유화도 크게 진행되었다. 고려 말 정도전은 "산장수량山場水梁이 모두 귀하고 힘센 자들에 의해 점거되었다."고 한탄했을 정도였다.[336]

산림이 소수에 의해 독점되면서, 사람들은 산림에서 얻는 이익을 골고루 가질 수가 없었다. 이 문제를 해결하려던 공민왕의 개혁정책은 권문세가들의 저항에 부딪혀 실패를 거듭했다. 이 문제는 새로운 나라 조선에서 해결해야 했다.

사람들이 많이 모여 사는 개경 주변의 산림이 훼손되고 가치 있는 땅을 서로 차지하려고 다툼을 벌이는 사이, 사람들의 관심에서 벗어난 곳들도 많았다. 도회지에서 멀리 떨어진 숲에도 사람들이 살고 있었다. 고려는 왕과 관리와 농민의 나라였다. 따라서 고려 관련 기록들에는 숲에서 사는 사람들의 삶에 대해 별다른 관심을 기울이지 않았다. 그저 모피와 인삼 등의 공물을 잘 납부하면 되는 사람들로 기억될 뿐이었다. 앞으로 우리가 관심을 기울여 볼 차례다.

7장

호랑이를 잡으려다 숲을 태운 조선

1. 조선의 숲 관리와 산불 대책

조선의 산림정책

조선의 산림정책은 국가에서 필요한 산림자원 확보, 특정 세력과 사찰의 산림 독점 방지, 산림자원을 백성들이 폭넓게 이용할 수 있게 하는 데에 목표를 두었다. 조선은 여러 관청을 두고 산림을 관리했다.

대표적인 관청이 사재감司宰監이다. 사재감은 어물, 육류, 소금, 땔감, 횃불 등의 공급을 책임지며 어량魚梁(물이 흐르는 곳에 물살을 제한하여, 함정 어로 도구를 놓아 고기를 잡도록 한 곳)과 산림, 하천, 연못의 관리를 맡았다.

선공감繕工監은 토목과 영선, 땔나무와 숯의 조달을 관장하는 기관이다. 공조에는 일반 관리 외에도 죽장竹匠 20명, 목장木匠 40명 등 346명의 기술자와, 노비 60명이 소속되어 있었다. 산택사山澤司는 산림과 늪과 못, 나루와 교량, 대궐 후원 관리, 나무 심기, 숯을 굽거나 목재와 석재를 캐고 배와 수레를 제조하고, 붓, 먹, 무쇠, 칠기를 만드는 일, 농업, 임업, 수산업 관련 제반 업무를 맡은 관청이다. 장원서掌苑署는 국가가 필요로 하는 과일이나 관상수 등을 키우는 과수원 등을 관리했다.[337]

산불예방 대책

숲 관리에 있어서 나무 심기, 불법 벌목 금지 못지않게 중요한 것은 산불 예방과 진화다. 도성의 경계인 북악산, 낙산, 남산, 인왕산과 도성 외곽인 성저십리의 산불관리는 병조, 수성금화사, 한성부의 사산四山감역관이 함께 담당했다. 왕궁 주변의 산불관리는 수성금화사가, 왕릉 능침주변 산불관리는 병조와 예조가 함께 관리했다. 땔감을 마련하는 숲인 시장柴場의 산불관리는 시장을 부여받은 각 관청에서 각기 관장했다.

각 지방의 산불관리는 지
방관인 수령과 병조에서 책
임지고 관리했다. 다만 사
찰 주변 산불관리는 사찰이
담당했다. 국방을 담당하는
병조는 산지 곳곳에 봉수대
와 국방용 숲을 두고 주변
숲 관리를 책임졌다. 실록
과 왕실의 족보인 선원보 등

정족산 사고. 조선은 사고 주변의 산불을 예방하는 데에 만
전을 기했다.

주요 기록을 보관하는 사고史庫 주변 숲의 산불예방은 춘추관과 사찰에서
함께 관장했다. 이처럼 목재와 땔감 확보, 산불 예방 관리를 위해 많은 관
청이 참여했다.338

그럼에도 불구하고 산불을 완전히 예방할 수는 없었다. 1392년 조선 건
국부터 1860년 철종 11년까지『조선왕조실록』에 기록된 산불 발생 기록
은 42건에 불과하지만, 기록되지 않은 작은 산불은 훨씬 많았을 것이다.
대형 산불은 한 번 발생하면 피해가 엄청났다. 1672년 4월 강릉, 삼척 등
4고을에서 발생한 산불은 민가 1,900호를 태우고 65명을 죽게 한 큰 산불
이었다.339 1804년 4월 삼척, 강릉, 양양, 간성, 고성, 통천 등 6개 고을을
휩쓴 산불은 민가 2,600호, 사찰 6곳, 곡식 600석, 배 12척, 소금을 만드는
솥 27개 등을 불태우고, 사망자 61명의 피해를 일으킨 대형 산불로 해안
가까지 확산되었다.340

조선 시대 산불의 상당수는 숲에 불을 놓아 화전을 만드는 인위적인 방
화였다. 화전을 확보할 때는 미리 일정한 땅을 정해놓고 불을 놓기 때문에,
방화라고 해도 산불로 번지는 것은 흔하지 않았다. 왕궁, 왕릉, 사고, 군사

시설 등 중요 시설 주변은 여러 관청에서 산불을 철저히 예방했지만, 지금도 그렇지만 원인을 알기 어려운 산불을 모두 막을 수는 없었다.

나무 심기

『경국대전』「공전」에는 나무 심기와 관련된 규정이 있다. 각 고을에 옻나무, 뽕나무, 과일나무의 숫자와 닥나무, 왕골, 대나무 밭에 대한 대장을 작성해 보고하고, 그 나무들을 심고 가꾸도록 한 규정이다. 도성 안팎의 산에는 푯말을 세우고 부근 사람들에게 감시하도록 시켜 나무를 채벌하거나 석재를 캐는 것을 금지시켰다. 병조에서 임명한 감역관과 산지기가 산을 지켰다.

금지된 산에서 나무를 함부로 베면 엄한 처벌을 받았는데, 나무를 베는 사람은 장형 90대, 산지기는 장형 80대, 관리는 장형 60대 처벌을 받았다. 또한 나무를 채벌했을 때는 채벌자로 하여금 채벌한 나무 숫자만큼 심게 했다. 또한 뽕나무, 과일나무 등을 심기를 권장하고, 중요한 나무들은 매년 그 숫자를 보고하게 했다. 예를 들어 제주도와 경상도와 전라도 해안가 고을에서는 감나무, 귤나무, 유자나무, 비자나무, 황로나무 등의 수를 매년 보고하게 했다.[341]

조선은 나무를 사용하는 각 관청에 땔나무 채벌장을 따로 떼어주고 관리하게 하는 등 숲을 보존하기 위한 각종 법령을 준비했고, 왕실과 관청의 수요에 대비해 각종 과수나무와 옻나무, 뽕나무, 닥나무, 소나무, 전나무, 대나무 등을 장부에 작성해 관리하게 했다. 산림 관리를 중요하게 여긴 것은 왕실과 관청의 임산물 수요 때문이기도 하지만, 산림 관리가 농업용수 확보와 직접 관련이 있음을 잘 알고 있었기 때문이다.

1679년 영의정 허적은 숙종에게 거듭된 가뭄 피해를 거론하면서, 해결

방안으로 나무를 심자고 주장했다. 산림이 황폐해지면 구름을 일으켜 비를 오게 할 수 없어서 수원을 풍부하게 할 수 없고, 시냇가나 도랑가에 나무가 없으면 그늘이 없기 때문에 마를 염려가 있고, 나무뿌리가 엉켜 버티는 것이 없으면 제방이 무너진다고 하였다.[342]

나무 심기에 가장 관심을 가진 임금은 정조였다. 영조가 청계천 준설 사업을 자신의 치적으로 삼았지만, 정조는 준설 작업의 근본은 나무를 심는 것이라고 하였다.

"산에 나무를 수시로 벌목하면 무너져 내리는 언덕을 무엇으로 막을 것이며, 쟁기 보습이 산허리까지 파고 들어가면 준설사瀋渫司를 둔다고 해도 소용이 없으며, 군인이 순찰을 한다고 해도 평민들에게 피해만 갈 것이다."[343]

정조는 각 군부대를 관할 구역 안에 나무를 심을 것과 소나무를 베는 것을 금지하도록 명을 내리기도 했다.[344] 국가의 나무 심기는 개인의 나무 심기에도 영향을 주었다. 무덤 주변 임야 이용에 대한 법적 보장은 개인의 나무심기를 촉발했다. 개인이 나무를 심은 임야는 국가에서 사적 매매를 허락해주었기 때문에, 사적 소유권의 발전을 가져오기도 했다. 따라서 문중, 향교, 서원, 송계松契(소나무를 함께 심는 모임) 등이 나무 심기를 전개했다.[345]

이처럼 조선의 산림 정책은 제도적으로는 충분히 잘 갖추어져 있었다. 하지만 법령과 실행 사이에는 괴리가 있었다.

2. 조선이 사랑한 소나무

송악산의 소나무

7세기 동아시아 대전쟁 이후 파괴된 산림을 복구하기 위해 인공조림 사업이 시작되면서, 소나무가 많이 심어졌다. 소나무를 인공적으로 심은 대표적인 사례는 왕건의 선조인 강충 설화에서 찾아볼 수 있다. 부소산이 형세는 빼어나나 초목이 거의 없는 것을 보고, 풍수에 밝은 팔원이란 자가 강충에게 소나무를 심어 바위가 드러나지 않도록 하면 삼한을 통일할 인물이 태어날 것임을 알려주었다. 그래서 부소산에 소나무를 심었고, 개성 일대가 송악군이 되었으며, 왕건이 삼한을 통일하게 되었다는 이야기다.[346]

신라 『촌락문서』에 잣나무 299그루가 있고, 3년 내에 잣나무 52그루를 심었다는 기록이 보이는데, 잣나무는 소나무속에 속하는, 우리나라가 원산지인 나무다. 소나무는 뽕나무, 버드나무 등에 비해 생장이 늦다. 그럼에도 소나무가 많이 심어진 것은 집을 짓는데 대들보나 기둥으로 사용하기 좋은 튼튼한 목재이며, 꽃가루와 송진은 약으로, 잣 등 열매와 소나무 껍질은 식용으로 사용하는 등 용도가 많았기 때문이다. 또한 한반도 토양이 소나무 생장에 적합하였기에 소나무속 나무들이 많아졌다.[347]

소나무가 성장하려면 높은 광도光度가 필요하기 때문에, 자연 상태에서 소나무로만 숲을 이루기가 어렵다. 소나무로 군락을 이루게 되면 어린 소나무는 햇빛이 모자라서 자라날 수 없기 때문이다. 따라서 소나무 군락지는 지속적으로 관리되지 않으면 사라진다. 소나무가 고려시대 이후 우리나라 숲에서 우세종이 된 것은 인공조림의 결과라고 할 수 있다.

조선의 소나무 사랑

소나무가 더욱 사랑받게 된 시기는 조선 시대였다. 1407년 태종은 각도 수령에게 명하여 정월에 소나무를 심게 했다.[348] 조선은 건국 후, 새로운 수도 한양을 건설하면서 궁궐, 관아, 종묘, 주택 등의 건축이 활발해졌다. 또한 왜구의 출몰을 막기 위해 병선을 건조해야 했다. 일반 건축과 병선 건조의 자재로 소나무가 가장 많이 사용되었다. 수요가 많았던 만큼 소나무를 관리할 필요성도 커졌다. 조선은 태조~세종 대를 거치면서 소나무를 다른 나무에 비해 중요하게 여기는 중송重松정책을 실시하였다.[349]

1488년 조선을 방문하여 『조선부朝鮮賦』를 남긴 명나라 사신 동월董越은 조선의 이모저모를 관찰했다. 그는 조선 왕경의 진산인 삼각산이 푸른 소나무로 덮여 있는 모습을 보았다. 민둥산이 된 조선 후기와 달리 조선 초기에는 삼각산의 나무들이 잘 보호되고 있었다. 그는 조선 사람들이 소나무 겉껍질을 벗겨내어 그 속의 희고 부드러운 것을 가져다가 멥쌀을 섞어 찧어 떡을 만들어 먹는 것을 신기하게 보았다. 그는 전나무와 같이 단단한 늙은 소나무를 자주 보았다. 오래된 송진이 기름 역할을 하는 관솔에 불을 붙여 사람들이 등불로 사용하지만 기름이 많지는 않은 것 같다고 적기도 했다. 그는 사람들이 큰 소나무로는 묘당 기둥을 만들지만, 들보나 마룻대를 만들 때에는 곧은 것을 얻기가 어려워 누대의 기둥을 아래 위 2단으로 만든 것을 보았다. 또한 작은 소나무 목재로는 시내의 다리를 만드는데 사용하고, 소나무 가지로 난간을 만들고, 솔잎으로 좌우의 흙을 막는 모습을 보았다. 그는 조선에서 소나무 종류에 따라 각각 알맞은 용도로 사용하는 모습에 주목했다. 동월은 조선의 산에는 모래와 돌이 많아, 둥글고 꾸불꾸불한 나무가 많고, 풀은 무성하고 우거진 곳이 많다고도 했다.[350]

속리산의 정2품 소나무.

소나무를 보호하라

1419년 경기도 수군첨절제사 이각은 연해의 황폐한 땅에 소나무를 심어 기르게 하고, 각 지방 수령의 평가에도 소나무 키우기를 반영하자고 했다.[351] 단단한 소나무로 병선을 제조하면 삼나무보다 튼튼한 배를 만들 수 있다. 하지만 병선에 사용되는 목재인 곧게 자라는 소나무는 그 수량이 한정될 수밖에 없다. 따라서 조선은 소나무가 잘 자라는 안면곶 등 300여 곳을 함부로 벌채할 수 없는 금산禁山으로 지정했다.[352]

조선 선비들은 산 능선이나 바위틈에서 홀로 자라는 소나무를 고고한 자태를 뽐내는 선비의 절개와 지조를 보여주는 나무라며 사랑했다. 소나무는 매화, 난초, 국화, 대나무 4가지 식물을 일컫는 사군자四君子에는 포함되지 않지만, 절개와 지조를 상징하는 매란국죽송梅蘭菊竹松에 포함되어 사군자에 못지않게 많은 문인화가들이 즐겨 그리는 그림 소재가 되기도 했다. 조선 시대 그림에는 꾸불꾸불하게 자란 소나무인 반송盤松이 많이 그려져 있다. 소반 모양의 반송은 목재로서는 가치가 적지만, 생김새가 아름다워 관상수로 많이 심어졌다.

소나무는 여러 종류가 있는데, 그 가운데 금강송, 미인송, 춘양목, 황장목 등은 고급 목재로 사용된다. 목재로서 가치가 낮은 소나무는 일부 품종에만 해당된다. 소나무는 목재로 쓸모가 많았기에 철저히 보호되었다. 조선 정부는 벌목과 개발을 금지하는 금산을 백성들이 알 수 있도록 푯말을 세웠다. 또한 금산에서 벌목하는 자에게는 절도에 준하는 벌을 내렸다. 조선의 중송정책은 소나무에 편중된 소비 때문에 이루어진 것이다. 소나무 수요를 대체하기 위해 선박 제조에 있어서 노나무, 전나무, 느릅나무, 가래나무 등을 이용해 보려고 시험하기도 했었다.[353] 그러나 소나무 중심의 목재 소비는 변하지 않았고, 소나무 보호 정책은 지속되었다. 1469년 도성 내외 산에서 소나무 도벌을 금지하는 송목금벌사목松木禁伐事目, 1788년 전함이나 궁실 건축에 효용이 큰 소나무의 벌목을 금지하고 보호 육성하는 송금사목松禁事目 등 소나무를 보호하기 위한 법들이 제정되었다.[354]

소나무의 장단점

소나무는 척박한 땅에서도 잘 자라며, 흙 한줌 있을 것 같지 않은 바위 틈에서도 자라는 강한 생명력을 갖고 있다. 기름진 땅에 단풍나무, 떡갈나무, 물푸레나무와 함께 소나무를 심으면 이들 나무에게 쫓겨나지만, 땅이 약하고 건조한 곳에서는 소나무가 이긴다. 조선 후기로 갈수록 산 아래에 자라는 활엽수들이 먼저 벌목되고, 산 위쪽에 자라는 침엽수들은 벌목하기 힘들어 남아있게 되는 경우가 많았다. 산등성이나 바위틈에 자라는 소나무는 오래 살아남았다. 소나무만 보호되다 보니, 조선 초기 소나무와 활엽수가 섞여있는 상태에서 차츰 소나무만 자라는 단순림이 확대되는 결과를 가져왔다. [355]

소나무는 장점도 있지만, 단점도 많다. 가장 큰 단점은 생태계를 단순화시키는 것이다. 화학적으로 소나무는 다른 식물의 생장을 억제하는 테르펜과 같은 타감他感물질을 만들어, 다른 나무들이 솔숲에 자리 잡는 것을 막는다. 소나무는 비름, 명아주, 쇠비름, 강아지풀, 참취 같은 초본류를 자라지 못하게 한다. 따라서 소나무 숲의 토양은 척박하고 비가 많이 오면 겉흙은 쉽게 침식된다.[356] 명나라 사신 동월은 조선의 소나무 숲 아래에는 모래가 쌓여 있어서 멀리서 보면 산이 희게 보인다고도 했다.[357]

소나무 숲에 풀이 적으니, 자연히 벌레도 적다. 개구리도 없고, 뱀도 거의 없고, 작은 동물도 없다. 따라서 호랑이도 소나무 숲에는 잘 오지 않는다. 참나무 숲에서는 사냥감과 먹을 것을 찾기가 쉽지만, 소나무 숲은 먹을 것을 구하기 어렵다. 소나무 껍질은 구황식품으로 사용되기도 하지만, 그냥 먹으면 변비에 걸리기 쉬워 다른 곡물과 섞어 떡으로 먹어야 했다. 도토리를 생산하는 상수리나무를 비롯한 참나무류에 비하면, 굶주린 사람들에게 큰 도움이 되지 못한다. 소나무로 만든 숯은 참나무 숯에 비해 높은 열을 내지 못해, 연료의 가치로도 참나무보다 못하다.

80년 전쯤 소나무는 우리나라 전체 산림의 75%에 이르기도 했었다. 지금은 23% 정도를 차지한다.[358] 소나무 중심의 인공식재와 지나친 소나무 중시 정책의 결과였다. 천연림이 가진 다채로운 식생환경이 사라지고 단일 수종이 한반도의 산림을 지배하면서, 인간이 숲에서 얻을 수 있는 것들이 크게 줄어들었다. 사냥감도 줄고, 구황식품도 줄었다. 조선의 백성들이 굶주림을 피하기 위해 숲에 들어가 살고자 할 때는 수렵과 채집으로 먹고 살기보다 숲을 농경지로 만들어 농사짓는 화전민으로 사는 것이 나았다. 조선 후기에 화전이 확대된 이유의 하나는 지나친 소나무 중시 정책 때문이었다.

3. 포호정책의 효과

인왕산 호랑이

경복궁 서쪽에 위치한 인왕산은 최고 높이가 338m에 불과한 높지 않은 산이다. 인왕산에 오르면 동쪽으로 경복궁을 비롯한 도성 안이 한 눈에 보인다. 경복궁이 왕의 거처로 사용되던 조선 초기에는 궁궐을 내려다볼 수 있는 인왕산 중턱 위에 사람들을 살지 못하게 했다. 도성을 에워싼 인왕산, 백악산, 안산, 남산 등 4산은 함부로 벌목해서는 안 되는 금산禁山으로 관리되고 있어서 호랑이가 출몰할 만큼 숲이 우거져 있었다. 도성민에게 두려움의 상징이 된 인왕산 호랑이라는 말도 만들어졌다. 백수의 왕 호랑이는 산신령으로 숭배될 만큼 신비감을 주는 동물이다. 지금은 동물원에 가야만 볼 수 있지만, 조선 전기에는 호랑이가 민가에도 자주 출몰했다.

『조선왕조실록』과『승정원일기』에는 호랑이가 임금이 머무는 도성 안에 출몰한 기록이 자주 보인다. 세조는 1464년 인왕산과 백악산에서 몰이사냥으로 호랑이를 잡았고[359], 1467년에도 백악산에서 호랑이를 잡았다.[360] 반면 호랑이로 인한 인명 피해도 많았다. 1626년에는 인왕산에서 나무꾼이 호랑이에게 잡아먹혔고,[361] 1638년에는 도성 안에 호랑이가 나타나 형조판서 집에서 기르는 개를 물어가기도 했다.[362] 임진왜란 이후 관리가 소홀해진 틈을 타서 호랑이가 궁궐에도 나타났다.

호랑이. 지금은 동물원에서만 만날 수 있는 호랑이는 과거에는 도성에도 출몰했다.

1603년 창덕궁 소나무 숲속에서 호랑이가 사람을 물기도 했다.[363] 1607년
에는 어미 호랑이가 창덕궁 안에서 여러 마리 새끼를 낳았다고 하니, 선조
가 이를 잡으라고 명한 적도 있다.[364]

호랑이의 폐해

도성 안에 호랑이가 출몰한 것은 왕의 안전을 위협하는 사건이기 때문
에 기록으로 전해지고 있다. 하지만 농민들의 경우는 무수히 호환을 당했
어도 기록에 잘 나타나지 않는다. 얼마나 많은 사람들이 호랑이에게 목숨
을 잃었는지는 알 수 없지만, 호랑이에게 입은 피해인 호환虎患은 전염병
인 마마(천연두)만큼이나 백성들을 공포에 떨게 했다. 호환을 당한 사람은
흔적이 남게 되는데, 유족들이 그 시신을 발견하면 집으로 데려오지 않고
시신을 화장한 후, 그곳에 돌무덤을 쌓은 다음 시루를 엎어 놓는다. 이를
호식총이라고 하는데, 태백산을 중심으로 강원도 일대에서 그 흔적을 지
금도 볼 수 있다.[365]

아메리카 생태계의 최상위 포식자인 퓨마는 사람 소리에 매우 강한 공
포 반응을 나타낸다는 사실이 미국 캘리포니아대 연구자들의 최근 실험
결과를 통해 밝혀졌다.[366] 동물은 본능적으로 사람이 자신에게 위협적인
존재임을 알고 있다. 호랑이가 사는 서식지에 사람이 들어가지 않으면 호
환의 위험성은 크게 줄어든다. 호랑이는 멧돼지나 사슴 등 여러 동물을
잡아먹고 살지만, 먹잇감이 부족해지면 사람이 사는 마을로 내려와 소,
말, 돼지, 개 등 가축은 물론 사람도 잡아먹는다. 사람을 한 번 잡아먹은
호랑이는 계속해서 사람을 잡아먹는다. 호랑이 때문에 사람들은 함부로
산에 다니지 못했고, 농경지를 개간하는데도 호랑이의 피해를 걱정해야
했다.

호환은 조선 초기부터 문젯거리였다. 1402년 경차관 김계지가 태종에게 아뢰었다.

"경상도에 호랑이가 많아, 지난해 겨울부터 금년 봄까지 호랑이에게 죽은 이가 기백 명입니다. 바닷가 군현이 더욱 심해 사람들이 길을 잘 갈 수가 없으니, 어찌 밭을 갈고 김을 맬 수 있겠습니까?" 그러자 태종은 지방의 관찰사, 절제사들에게 이제부터 호환이 발생하면 벌을 내리겠다고 명령했다.[367]

포호정책의 실시

조선은 호환을 방지하기 위해 호랑이를 잡는 포호정책을 강력하게 시행했다. 국가에서 녹봉을 받는 정예군인 갑사甲士로 구성된 착호군捉虎軍을 설치했다. 갑사는 종6품 수령이나 만호로 진출할 수도 있어, 초기에는 부유한 지배계층의 자제들이 많이 지원했다. 갑사는 무예를 연마한 자들인데, 그들 가운데 출중한 무예 실력과 담력을 갖춘 자들로 착호갑사를 선발했다. 1472년 각 지역별로 20~50인의 착호인을 뽑아 호랑이를 잡게 하였고, 1485년에는 착호갑사가 440명이었으나 1530년에 완성된『신증동국여지승람』에는 전국적으로 착호인이 9,900명이나 되는 것으로 나타나 있다. 1699년에는 착호분수제를 시행하여, 호랑이가 나타난 지역에 따라 전담 포수들을 투입해 사냥하게 했다.[368] 임진왜란 이후 조총을 사용하는 포수들이 양성되면서, 이들이 호랑이 사냥에 나서게 되었다. 날래고 용감한 사람의 대명사로 불린 강계포수는 호랑이 사냥에 익숙한 자들이었다. 호랑이는 잡기 어렵지만, 한 번 잡으면 포상이 컸다. 게다가 조총을 사용하면서 호랑이를 보다 쉽게 잡을 수 있게 되면서, 호랑이를 사냥하려는 착호인도 늘었다.

호랑이는 고기보다 가죽의 가치가 월등히 높았다. 조선 시대에는 혼례식 때 신부가 타는 가마에 올려놓아 재액을 피하게 하는 벽사용이나 신분과시용으로 호랑이 가죽을 사용하였다. 호피는 구하기 어렵기 때문에 가격이 비쌌다. 민간에서 호피의 수요는 크지 않았지만 조선 정부의 수요가 컸다. 명에 공물로 호랑이 가죽을 보내야 했고, 호랑이가 없는 일본에서 요청할 경우에도 호랑이 가죽을 보내주어야 했기 때문이다. 호랑이의 숫자가 점차 줄어들면서, 호피 가격은 15세기 말에는 면포 80필, 16세기 중엽에는 쌀 30섬으로 크게 올랐다.[369]

포호정책의 효과

포호정책은 실시 목적 자체가 농민에게 해가 되는 호랑이를 없애고 농업을 진흥시키기 위함이었다.[370]

호랑이가 크게 줄어들자, 사람들의 생활도 달라졌다. 조선 초기에는 여행을 다니는 사람들이 많지 않아, 각 고을이나 길가에 여행자를 위한 주막이 없었다. 주막이 생긴 것은 대략 17세기 무렵이고, 사람들이 금강산 등을 여행하는 등 기행문학을 남기기 시작한 것도 이 무렵이다. 호랑이가 사라지면서 보부상 활동도 활발해졌고, 백성들도 고향을 떠나 이동하는

주막 풍경. 김홍도 작. 국립중앙박물관 소장.
조선 후기에는 호랑이가 줄어들어 사람들이 빈번히 여행을 다니게 되어 주막이 성행하기 시작했다.

행상 그림. 김홍도 작. 국립중앙박물관 소장.
조선 후기에는 행상도 늘어났다.

경우가 많아졌다. 동물과 인간의 생태 균형이 깨어지자, 인간은 적극적으로 동물의 거주지였던 깊은 숲까지 활동무대를 넓혔고, 동물들은 반격하지도 못하고 멸종 위기로 내몰리게 되었다.

포호정책의 또 다른 효과는 산신을 비롯한 각종 민간신앙의 몰락이었다. 산중에 있는 사찰에 가면 외진 곳에 산신을 모신 산신각이 있는 경우가 많다. 산신 곁에는 늘 호랑이가 있다. 호랑이는 산신의 대리인이기도 했고, 산신이기도 했다. 공포의 대상이기에 호랑이가 신으로 섬겨져왔다. 그런데 포호정책으로 인해 호랑이를 잡으면 출세할 수 있게 되면서, 무예에 능한 자들은 착호군이 되어 호랑이와 맞서게 되었다. 총포가 사용된 조선 후기에는 호랑이를 잡는 것이 좀 더 쉬워짐에 따라, 호랑이를 잡는 것에 대한 두려움도 줄어들었다. 호랑이는 더 이상 신이 아니었다. 호랑이가 사는 깊은 산과 숲도 더 이상 신성한 공간이 아니었다. 신의 공간인 산림을 훼손하는 것에 거리낌도 사라져, 조선 후기에는 산림에 불을 질러 화전을 일구는 것이 빠르게 확대될 수 있었던 것이다.

4. 지켜지지 못한 조선의 숲

산림은 공유지

고려의 산림정책의 원칙은 산림천택 여민공지山林川澤 與民共之, 즉 산림과 하천과 못 등의 이익을 백성과 함께 누린다는 이념의 실천이었다. 고대에는 풍부한 산림자원으로 인해 특별한 금지 구역 이외에 대부분의 산림을 누구나 자유롭게 이용할 수 있었다.[371] 1127년 인종은 숲에서 얻는 이익은 백성들이 함께 공유해야 한다며 민간인이 숲을 함부로 자기 것으로 갖지 못하게 명했다.山澤之利 與民共之 無得侵牟[372]

조선의 산림정책의 원칙 역시 일반 산림에 대해서는 모든 백성이 산림

인왕제색도. 정선 작. 18세기 초 정선이 살았을 때만 하더라도 인왕산에는 나무가 많았지만, 차츰 인왕산에도 나무가 사라졌다.

을 공유한다는 '일국인민 공유지公有地'라는 자연자원 이용원칙에 기초를
두고 시행되었다.

조선의 기본법전인『경국대전』에는 땔나무와 꼴을 베는 곳柴草場을 개인
적으로 독차지하는 자는 모두 장형 80대에 처한다고 명시하고 있다.[373] 개
인적으로 독자치할 수 없는 조선의 산림은 명목상으로는 임금의 땅이지
만, 실제로는 공유지였다.

공유지는 관리가 되지 않으면 주인이 없는 무주공산이 된다. 공유지는
누구나 이용할 수 있는 곳이지만, 또한 누구도 책임을 지려고 하지 않을
때는 가장 먼저 훼손될 수 있는 곳이다. 1968년 생물학자 개릿 하딘(Garrett
Hardin)은 "공유지의 희귀한 공유 자원은 어떤 공동의 강제적 규칙이 없다
면 많은 이들의 무임승차 때문에 결국 파괴된다."는 '공유지의 비극' 이론
을 발표했다. 최근 이에 대한 반박[374]이 나오기도 했지만, 조선의 경우는
공유지의 비극이 일어난 것이 분명하다. 조선의 산림은 100년을 넘기지
못하고 위기에 빠졌다.

조선 산림정책의 문제

조선의 산림정책에 몇 가지 문제가 있었기 때문이다.

산림정책보다 우선한 것이 백성들의 생활안정을 위한 농지 확보 정책
이었다. 산림을 일부 훼손하더라도 농경지를 확보하는 것이 국가 재정과
농민의 생활 안정에 훨씬 도움이 되었기 때문이다. 조선 후기 화전이 확
대되었을 때 이를 적극적으로 막지 않은 것은 늘어난 인구를 먹여 살릴 농
경지 확보가 산림보호보다 우선이었기 때문이다.

조선은 금산禁山, 금송禁松 정책 등 국가의 수요를 충족시킬 특정 산림
보호에는 적극적이었지만, 전체 산림에 대한 종합적 대책은 만들지 않았

다. 조선 초기에는 산림 문제가 심각하지 않았기 때문일 것이다.

조선 시대 산림천택의 소유권은 전답이나 택지와 비교해 너무나 불분명하게 규정되어 있었다. 조선은 산림의 사유를 공식적으로 인정하지 않았음에도 불구하고, 품계에 따라 무덤 주위 정해진 거리 내에서는 다른 사람이 묘를 쓰거나 경작을 하거나 가축을 키울 수 없도록 배타적 권리를 인정했다. 권세가들은 배타적 권리를 누릴 수 있는 공간의 거리를 확대하여, 산림과 유휴지를 넓게 점유하기 시작했다. 분묘를 에워싼 양쪽 산자락까지 배타적 점용권이 인정되었다.

16세기부터 산림천택의 분할이 이루어지기 시작하더니, 17세기부터는 양반 계층 전체로 확산되었다. 궁방, 관청과 같은 권력 집단은 물론, 조선 후기에는 품계가 없는 양반까지도 10대 이내에 벼슬이 있으면 산림 보호와 감독이라는 명분하에 같은 권리를 인정받았다. 배타적 이용권은 물론, 수익권과 처분권까지 묵인되었던 것이다. 특히 조선 후기 인구 특히 양반이 증가하면서 분묘가 증가하였고, 그에 따라 분묘 주변의 배타적 이용권이 겹치는 지역에서 충돌이 벌어졌다. 18~19세기에는 묘소 주변 산림이 누구에게 이용 권한이 있느냐를 따지는 민사소송인 산송山訟이 급증하게 된다. 하지만 농지와 달리 임야는 토지대장인 양안量案에 등록되지 않아, 정확한 소유권과 이용권의 확정이 불가능했다. 분묘 주변에 산지기를 두고 산을 관리해도, 더 힘센 권세가들이 분묘를 만들고 산을 빼앗기기도 하는 등, 권력과 금력, 무력이 동원된 갈등으로 산송이 심화되기도 했다. 산림천택을 공동 이용지로 유지하려는 백성들과 권력을 앞세워 산림천택을 독점하려는 지배층 사이의 갈등은 19세기 들어 농민항쟁으로 표출되기도 했다.[375]

원칙이 무너진 정책

산림 보호와 감독 명분하에 산림에 대한 배타적 이용권 인정은 도리어 산림의 훼손을 초래하는 요인이 되었다. 사적 소유권이 확고하지 않았기 때문에 너도 나도 무주공산에 가까운 숲에서 벌목을 했다. 자기 것이 아니기 때문에 숲을 지속 관리하는 것에도 소극적일 수밖에 없었다. 반대로 숲에서 얻는 이익을 가져가는 것에는 누구나 적극적이었다. 양반들은 산을 차지하기 위해 분묘를 이용해 산을 선점하였고, 숲을 이용하는 평민들은 이에 저항했다. 산송 중인 숲에 들어가 몰래 벌목을 하고, 무덤을 만들고 산송을 제기하여 저항하기도 했다.

금산으로 지정한 국유림에서 몰래 나무를 베어내는 것은 처벌을 받지만, 개인이 권리를 가진 사양산私養山은 그보다 위험이 덜했다. 사양산에서 남몰래 임산물을 채취하는 일도 많았다. 국가권력은 개인의 재산권을 확실하게 보장해주지 못했고, 공유지를 유지하려는 원칙도 지켜내지 못했다. 결국 조선의 산림은 자신의 권리를 확보하는 것이 우선인 사람들이 공유지를 훼손하는 '공유지의 비극'에서 벗어나지 못했다.

호랑이와 같은 맹수가 사라지고 숲이 신의 거주지라는 외경심마저 사라지면서, 사람들은 숲을 함부로 대하기 시작했다. 농경지에서 밀려난 농민들이 생존을 위해 찾아갈 수밖에 없는 마지막 구원처가 숲에서 마구 벌목을 하고, 농경지를 개간했다. 먼저 숲을 이용하는 것이 우선이었다. 하지만 그곳에서도 권세가들의 탐욕이 개입하였고, 좋은 위치에 좋은 숲은 권세가들에게 빼앗겼다. 힘없는 사람들은 더 깊은 오지로 들어가 숲을 이용해야만 했다. 숲을 차지하기 위한 갈등 속에 숲은 더 많이 훼손될 수밖에 없었다.

5. 정약전이 비판한 금송정책

봉산과 송전

소나무 육성을 위한 금산禁山과 소나무를 베지 못하게 하는 금송禁松 정책은 조선 후기 들어 여러 문제를 드러냈다. 『만기요람』에 따르면 전국 봉산封山 282처, 황장黃腸(질 좋은 소나무인 황장목) 60처, 송전松田 293처 도합 635처 가운데 전라도, 경상도 두 지역에만 488처가 몰려 있다.[376] 조선소와 염전 등에서 사용되는 소나무를 키우는 숲이 주로 해안가에 입지했기 때문에 해안선이 긴 두 지역에 집중되었던 것이다.

바닷가로부터 30리 이내의 산은 일절 벌목을 금지하는 까닭에 백성들은 자기 산의 소나무라고 할지라도 마음대로 베어 쓸 수가 없었다. 백성들이 소나무를 길러 가옥과 배, 수레나 관재의 재목으로 베어 쓰고자 하면, 탐관오리가 법조문을 빙자해 수갑에 채워 감옥에 가두고 고문하고 심지어 유배를 보내는 일도 있었다.[377]

서남해안가에는 수익성이 좋은 염전이 많이 있었다. 염전은 대개 왕실과 종친 소유의 궁방宮房 또는 관청, 권세가들의 소유였다. 염전은 소금을 끓이기 위한 연료비용이 많이 들기 때문에, 연료 구입비를 줄이면 이익이 극대화된다. 그런데 궁방 등이 소유한 전라도 지역의 염전은 타 지역에 비해 연료비가 적게 들었다. 주변의 봉산, 금산에서 소나무를 마구 베어냈기 때문이다. 다른 나무에 비해 화력이 좋은 소나무를 주변에서 싼 값에 구입하여 소금 생산을 늘려 이익을 챙길 수 있었다. 힘 있는 자들이 소나무를 이용해 이익을 얻는 동안, 백성들은 필요한 목재마저 제대로 구할 수가 없었다. 산림 황폐화와 백성의 고통 뒤에는 궁방, 관리, 아전 등 지배계급의 탐욕이 도사리고 있었다.

송정사의

1781년 영의정 서명선은 전국 각도의 폐단 중에 가장 우려할 만한 것으로 환곡灣穀과 더불어 소나무 정책을 꼽았다.[378] 1804년 흑산도에 유배 중이던 정약전은 바닷가 사람들이 환곡의 문제만큼이나 심각하게 여기고 있던 소나무 정책에 대한 견해를 피력한 『송정사의松政私議』를 저술했다.[379]

정약전은 소나무가 많음에도 불구하고, 백성들이 소나무로 집을 지을 수도 없고 관을 만들 수도 없으며 전쟁에 필요한 전함을 만들 수도 없다고 지적하고, 위정자들이 대책을 세워야 한다고 주장했다. 정약전이 이런 주장을 펼친 것은 유배생활 중에 백성들이 금송정책으로 인해 엄청난 수탈을 당하고 있음을 직접 목격했기 때문이다. 질 좋은 소나무를 육성하는 제도가 지방관이 백성을 수탈하는 방편으로 악용되면서 소나무가 백성들을 괴롭히는 원흉이 된 것이다. 정약전은 백성들이 소나무를 독충이나 전염병처럼 몰래 베어 버리고, 소나무 싹이 트면 도리어 독사 죽이듯 한다고 했다.

어민들은 배가 오래되면 새로운 배로 교체해야 하는데, 금송정책 때문에 목재를 구할 길이 없어 동분서주해야 한다고 안타까워했다. 금송정책이 어업과 해운업의 발전을 제약했던 것이다. 이런 상황에서는 당연히 뇌물과 불법이 판쳤다. 정약전은 거제도, 남해도, 완도, 안면도 등의 금산이 민둥산이 되었고, 소나무 가격이 20년 사이에 가격이 3~4배가 오른 탓에 사람들이 도둑질을 해서라도 남아 있는 금산에서 재목을 가져다 쓸 수밖에 없게 되었다며, 이렇게 만든 제도를 비판했다. 백성들이 소나무를 미워하는 것이 아니라, 법 때문에 백성들의 삶이 힘들어지기 때문에 소나무를 베어내고 심지 않은 것이라고 하였다. 소나무를 보호한다는 명목이 도리어 소나무를 심지 않게 만들고 백성들로 하여금 소나무를 죽이게 만들

었다고 비판하면서, 대책을 만들지 않는 위정자들을 비판했다.[380]

악목이 된 황칠수와 감귤나무

소나무만 문제가 컸던 것은 아니다. 서남해안가에 자라는 황칠나무는 황금빛이 나는 천연도료인 황칠수액을 생산한다. 황칠나무는 산삼나무라 불릴 정도로 귀한 나무로 황칠수액은 고가에 팔리는 도료다. 황칠수액을 금속이나 목재에 바르면 좀과 녹이 슬지 않고 열에도 강하며, 금빛이 난다. 황금색은 누구나 선호하는 것이기 때문에, 외국에서도 황칠을 수입하고자 했다. 백제는 황칠을 한 갑옷인 명광개를 당나라에 수출한 적이 있었다. 몽골제국도 고려에 황칠을 공물로 요구했고, 명나라도 조선에 황칠을 요구했다. 명, 청의 황궁인 자금성 태화전 용상에는 지금도 황칠을 사용한 흔적이 남아 있다.[381]

황칠은 백제, 신라, 고려, 조선의 중요한 특산물이자 수출 품목이었다. 그런데 조선에서 황칠은 생산량이 늘기는커녕, 백성들의 원망의 대상이 되고 말았다. 황칠이 공납품이었기 때문이다. 공납은 충성의 표시로 자발적으로 바치는 것이기 때문에 본래부터 정해진 양이 없다. 공납은 조세, 부역과 더불어 일종의 세금이 되면서, 자발적 납부가 아닌 위로부터 강제

황칠대나무 상자. 황칠은기. 조선의 특산물인 황칠수액은 조선의 잘못된 정책으로, 생산이 급감했다.

되었기에 문제가 되었다. 게다가 공납은 지역마다, 또는 지방관의 재량에 따라 백성에게 부과되는 수량이 크게 차이가 났다.

황칠이 생산되는 완도, 강진, 해남, 영암 등에서는 매년 관리와 아전들이 농간을 부려 황칠을 가혹하게 징수하는 일이 빈번했다. 백성들은 과다하게 부과된 공납을 채우기 위해 농사일을 제쳐두고 황칠수액을 채취해야 했다. 그렇다고 경제적 보상을 받는 것도 아니었다. 따라서 백성의 입장에서 황칠나무는 삶에 도움이 되는 나무가 아니라 고생을 시키는 나무가 되었다. 황칠나무를 더 심으면 그 만큼 공납의 양이 늘어나, 농민들은 나무를 심기보다 밤마다 도끼를 들고 몰래 황칠나무를 베어버렸다. 엄청난 경제적 이익이 될 수 있는 황칠나무를 악목惡木이라 부르게 만든 것은 조선의 잘못된 조세와 산림 정책 때문이었다.[382]

제주도 특산물인 감귤나무 역시 조선 백성들에게는 악목이었다. 감귤은 왕실의 특별 관심 대상으로, 호조가 아닌 공조 소속 장원서에서 담당했다. 감귤은 왕에게 진상되었고, 왕실에서는 감귤을 고관들이나 성균관 유생들에게 특별한 선물로 나눠주곤 했다. 하지만 감귤은 제주도 농민의

귤나무. 귤나무도 조선시대에는 백성을 괴롭히는 악목이었다.

소득 증대에 기여하기는커녕, 백성들에게 고통을 주는 나무가 되고 말았다. 민가에서 감귤나무가 자라면 관리가 가서 집주인을 감귤나무 주인으로 정하고 그 열매를 따서 바치게 했다. 감귤나무에서 생산된 감귤을 전부 관에서 가져가는 일도 허다하게 발생했고, 감귤나무 주인조차 함부로 감귤을 따다가는 절도죄로 몰릴 수도 있었다. 진상용 감귤을 육지로 수송하다가 배가 전복되거나 감귤이 썩어버리는 등 문제가 생기면, 관리들은 이 부담을 다시 농민들에게 부과하는 경우도 있었다. 그래서 백성들은 감귤나무에 싹이 나면 끓는 물을 부어 죽이기도 했다.[383]

법 위에 군림한 관리

임산물은 수확량이 매년 일정한 것은 아니다. 기온이 변동되면 나무의 성장이 차이가 난다. 특히 대나무와 같은 난대성 나무는 기온이 떨어지면 얼어 죽는다. 17세기 소빙기에는 냉해로 죽는 대나무가 많았다. 복숭아, 사과, 배, 밤, 귤 등 과일의 생산량도 수시로 변했다. 기후 변동으로 임산물 생산량이 변하면 가격도 변동하기 마련이다. 그런데 조선에서 임산물은 공납의 형태로 징수되었기 때문에, 풍흉에 따른 가격 변동이 반영되지 않는다. 또한 공납해야 하는 양도 쉽게 변하지 않았다. 따라서 수확량이 적은 해에는 공납할 양을 채우기가 어렵다. 그럼에도 그 부담은 고스란히 백성에게 부가되어 백성의 삶을 힘들게 했다.

조선은 임산물을 채취하는 비용을 백성에게 지불하지 않았다. 백성을 동원해 국가에서 필요로 하는 재물의 확보에만 관심을 가졌기 때문에, 중간에 관리들이 농간을 부리는 것을 적극적으로 막지 못했다. 국가와 관리들은 백성들에게 어떤 이익이나 피해가 돌아가는지에 대해 관심이 없었다. 백성들은 국가의 명을 믿지 않은지 오래되었고, 송금松禁 정책에 대해

소나무 숲에서 쉬는 사람들. 김홍도 작. 국립중앙박물관 소장.

서는 공포를 느끼고 있었다. 정약전은 신뢰를 얻지 못하는 명령으로 나라를 다스릴 수 없다고 조선의 정책을 신랄하게 비판하기도 했다.[384]

제도를 백성을 위해 수정했더라면 백성은 산림자원을 통해 경제적 이익을 얻고 산림을 잘 관리할 수 있었겠지만, 조선에서 그런 일은 벌어지지 않았다. 백성을 위한 정책이 아니라 정책을 위해 백성을 꿰어 맞추었기 때문이다. 법 위에 군림하는 관리들이 법으로 백성을 수탈하고 자기 배를 채우려 했기 때문에 조선의 많은 정책들이 실패했다. 법을 시행하고 감독해야 할 사람들이 가장 많이 법을 위반했다. 정책 자체의 문제보다, 정책을 시행하는 사람들이 더 큰 문제였다. 백성에게 산림 자원을 적극적으로 관리해야 할 동기를 주지 못하고, 도리어 나무를 베어내도록 유도하게 만든 것은 법 시행이 잘못되었기 때문이었다. 나무를 심어야 한다, 숲을 관리해야 한다면서도 백성들에게 이익을 주는 구체적인 정책이 없었다. 백성들은 자신의 것도 아니고, 관리해야 할 필요성도 가질 수 없는 숲을 공유지로 인식할 뿐이었다. 결국 공유지를 관리하기보다, 공유지에서 이익을 챙기는데 급급한 공유지의 비극이 조선의 숲에서 벌어지게 된 것이다.

전근대 사회에서 산림보호에 성공하고 채취임업에서 육성임업으로 전환에 성공한 나라는 많지 않다. 대부분의 국가에서 산림은 인구의 증가, 문명의 발전에 따라 지속적으로 파괴되었다. 인간이 숲의 중요성을 깨닫게 되는 순간은 숲이 부족해 발생하는 온갖 재앙이 닥친 시점보다 항상 늦었다.

8장

숲을 잃은 조선

1. 온돌, 기인의 하소연

온돌의 장단점

온돌의 원조인 쪽구들은 옥저와 고구려에서 시작되었지만, 방안 전체를 데우는 전체 난방이 아니라 부분 난방이었다. 조선 초기까지만 해도, 사람들은 쪽구들이 놓인 곳을 제외한 실내에 신을 신고 들어와서 의자나 평상, 장방 등에서 앉아서 생활했다. 추위를 견디기 위해서 실내에 화로를 피우기도 하고, 휘장을 쳐서 벽의 한기를 차단하기도 했다.[385] 방안 전체에 구들이 깔린 전면온돌은 고려 말에 시작되었지만, 조선 전기만 해도 사대부 집에 온돌방은 노약자나 환자를 위한 1~2개 방에 불과했다. 임금

경복궁 만춘전의 굴뚝. 조선초기에는 온돌이 적었으나, 후기에는 땔감을 많이 사용하는 온돌이 궁궐에 널리 퍼졌다.

의 침상은 침상 아래에 숯을 담은 화로를 넣어 덥히는 형태로 온돌이 아니었다.[386] 임금이 온돌방에서 생활하지 않았던 만큼 궁궐 안에도 온돌방이 거의 없었다.

온돌은 방바닥을 고루 덥혀주며 연기와 재 등이 방안에 남지 않으므로 청결한 생활이 가능하며, 특별한 가구 없이 지낼 수 있기 때문에 실내 공간 활용에도 장점이 있다. 이러한 장점에도 불구하고 온돌이 빠르게 확산되지 못했던 것은 방안 전체에 열기가 고루 전달되도록 고래를 놓고 구들장을 만드는 것이 고도의 기술을 필요로 했기 때문이다. 온돌은 방을 뜨겁게 가열하기까지 시간이 오래 걸리고 온도 조절이 어려우며, 구들을 잘못 놓을 경우 화재가 쉽게 나는 단점이 있었다. 무엇보다 온돌방은 열효율이 30%에 불과해 열손실이 큰 난방시설인 만큼 많은 연료를 소비하게 만드는 문제가 있었다.

기인의 하소연

온돌이 크게 보급된 것은 조선 후기의 일이다.[387] 온돌이 궁궐에 널리 보급되자, 궁궐에서 사용할 연료 에너지를 확보하는 일이 중요해졌다. 조선은 왕실과 정부관서가 필요로 하는 땔감을 각 읍에 나누어 공납을 받거나, 기인其人의 역役 혹은 기타 잡역을 통해 확보했다.[388]

공시탄인供柴炭人, 경역인京役人 등 여러 이름으로 불린 기인은 본래 지방 향리의 자손이었다. 그들은 도성에 머물면서 지방관

경복궁 수라간 아궁이.

청의 업무를 대행했었다. 그런데 이들이 차츰 여러 관청에 배정되어 숯과 땔나무를 공급하는 역할을 맡게 되었다. 조선 초기에는 3일에 한번 궁궐에 필요한 땔나무와 숯을 가져다는 주는 것이어서, 기인들에게 큰 부담이 되지 않았다. 그런데 17세기부터 이 일이 매우 힘들어졌다.[389] 1623년 3월 인조 즉위 후 10여 일 만에 승정원에서 기인의 부역이 근래에 가장 과중하다며 이렇게 아뢰었다.

> "백성의 부역 중 기인이 가장 과중합니다. 이 폐단을 구제하려면 먼저 그 근원을 막아야 합니다. 궐내 내외의 온돌이 본래 일정한 제도가 있는 것인데 오늘날에 이르러 그 늘어남이 극심합니다. 마치 벌집과 같이 밀집하여 곳곳에 불을 피우니 그들은 실로 편하겠으나 백성들은 실로 견딜 수 없습니다."[390]

온돌이 크게 늘어나자 온돌에 사용하는 땔감이 늘어나고, 그에 따라 땔감을 공급하는 기인들의 부역이 과중해졌으니 대책 마련이 시급하다는 지적이 나온 것이다. 1630년 참찬관 이경여도 이렇게 아뢰었다.

> "선조 임금 때에는 대궐의 방에 온돌을 놓는 것이 매우 적었기 때문에 기인이 바치는 땔나무가 오늘날처럼 많지 않아 단지 관리들의 신역으로만 내게 했고, 백성들의 전결田結에서는 징수하지 않았다고 합니다. 지금 갑자기 고칠 수는 없겠지만 의당 폐단을 줄이는 방도를 생각해야 할 것입니다."[391]

기인이 바치는 땔나무의 수요가 늘어나면서, 기인의 공물부담이 커지

창덕궁 전각 내 아궁이.

는 문제는 1662년에도 다시금 논의되었다. 영의정 정태화도 현종에게 "기인의 공물이야말로 가장 큰 일인데, 1인당 1년의 공물가가 무려 1백 20필이나 됩니다."라며 기인의 공물 부담의 심각성을 아뢰자, 영의정을 역임했던 이경석도 "옛날에는 물건을 아끼는데 힘써 부녀자 처소에 온돌방이 몇 개뿐이었고, 나머지는 모두 마루방板房이었습니다."라고 아뢰며[392] 온돌방의 증가로 인한 문제를 거듭 제기했다.

땔감 수요 급증

1746년에 시행된 『속대전』에는 향리가 상경하여 무상으로 역役을 부담하던 기인이 사라지고, 공물가를 받아 땔감을 조달하는 자들로 기인의 성격이 변한 것이 적혀 있다. 대동법이 시행된 이후부터 미리 값을 받아 시장에서 숯과 장작을 구입하여 궁궐과 관청에 납품하는 공인貢人을 기인이라 부르게 되었던 것이다.[393] 따라서 공물가를 받는 만큼, 기인의 과도한 부담 문제는 사라졌다. 그렇지만 17세기 기인의 문제는 온돌의 급격한 확대로 인한 땔감 수요의 급증에 따른 것이었다. 이는 조선 후기 산림의 변화상을 알리는 신호탄이었다.

16~18세기는 지금보다 기온이 낮은 소빙기 시대였다. 겨울 추위가 심

해지자, 방을 따뜻하게 하는 온돌이 궁궐과 사대부집을 시작으로 전국에 보급되기 시작했다. 인구 증가와 더불어 온돌이 대중적인 난방방식으로 자리 잡게 되자, 땔감 수요가 크게 늘어났다. 또한 조선 후기 한성부의 인구는 1669년 22만 명 수준에서 1820년 35만 명 수준으로 크게 증가했다.[394] 거주인구가 늘었을 뿐만 아니라, 상업이 발달하면서 유동인구 또한 늘었다. 따라서 땔감의 관수용 수요뿐만 아니라 민수용 수요도 크게 늘어났다.

도성 주변 산림의 황폐화

1592~1598년 임진왜란을 겪으면서 조선의 숲과 주거지는 크게 훼손되었다. 특히 조선의 궁궐이 크게 피해를 입었다. 전쟁 이후 광해군은 창덕궁을 수리하고 인경궁, 경덕궁(경희궁) 공사를 진행했다. 더불어 전란으로 흩어졌던 사람들이 다시 모이면서 도성 내에서 주택 재건도 활발해졌다. 당연히 목재 수요가 급증했다.

한성부 인구는 특히 성저십리 지역에서 급증했다. 1426년 도성 안 인구가 10만 3,328명, 성저십리 인구가 6,044명이었는데, 1789년 호구총수에서는 도성 안 인구가 11만 2,371명, 성저십리 인구는 76,782호였다. 도성 안 인구가 9천 명 늘어나는 동안, 성저십리 인구는 7만 이상이 늘어났다.[395] 그러자 주거지 문제가 대두되었다. 1746년 성저십리 가운데 인구가 급증한 마포, 용산 일대에 위치한 만리현, 서빙고 등지의 여러 산이 개간되어 거주지로 변했다. 또한 남산도 개간되었고, 잠실, 성북, 탕춘대 남쪽 등 도성 주변 여러 곳이 개간되었다.[396]

17세기 도시 재건과 인구 증가로 인해 목재 수요가 급증한 상태에서, 소빙기의 추위로 인해 땔감 수요마저 증가했다. 도성 내에서는 땔감 채취가 금지되어 있었기 때문에, 도성 내에 필요한 땔감은 한강 상류에서 가져와야 했다. 벌목한 목재는 뗏목으로 내려와 뚝섬 일대에 풀어놓았다. 1903년 한성부 남부 두모방(뚝섬을 포함한 성동구, 광진구 일대) 호적에는 이곳에 사는 444명 가운데 79명이 땔감상인柴商으로 기

온돌 보급으로 땔감 수요가 크게 늘면서, 나무장수들도 크게 늘어났다.

록되어 있다.[397] 뚝섬 지역이 땔감 시장의 중심지로 번영했던 것이다. 도심에서 좀 더 가까운 한강변 용산방 토정리에도 땔감 시장이 있었다. 도성 서북쪽에서 무악재를 넘어 도성으로 들어오는 땔감장수들은 소를 이용해 땔감을 싣고 왔다. 땔감을 점점 먼 곳에서 가져오게 되면서 땔감 가격이 올랐지만, 수요가 컸기 때문에 땔감 시장은 활성화되었다. 땔나무 값이 오르고 구하기도 점점 어려워지자, 권세가들조차 국가가 보호하는 금산의 나무를 넘보게 되었다. 도성을 둘러싼 사산의 나무들을 관리하는 관리, 군인과 결탁해 몰래 나무를 베어내는 투작偷斫이 늘어났다. 그 결과 19세기 말에는 도성 주변의 산들도 황폐화되었다.

2. 화전을 앞세운 농민, 숲으로 진격하다

화전농법

화전농법은 숲에 불을 놓아 나무와 지표 식물을 태워버린 후 밭을 일구는 원시적인 농업방식이다. 불에 타고 남은 재를 땅 속에 갈아엎고 농사를 짓게 되는데, 불태운 곳에는 2~3년 정도는 김매기를 하지 않아도 되며, 재를 갈아엎었으므로 거름도 한동안은 주지 않아도 된다. 또한 각종 벌레와 병균이 죽어 병해충의 피해를 덜 입으며, 비교적 적은 노력으로 넓은 면적을 경작할 수 있는 장점이 있다. 화전농법은 삼국과 고려시대에도 널리 사용하던 방법이었다. 밭의 비옥도를 높이는 방법을 발전시키기 전에는 화전농법을 하거나, 한 두 해 농사를 짓고 쉬었다가 다시 농사를 짓는 휴한농법을 했다. 비료를 주는 방법 등이 개발된 후에야 연작농법으로 발

화전은 불을 놓아 나무와 지표 식물을 태워버린 후 밭을 일구는 원시적인 농업방식이다.

전하게 된다.[398]

화전농법은 소로 농사를 짓기 시작한 이후에도 부분적으로 지속되었다. 화전농민은 땅을 파는 막대기, 따비, 괭이를 농기구로 사용하며, 일부 화전민은 소를 이용해 쟁기로 땅을 갈아 농사를 짓기도 한다. 한 번 개간한 곳은 3~4년 농사를 짓고 방치해두었다가 다른 곳으로 이동하여 화전을 하며 살다가, 수년 후에 자연적으로 수목이 자라 지력이 회복되면 처음 화전한 곳으로 와서 화전을 행하기도 한다.[399]

화전의 급증

화전火田이 문제가 되는 것은 평지가 아닌 산지에 화전을 일구는 경우다. 기울기가 심한 산지는 평지와 달리 토양에 유기물을 오래 보존하지 못하기 때문에 화전을 만들어도 대체로 평지보다 척박하다. 따라서 화전을 일구더라도 생산성이 떨어진다.

그럼에도 불구하고 화전이 급증하게 된 것은 조선 후기에 인구가 크게 늘어났기 때문이다. 1392년 조선 건국 당시 인구를 한영우[400], 권태환, 신용하[401]는 약 550만으로 보았고, 이영구와 이호철[402]은 약 750만으로 보았지만, 1910년경 인구는 약 1,750만으로 대동소이하게 보고 있다. 조선 시대 인구는 연구자들마다 다소 차이가 있지만, 조선 초기에 비해 후기 인구가 2~3배 증가했다는 점에는 대체로 동의하고 있다. 왕육민의『중국인구사』[403]에 따르면 1724년 청나라 인구는 1억 2,611만에서, 1844년에는 4억 1,944만으로 3.3배 급증했다고 한다. 조선의 인구 증가가 특이한 것이 아니었던 것이다.

인구가 크게 증가하였지만, 경작지는 한정되어 있었다. 따라서 지주층이 소작농에게 더 높은 지세를 받아도, 지세를 감내할 소작농이 많았다.

인건비는 하락한 반면 토지세는 상승하여 빈농이 증가하게 되었다. 높은 소작료와 세금의 부담을 견디지 못한 농민, 차별대우를 받은 노비 등이 살아남기 위해서는 새로운 돌파구가 필요했다.

조선 초기에는 농사를 짓지 않고 묵혀 두어 황폐하게 된 토지인 진황전陳荒田이나 지대가 낮아 배수가 불량하여 물이 고여 있는 소택지沼澤地를 양반, 토호, 왕실, 지방관청 등이 주축이 되어 개간을 진행했다. 또 강화도 등지에서 간척사업을 통해 새롭게 농토를 만들기도 했다. 하지만 이러한 농지 개발에는 권력과 돈이 필요하다. 영세 농민들이 쉽게 농토를 얻을 수 있는 길은 사실상 화전뿐이었다.

조선 전기에는 노비 가운데 도망친 사람들이 수십만 명에 달했다. 1484년 한명회가 성종에게 아뢰기를, "도망간 노비가 지난날에 20만이었는데, 이번에는 30만이나 되었습니다. 지금 다시 잡아들이는 추쇄를 하였지만 아직 다 잡아들이지 못한 사람이 10만이 넘습니다."고 하였다.[404] 도망간 노비 가운데 압록강을 넘어 이주하거나, 먼 지역으로 도망친 사람, 깊은 산으로 피신한 자들도 있었다. 하지만 조선 전기에는 화전 문제가 두드러지지 않았다. 노비들이 도망친 기간이 오래 되지 못했고, 산에 먹을거리가 많았기 때문에 굳이 화전을 일구지 않았을 것이다.

하지만 조선 후기는 달랐다. 17세기 세계적인 기온 저하로, 조선에 대기근이 들었다. 1670~1671년에 걸친 경신대기근은 무려 1백만 명의 사상자가 발생한 조선 시대 최악의 재난이다. 이때 조선에 태풍, 홍수, 전염병, 우역, 지진, 해일 등 온갖 자연재해가 닥쳐, 백성들의 삶을 크게 괴롭혔다. 1695~1699년에 걸친 을병대기근은 이상저온 현상으로 농사가 안 되어 많은 백성들을 굶어 죽게 한 또 하나의 대재난으로, 이때 약 140만의 인구가 줄었다고 한다. 대기근이 닥치면 농민들이 고향을 떠나 먹을거리를 찾아

떠돈다. 일부는 구휼소가 있는 도성으로 가서 진휼미를 얻어 겨우 목숨을 부지했다. 이들 중 일부는 구휼 기간이 끝나도 고향으로 돌아가지 못해 도성에서 거지로 생활하거나, 임금 노동자가 되기도 했다. 일부는 재해가 적은 고장에 가서 일을 해주며 먹고 살기도 했다. 그리고 농민들은 산으로 갔다. 조선 후기 농민들은 수렵 채집민과는 너무도 거리가 멀었다. 가난한 농민들이 생존을 위해서 할 수 있는 가장 현실적인 대안은 소유권이 없는 산에서 화전을 일구는 것이다. 따라서 굶주린 백성들이 많이 발생한 시기에 화전 개발이 더 빨리 진행되었다.[405]

조선 후기 화전의 확대는 단순히 재해 때문에 생긴 것은 아니다. 인구가 늘면서 만성적으로 토지가 부족했기 때문이다. 평지에 농사를 짓는 농민들도 부족한 수입을 메우기 위해 화전을 했다. 이 경우 계속 이동하며 새로 화전을 만들 수 없기 때문에, 화전은 일회성으로 끝나지 않고 계속해서 농사를 짓는 산전山田으로 바뀌기 시작했다.

화전 금지령의 유명무실화

『경국대전』에는 경복궁과 경덕궁의 주산과 거기서 뻗은 산줄기, 산등성이, 산기슭에는 경작을 금지하며, 도성 바깥 산인 경우에는 산등성이에서만 경작을 금지한다고 되어 있다.[406] 이러한 법령에도 불구하고 화전이 늘어났다. 효종, 숙종 등이 화전을 금지하는 정책을 취하였지만 효과가 없었다.

결국 산허리 아래에서만 제한적으로 화전을 허용했는데, 이는 사실상 산허리 이상만을 화전 금지 지역으로 삼은 것이다.[407] 금강산과 같이 이름난 산이나 금산이 정해진 곳에서는 화전을 금지시켰지만, 이러한 금지령마저도 유명무실해진 가운데 사실상 화전 개발은 승인되었고 더욱 성행했다.

정약용(1762~1836)이 "생각건대, 우리나라는 산악이 4분의 3이고 평지가 4분의 1이니 화전 면적이 평지의 논밭과 비슷하다."[408]고 했을 정도로, 19세기 초에는 화전 면적이 평전과 비슷해질 정도가 되었다. 도성 주변, 인삼 채취처, 금산 등도 화전으로 변해갔다. 1926년도 화전 분포를 보면, 함경도와 평안도 그리고 황해도 등 북부지방과 강원도, 충청도 산간지대에서 특히 극성했다. 또 소백산맥을 따라 전라도, 경상도 지역에도 화전이 분포되어 있었다.[409]

화전민이 늘어나고 화전을 만들 땅조차 부족해지자, 화전의 경작기간이 길어지고 휴경기간이 단축되었다. 1~2년을 휴경하고 다시 경작하는 세역전歲易田, 항시 경작하는 상경전常耕田 개발이 동반되기 시작했다. 한번 일군 화전에서 농사를 짓다가 다른 곳으로 옮기는 것은 지력이 쇠해져 수확량이 적어지기 때문이다. 화전민이 수년간 방치해두었던 화전으로 돌아올 때면 그곳에는 잡초와 관목이 자라기 마련이다. 이때 다시 불을 질러 화전을 일궈 농사를 하게 되면 세역전이 되는 셈이다. 더 나아가 가축을 사육하여 퇴비를 확보해 한곳에서 농사를 계속 짓게 되면 상경전이 된다.[410]

평전은 지금의 토지대장에 해당되는 양안量案에 등록되어 중앙 정부에서 세금을 거둬가지만, 화전은 양안에서 빠져 있다. 화전이 정책상 금지된 것이기에 국가에서 공인할 수 없는 땅이었다. 따라서 화전은 국가에서 세금을 걷지 않고, 왕실과 종친 소유의 궁방, 주요관청, 개인에게 세금 징수 권한을 떼어주는 절수折受의 대상으로 적격이었다. 화전을 관아에 신고하면 신고자에게 경작하도록 하고 지세를 지방 관청에 내게 된다. 따라서 지방 수령이 임의로 세율을 조정할 수 있었다. 화전이 평지 농토를 망치게 하고, 백성들을 흩어지게 하고, 홍수와 가뭄의 원인이 되는 등 많은 문제를 일으켰음에도 불구하고 금지시키지 못한 것은 이러한 제도 때문이다.

게다가 왕실과 종친 소유의 궁방宮房, 각 군영, 각급 관청 등 권력을 가진 기관들이 절수에 근거하여 화전을 적극 개발했다. 조선 초기에는 궁방과 각급관청에서 땔나무를 채취할 숲인 시장柴場을 나눠주었다. 그런데 후기에는 시장마저 화전으로 변했다. 시장을 농지로 바꾸는 것이 궁방과 각급관청에는 단기적으로는 더 큰 이익이 되었으므로, 시간이 지날수록 화전은 확대되어 갔다. 하지만 화전이 늘어나도 국가 재정에는 전혀 도움이 되지 못했다. 게다가 19세기 세도가의 권력이 강해지면서 절수 대상 토지는 더욱 늘어나고, 숲의 사유화와 화전은 점점 확대되었다. 왕실재정과 국가재정이 분리된 조선에서 왕실이 앞장서서 절수를 옹호한 탓에, 화전 확대를 막기가 어려워졌다.[411]

3. 숲을 잃어버린 대가

광산 개발과 숲

일반적인 산림 파괴의 요인으로는 땔감 수요 확대, 산전 개발, 광산 개발, 선박 건조, 도시 성장에 따른 건축 목재 수요 증가 등이 지목된다. 1503년 양인 김감불과 장례원 노비 김검동은 납이 포함된 은광석에서 녹는점의 차이를 이용해 납은 산화시키고 은은 골라내는 연은鉛銀분리법을 발명했다.[412] 은銀의 생산 효율성을 획기적으로 높인 신기술인 연은분리법 덕분에, 전국 각지에서 은 광산 개발이 활기를 띄게 되었다. 그런데 좌의정 홍석주가 1836년 헌종에게 상소한 글을 보면, 조선에서 광업이 크게 발전하지 못한 이유가 드러난다.

> "조선에서 금광과 은광 채굴을 금해온 것은 비단 농사철에 방해될 뿐만 아니라, 무뢰한 백성들을 이익을 다투는 지경으로 몰아넣어서 반드시 서로 모여서 도둑질하기에 이르기 때문입니다. 지금에 와서 사사로이 금광, 은광을 개발해 채취하는 자들이 있으니, 각도의 감사에게 이를 금하게 하소서."[413]

정약용도『목민심서』에서 광물을 캐느라 땅을 헤집어 놓아 나무들이 살 수 없게 된 것을 지적하고, 기존의 광산은 어쩔 수 없지만, 새롭게 광산을 채굴하는 것은 막아야 한다고 지적했다.[414] 1812년 평안도 가산에서 봉기한 홍경래의 난에는 운산 금광 등 광산 노동자들이 대거 참여했다. 홍석주가 광산 노동자를 무뢰배로 언급한 것은, 농사를 짓지 않고 무리를 지어 돈이나 벌겠다며 작당하고, 정부에 반기를 드는 사람들로 보았기 때문이다. 정부의 소극적인 광업대책에도 불구하고, 광산은 이익이 크기 때문에 몰래 광산을 개발해 캐내는 잠채潛採가 끊이지 않았다. 생활이 어려워진 하층 농민들은 광산으로 몰렸다. 광물을 캐내기 위해서는 갱도를 만들어야 하고, 갱도를 지탱하기 위해서는 목재가 필요하다. 또한 캐낸 광물을 정제하는 과정에는 땔감이 필요하다. 오래도록 광산에서 채굴을 하려면 광산 주변의 숲을 잘 관리하여야만 한다.

광산 개발을 억제한 만큼 광산이 숲의 변화에 미친 영향은 미비했다. 김동진은 건축 목재와 선박 건조에 소요되는 목재의 양은 전체 산림에서 차지하는 비중이 극히 미비해, 산림 고갈의 원인이라고 보기는 어렵다고 하였다. 소금과 철, 도자기 생산에 사용된 땔감과 숯의 사용도 전체 숲 면적에서 1% 미만의 영향을 준 것으로 보이고, 난방용 땔감도 전 국토의 17% 이하의 숲에서 지속적으로 충족할 수 있는 수준이라고 분석했다. 그는 숲 파괴의 결정적인 원인으로 경작지가 늘어나고 화전 개발로 숲의 면적이 영구적으로 축소된 것을 지적했다.[415]

화전의 6가지 피해

땔감 부족은 사람들의 생활에 직접적인 영향을 끼쳤다. 땔감은 도시와 마을 주변에서 구해야 했기 때문에, 도시와 마을 주변에 민둥산이 생기게 된 것은 땔감 수요의 급증이 중요 원인이었다고 할 수 있겠다. 그렇지만 조선의 산림에 가장 결정적인 영향을 준 것은 역시 화전의 증가였다.

화전이 상경전으로 발전하고, 산에 들어온 화전민이 산에 정착해 살면서 새로운 촌락인 산촌이 늘어갔다. 반면 숲이 줄어들자 사냥감이 부족해졌고, 수렵 채집민의 생활이 빈곤해졌다. 조선 후기 총포 보급으로 사냥이 쉬워졌음에도 불구하고, 북부지방과 강원도, 소백산맥 주변 등 일부 지역에서만 사냥꾼들이 살아남을 수 있었다.

화전의 확대는 평지의 논밭에 엄청난 재앙을 가져다주었다. 정약용은 『목민심서』에서 그의 형 정약전이 쓴 『송정사의』를 인용해 화전의 6가지 피해를 열거했다.

1) 산골짜기에 나무가 없으면 산사태를 막을 수 없다.
2) 산사태가 나면 논밭을 덮어버리니 국가 재원이 날로 줄어든다.
3) 산림이 벌거숭이가 되면 보화가 나오지 않는다.
4) 새와 짐승이 번식하지 못하니, 사대교린을 하는 데 필요한 짐승 가죽 등의 폐백을 준비할 수 없다.
5) 호랑이와 표범의 자취가 멀어지니 사냥하는 사람이 조그마한 병기도 지니지 않게 돼 나라의 풍속이 날로 나약하게 된다.
6) 재목이 없어져서 백성들이 이용하는 자재가 날로 군색하게 된다.

정약용은 비록 온전히 금지할 수는 없다고 하더라도 산허리로부터 위쪽은 마땅히 경작하지 못하게 해야 한다고 주장하였다.[416]

그런데 『송정사의』는 유성룡의 문집을 인용한 것이다. 유성룡과 정약전·정약용 형제가 모두 지적한 화전의 피해는 점점 현실로 드러나고 말았다.

화전 증가 ⇨ 숲의 홍수와 가뭄 방지 기능 저하 ⇨ 홍수와 가뭄 발생 ⇨ 평지 논밭 피해 확대 ⇨ 농민 생활 곤궁 ⇨ 화전민으로 변신 ⇨ 화전 증가

이와 같은 재해 확대의 악순환을 막는 유일한 방법은 나무를 심어 숲을

조성하는 길 뿐이다. 하지만 조선에서 숲을 조성하는 일은 쉽지 않았다. 정약용은 숲을 우거지게 하는 것이 중요한 일이지만, 수령이 부임해 와서 여러 나무를 심기만 하고 돌보지 않는 것도 문제라고 지적했다.[417] 수령은 임기가 2년이지만, 2년을 채우지 못하고 수시로 교체되는 경우가 많았다. 특히 19세기에는 수령이 자주 교체되어, 장기적인 계획을 갖고 지방을 다스릴 수가 없었다. 따라서 산림 보호정책을 실시하기가 어려웠다.

홍수 재해의 급증

아래 표는 『조선왕조실록』과 『증보문헌비고』에 기록된 홍수 재해의 규모와 빈도를 이명희가 정리한 것을 가져온 것이다.[418]

연대	극심	강	중	약	합계
1392~1450			7	20	27
1451~1500	1			7	8
1501~1550	1	4	5	27	37
1551~1600	2	4	1	7	14
1601~1650	6	7	3	30	46
1651~1700	3	6	14	43	66
1701~1750	13	10	7	6	36
1751~1800	12	4	1	9	26
1801~1850	21				21
1851~1901	25				25
합계	84	35	38	149	306

이 표는 시기별로 조선 시대 홍수 상황을 개략적으로 파악하는 데 도움이 된다. 『조선왕조실록』은 영조 이후 자연재해 기록을 많이 생략하고 기록하지 않았다. 자료상의 결함에도 불구하고 이 표는 조선 시대 홍수 발생 추이를 충분히 알려준다. 1600년 이전까지 조선에서 홍수는 극심한 경

청계천 준천 모습. 나무가 사라지면서 하천범람, 홍수 등의 피해가 커져, 청계천 준천은 당시 조선의 국가적 사업이 되었다.

우가 적고 전체 횟수도 많지 않았다. 반면 17세기 이후부터 홍수가 빈번해졌고 큰 홍수피해를 입는 경우가 늘어났다. 특히 19세기 홍수는 모두 극심한 경우다. 조선 후기로 갈수록 홍수 피해가 커지고 잦아진 것은 숲의 파괴 외에는 달리 설명할 수가 없다.

1781년 영남 지방에 큰 홍수가 났다. 이때 권엄이란 자가 상소문을 올렸다.

"(지금 영남에는) 숲이 드문드문 있고 산은 모두 민둥산이고, 흙은 모두 모래가 되어 있는 탓에 비가 오거나 바람이 갑자기 불거나 급하게 닥쳐오면 높은 곳은 무너져 내릴 형세이고, 낮은 곳은 끊어져 터질 지경입니다. 그로 인한 재해가 누차 발생하고 있었는데 금년 가을에 이르러 극에 달하여 백성들의 농토와 집이 크게 훼손되었습니다. 이는 오로지 나무를 기르는 정사를 엄히 하지 않은데서 연유한 것으로, 비와 바람의 재해로만 돌릴 수 없습니다. 원하옵건대, 도의 신하들에게 명을 내려 벌목을 금하고 나무를 많이 심어, 민둥산이 되어 씻겨 내려가는 일이 없게 하소서. [419]

조선 시대 사람들도 홍수 피해의 원인을 잘 알고 있었다. 하지만 나무를 심고, 화전을 줄이고, 산림을 보호하는 해결책을 실행하기가 어려웠다. 근본적인 해결책을 마련하지 못한 조선에서 자연재해는 지속될 수밖에 없었다.

4. 경제활동의 변화

사냥하지 않는 왕

중국인은 창, 일본인은 칼을 잘 쓰고 조선인은 활을 잘 쏜다고 할 만큼, 활은 우리나라를 대표하는 무기다. 고구려에 주몽이라 불린 추모왕이 있다면, 조선에는 명궁으로 이름 높은 태조 이성계가 있다. 신기에 가까운 활쏘기로 수많은 전공을 올렸던 이성계는 왕이 된 후에도 궁중 후원에 과녁을 만들어 놓고 활쏘기를 할 만큼 무예 연마를 게을리 하지 않았다. 이성계의 아들인 태종(1400~1418) 이방원은 고려에서 과거에 합격한 뛰어난 문사文士였지만, 무예에도 능했다. 그는 갑옷을 입고 왕자의 난을 진두지휘했고, 사병을 거느리고 사냥을 자주 다니기도 했다. 왕이 된 이후 재위 18년 동안 255회 사냥을 다녔다. 매년 10회 이상 사냥을 한 셈이다. 비만한 것으로 알려진 세종(1418~1450)도 재위 32년간 782회 사냥에 나섰고, 세조(1455~1468)도 309회, 성종(1469~1494)도 247회 사냥을 했다. 연산군도 사냥을 즐겼지만, 중종(1506~1544) 시대를 지나면서 사냥 횟수가 급격히 줄어든다.[420]

왕이 궁을 나서 출렵을 하게 된 주요 동기는 사냥하여 잡은 짐승을 종묘에 희생물로 바치고자 하는 것, 수렵을 통한 군사훈련인 강무講武를 시행하기 위한 것, 개인적 선호에 의한 것이라고 할 수 있다.[421] 사냥 시기는 주로 겨울철인 2월과 3월, 그리고 9월과 10월에 집중되어 있다. 야생동물의 번식기인 5월에서 8월까지는 빈도가 극히 낮다. 이때는 농번기라서 백성들의 생활에 피해를 주지 않으려는 의도도 있었다. 태조, 태종, 세조, 연산군 등은 직접 도성 밖으로 나가 사냥을 했다.

조선 초기에는 왕뿐만 아니라, 관찰사, 절도사, 수령 등 지방의 문무관들은 부하들을 인솔하여 사냥을 다녔다. 효과적인 사냥을 위해 불을 질러 숲속 동물들을 들판으로 끌어내기도 했는데, 이것이 때로 산불로 번지기도 하고 금산禁山의 숲을 불태우는 일[422]도 발생했다. 사냥이 농민 생활에 불편을 주거나 산림을 크게 훼손하는 일이 많아졌다. 따라서 정부에서는 불을 질러 사냥하지 못하게 막았다. 삼국 시대처럼 인구에 비해 숲이 많았을 때는 사냥이 농민 생활에 큰 불편을 주지 않았지만, 농경지가 확대되면서 사냥터가 줄어들어 농민에게 피해를 주지 않고 사냥하기가 점점 어려워졌다.

인종, 명종, 선조는 사냥을 거의 하지 않았다. 왕이 무예를 연마하고 사냥하는 것을 신하들이 반대했기 때문이다. 1409년 태종은 세자 양녕대군에게 궁중에서 활쏘기를 익히라고 했지만, 신하들은 세자가 학문과 활쏘기를 아울러 하면 장차 학문을 폐할까 두렵다며 반대했다. 태종은 강한 군주가 되려면 무예를 익힐 것을 권하였지만, 신하들은 왕이 문보다 무예에 치우는 것을 우려했다.[423]

왕이 사냥을 나가지 않은 것은 단순히 신하들의 반대 때문만은 아니다. 조선 초기에는 왕이 사냥을 할 때는 간편한 무복을 입고 소수의 호위 군사들을 이끌고 나갔다. 하지만 유교적 예법이 점점 자리를 잡으면서 왕들이 궁궐 밖을 나갈 때는 수많은 시종과 호위 군사들이 따라가면서 비용이 점점 늘어났다. 사냥에 온갖 격식을 갖추다보니, 사냥으로 인한 피해도 커졌다. 사냥의 성격이 변질된 것이다. 군사 훈련이나 식량 마련을 위한 수렵민의 사냥과는 너무도 거리가 멀어졌다. 중종 이후 왕들은 궁중 안에서 과녁에 활쏘기를 했는데, 이는 고대 중국의 활쏘기 겨루기인 사례射禮로, 예의에 중점을 둔 것이라 실전 무예와는 거리가 있었다. 조선 후기 정조는 활쏘기를 매우 잘했지만 직접 사냥을 하지는 않았다.

사냥감의 감소

조선은 전국에서 다양한 공납물품을 거둬들였다. 조선 초기 경상도에서 거둬들인 공물에는 호랑이, 표범, 곰, 사슴, 노루, 여우, 살쾡이, 검은담비, 수달 등의 가죽과 표범, 여우, 사슴의 꼬리, 족제비털, 그리고 마른 사슴고기와 노루고기, 사슴고기 포 등 수렵을 통해서만 얻을 수 있는 것들이 포함되어 있다. 전라도에서도 호랑이, 표범, 곰, 사슴, 노루, 여우, 살쾡이, 검은담비, 수달 등의 가죽과 표범, 여우, 사슴의 꼬리, 족제비털, 말린 사슴과 노루의 고기, 사슴 뿔 등을 공물로 거둬들였다.[424]

『성종실록』에는 평안도 절도사가 매년 2, 3월에 도내 군사들을 징발해, 제사에 쓰일 짐승을 잡는다며 사냥에 나가 노루와 사슴을 많으면 1천여 마리까지 잡는데, 종횡으로 말을 달려 보리를 마구 짓밟아 백성들의 피해가 크다고 성종(재위:1469~1494)에게 보고한 기록이 등장한다.[425] 조선 전기에는 사슴을 많이 잡아 사슴젓갈鹿醢이나 사슴고기를 많이 먹었고, 시장에서도 사슴 고기가 판매되었다. 1806년 왕명으로 편찬된 『만기요람』에는 옛적에 황해도 해주에는 사슴, 노루가 많아 백·천 마리씩 떼를 지어 몰려다녔다고 기록되어 있다.[426]

그런데 1426년 충청도 도절제사의 상소를 보자.

"근래에 와서 사람들이 많이 땅을 개간함으로 인하여, 노루와 사슴
이 매우 희귀하여, 지난 3년 동안 각 관사에 공납할 마른 노루·마
른 사슴 61구, 사슴 고기 70첩, 사슴 뿔 9대와 노루 가죽과 사슴 가
죽 1백 8장 등을 납부하지 못하였습니다. 각 관사에 저축되어 있는
경비가 넉넉하오니, 이를 줄여주소서."[427]

조선 초기에 충청도에 사슴과 노루가 많기는 했지만, 차츰 개체수가 줄어들고 있다는 것을 알 수 있다. 1451년 호조에서 문종에게 다음과 같이 보고하였다.

"충청, 전라, 경상 하삼도의 인구가 날로 번창하여, 백성들이 조밀하게 거주하니 산마루의 땅을 모두 경작하고 개간하였으므로, 날짐승과 들짐승이 번식할 수가 없습니다. 그럼에도 봉상시(제향을 준비하는 관청), 사재감(왕실에 육류를 공급하는 관청)에서 공납으로 요구하는 사슴과 노루 고기는 옛날과 같으므로, 각 도 각 고을에서 이를 준비하기가 쉽지 않습니다. 민간의 재화와 곡식을 거두어 들여 멀리 다른 도에서 사서 공납하고 있으니, 그 폐단이 큽니다. 청컨대 지금부터 사재감에 바치는 것은 각도의 감사로 하여금 도내 주와 군의 노루와 사슴의 번식 여부를 살펴서 양을 줄이고, 말린 돼지고기로 대신하도록 공물 품목을 고쳐 만들게 하시옵소서."[428]

고려 말에는 왜구의 침략으로 하삼도의 인구가 줄었지만, 조선이 건국된 이후 왜구의 침략이 크게 줄면서 충청, 전라, 경상도 지역 인구가 크게 늘었다. 조선의 강력한 농본정책에 힘입어 경작지 면적이 크게 늘면서, 날짐승과 들짐승의 서식지가 줄어들게 되었고 그에 따라 사슴과 노루 등이 크게 감소했던 것이다. 1500년경 성현成俔은 『용재총화』에서 강원도 철원지역의 변화상을 이렇게 적었다.

"철원鐵原은 옛날 동주東州의 땅인데, 이곳을 짐승 숲이라 불러왔다. 세종께서 가끔 이곳에서 사냥을 하시어 수많은 짐승을 잡았는데,

예빈시에서 쓰는 고기와 관청의 수요 이외에 재추宰樞(2품 이상 벼슬아치)에게 골고루 하사하는 것 또한 헤아릴 수 없이 많았다. 문소전에서 초하루나 보름 제사 때 쓰는 고기는 오직 철원과 평강에서만 바쳐도 남음이 있었다. 그러나 지금은 동주의 뜰은 태반이 밭이 되고 금수가 줄어들어 양 읍에서 짐승 잡기가 어려워지니, 잡히지 아니하면 불안해서 침식을 잊을 정도다. 상하의 관리가 수풀을 뒤지며 겨우 벌을 면하고 있는 형편인데도 지금까지 폐하지 않는 것은 그래도 다른 곳보다 낫기 때문이다."[429]

세종(1418~1450) 시기 철원 지역은 짐승 숲이라 불릴 만큼 수많은 동물이 서식하였지만, 불과 수십 년이 지난 후에는 농경지가 늘면서 짐승 잡기가 크게 어려워졌다.

1466년 5월 24일 세조는 호조에 명하여 평안도 지역의 공물을 줄일 것을 의논했다. 백성들이 숲에서 생산되는 물품을 공납하기 너무 힘들어하자, 백성들의 경제사정이 나아질 때까지 여러 품목을 일시 감면해주기로 했다. 감면 품목에는 칠, 인삼, 꿀, 소나무 꽃가루, 잣 등 임산물과 더불어 여우, 살쾡이, 족제비, 담비, 사슴 가죽과, 마른 사슴고기, 마른 노루고기, 사슴 꼬리 등 수렵을 통해서만 구할 수밖에 없는 것들이 대거 포함되었다.[430] 평안도는 산과 숲이 많아 동물이 많이 서식한 곳이다. 따라서 수렵과 채집을 통해 얻어야만 하는 물품의 공납 비중이 높았던 곳이다. 그런데 이곳에서도 동물을 사냥하기가 차츰 어려워졌다. 그렇기 때문에 공납을 감면해준 것이다.

김다빈·공우석·구경아는 1454년에 작성된 『세종실록지리지』, 1530년에 만들어진 『신증동국여지승람』, 1861~1866년에 완성된 『대동지지』 3종

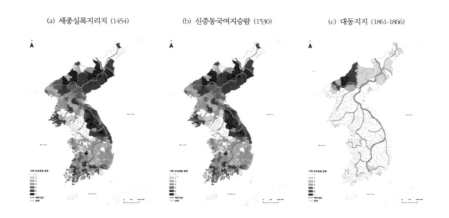

(a) 세종실록지리지 (1454) (b) 신증동국여지승람 (1530) (c) 대동지지 (1861-1866)

조선시대 시기별 포유동물의 군현별 다양도(김다빈, 공우석, 구경아 논문 479쪽 참조).

의 문헌에 등장하는 포유동물 관련 공물 기록을 분석했다.[431] 3종의 문헌
에 등장하는24종의 포유동물 중 공통으로 기록된 6종을 대상으로 분포 변
화를 분석한 결과, 조선 후기로 갈수록 포유동물의 공물 기록이 나오는 군
현이 백두대간 및 정맥 구간의 일부 지역으로 제한되거나 한반도 북부 지
역으로 축소되었고 동물의 '다양도' 또한 감소하는 경향을 보였다.

『세종실록지리지』에는 경기도 일부를 제외하고 전국에서 포유동물을
공물로 바쳤다.『신증동국여지승람』에는 평안도와 황해도, 충청도, 경상
도, 전라도 일대에서 포유동물을 공물로 바치는 군현이 크게 줄었고, 소백
산맥과 태백산맥 줄기에 있는 군현과 강원도, 함경도, 평안도 동부 지역의
군현들만 포유동물을 공물로 바쳤다.『대동지지』에는 한반도 북부와 강원
도 일대를 제외하면 포유동물을 공물로 바치는 군현이 거의 없어졌다. 특
히 담비는『세종실록지리지』에는 경기를 제외한 전국의 63곳에서 공납했
지만,『신증동국여지승람』과『대동지지』에는 공납을 하는 지역이 23~24
곳으로 크게 축소되었다. 사슴의 경우『세종실록지리지』에는 남해안 일대

와 강원도, 황해도 등 90곳에서 공물로 바쳤지만, 76년이 지나 만들어진 『신증동국여지승람』에는 사슴을 공물로 바치는 지역이 불과 8곳으로 크게 감소했다.

조선 초기에 흔하던 사슴은 개체수가 크게 감소하여 17세기 이후에는 거의 사라졌다. 사람들이 사슴을 남획하였으며 생태환경도 변화하였기 때문이다. 나무와 풀이 사라지면서 먹거리가 부족해진 사슴이 더 이상 살아갈 수가 없었던 것이다. 사슴, 노루, 담비뿐만 아니라 호랑이, 표범, 토끼, 꿩, 여우, 수달피, 삵, 족제비, 멧돼지 등도 크게 감소했다. 농사를 위해 인간이 키운 가축인 소만이 늘어났을 뿐이다.

압록강, 두만강 너머와 연결된 조선의 열린 생태계에서 조선의 포호정책은 분명 한계를 가진 정책이었다. 최상위 포식자인 호랑이를 사냥해 없애버리면, 멧돼지나 사슴 등이 많아진다. 그러면 두만강 북쪽에 사는 호랑이가 먹을거리가 많은 조선 땅으로 내려올 수 있다. 먹거리가 많아지면 호랑이의 번식력도 다시 높아질 수 있다. 호랑이를 사냥해도 쉽게 개체수를 줄일 수 없던 이유다. 따라서 포호정책만으로 호랑이를 격감시킬 수는 없다. 포호정책과 더불어, 동물 생태계의 전반적인 변화가 호랑이 개체수를 격감시킨 것이다.

김다빈, 공우석, 구경아는 포유동물이 감소한 이유에 대해 인구 증가에 따른 도시 형성과 농경지 확대로 인한 산림 감소 등 포유동물 서식지를 인간이 파괴한 것을 주요한 원인으로 지목했다.

물고기 소비의 증가

숲이 사라지면서 사람들의 경제생활도 변화가 생겼다. 수렵, 채집, 어로는 고대인들에게 다양한 먹거리와 생활에 필요한 물건을 얻을 수 있는 방법으로, 농민들도 부분적으로 수렵, 채집, 어로를 해왔다. 전쟁, 교역의 중단, 이동 등 여러 가지 이유로 자급자족하며 살아야 했던 사람들에게 숲은 경제생활의 중심지였다. 하지만 숲과 함께 동물들이 사라지자, 먹거리에서 동물성 단백질이 차지하는 비중 또한 크게 줄어들 수밖에 없었다. 조선 전기에 사람들이 즐겨 먹었던 사슴, 노루 고기가 거의 사

고기잡이. 김홍도 작. 국립중앙박물관 소장. 새로운 단백질 공급원이 필요해진 조선 후기에는 어획량이 급증했다.

라지자, 사람들은 대체물을 찾았다. 그 가운데 하나가 물고기다.

조선 초기 하천변의 저습지가 농경지로 바뀌면서 제방이 만들어졌다. 사람들은 제방에서 고기잡이를 통해 동물성 단백질을 보충했다. 하지만 숲이 사라지자 가뭄이 자주 들게 되었다. 하천과 저수지가 쉽게 마르면서 고기잡이도 위축될 수밖에 없었다. 조선 후기에 바다 어업이 활발해진 것은, 인구 증가 이상으로 늘어난 물고기 소비를 내수면 어업으로 감당할 수 없었기 때문이다. 17세기 이후 기온 하강에 따라 한류성 어족인 청어, 대구, 명태가 바다에 출몰함에 따라 어획량도 급증했다. 어획량의 급증과 더불어 명태, 청어, 대구, 조기 등의 소비량이 급증했다. 늘어나는 소비에 대응하고자 한강에 얼음을 가득채운 빙어선이 등장한 것도 이때였다. 조선 후기 한성부에는 어물전이 크게 성행하였다. 또한 19세기 초에는 김려

의 『우해이어보』, 정약전의 『자산어보』, 서유구의 『난호어묵지』, 『전어지』 등이 출간되어 수산물에 대한 지식도 늘었다. [432]

시장에 의지하게 된 농민

조선 후기에는 사슴과 노루를 대신해서 소고기 소비가 급증했다. [433] 이에 따라 조선의 수도 한성부에서는 소고기를 파는 현방(정육점)도 늘어났다. 마을 주변 숲에서 약재와 산나물을 구하는 것이 줄어듦에 따라, 사람들은 약령시를 비롯한 시장에서 약재와 야채 등 필요한 것을 구할 수밖에 없게 되었다.

박지원의 소설 『허생전』은 허생이 상행위를 통해 허례허식에 빠진 양반 사회를 비판하고, 나라를 부유하게 하고 백성을 이롭게 하는 경제사상을 내세운 개혁소설로 평가받는다. 소설의 시대배경은 17세기 중반이지만, 실제 허생의 상거래 내용은 18세기 말의 상황을 반영한 것이라고 하겠다. 허생이 돈을 번 첫 번째 방법은 안성에 가서, 대추, 밤, 감, 배, 석류, 감귤, 유자 감 등을 2배 값으로 대량으로 구입하여 저장하는 도고都庫행위였다. 온 나라가 잔치나 제사를 치르지 못하게 되어 과일 값이 크게 오르게 되자, 허생은 이때 과일을 10배에 팔아 큰 이익을 얻었다. [434]

소설 『허생전』은 당시 사회상을 반영한 이야기다. 조선 초기 농민들은 마을의 숲에서 얻은 과일로 제사를 지냈지만, 조선 후기 농민들은 제사상에 올릴 대추, 배, 감 등 과일 등을 자급자족하지 못하고 시장에 의지했다. 농민들은 필요한 물건을 시장에서 구입하기 위해 돈이 필요했고, 그 결과 시장에 내다 팔 수 있는 쌀을 비롯한 특정 작물을 재배해야만 했다. 조선 후기에는 사회 전반에 분업화와 전문화가 이루어지고 상거래가 활성화된 긍정적인 측면이 많다. 하지만 농민들의 생업에서 쌀농사의 비중이 높아

지며 재배 작물의 수가 단순해진 측면도 있다.

조선 후기에는 5일장이 발달하여 점점 상설시장이 되었다. 숲이 많았던 조선 초기와 달리 조선 후기에는 농민들이 주변에서 구할 수 있는 것이 부족하여 시장에 의지할 수밖에 없었던 것이다.

5. 서양인이 본 조선의 숲

도성의 비보숲

1395년 조선이 개성에서 한양으로 천도할 때, 사산을 중심으로 100만 그루의 나무를 심고 가꾸었다. 도성 안팎 산에 표석을 세워서 나무를 함부로 베지 못하도록 했다. 한국인의 일상생활에 큰 영향을 끼친 풍수지리의 영향 때문이다. 주거지와 무덤 선정, 도시 건설에 있어서 풍수지리의 영향은 지대했다.

풍수지리에서 숲은 비보神補와 엽승厭勝에 이용된다. 비보는 지세의 부족한 점을 인위적으로 보완하는 것으로 연못을 파거나, 인공 산을 만들거나, 나무를 심어 보완하는 것이다. 엽승은 외부의 흉한 기운을 차단하기 위해 장승, 사찰 등을 세우거나 나무를 심는 것을 말한다. 북악산과 인왕산 등의 숲은 지맥을 보존하기 위한 비보숲이었다. 따라서 이곳의 숲은 함부로 나무를 벨 수 없었다.

숲이 잘 보호됨에 따라 사산은 도시민의 좋은 휴식처가 되었다. 성현(1439~1504)은 도성 안에 경치 좋고 놀 만한 곳으로 북악산 아래 삼청동을 제일로 꼽고, 인왕산 아래 인왕동과 백운동, 낙산 아래 쌍계동, 남산 아래 청학동을 그 다음이라고 했다.[435] 인왕산과 북악산, 낙산, 남산 도성을 에워싼 사산에는 아름다운 숲과 풍성한 수량을 자랑하는 계곡물이 흐르는 멋진 풍광을 자랑하는 곳이 많았다.

조선 사람들은 인왕산에 등룡정, 태고정, 백호정, 북악산에 옥호정, 취운정, 벽송정, 낙산에 백림정, 이화정, 조양루, 남산에 녹천정, 귀록정, 칠송정 등 정자를 세워 휴식처로 이용했다. 유득공(1749~1807)은 인왕산 필운대의 살구꽃, 북둔의 복사꽃, 동대문 밖의 버들, 천연정의 연꽃, 탕춘대 밖

인왕산 필운대. 18세기에는 인왕산에 숲이 많아 도성 사람들의 휴식처가 되었다.

의 수석水石이 술과 노래를 즐기려는 자들이 많이 모이는 곳이라고 하였
다.[436] 유득공의 아들 유본예(1777~1842)는 필운대를 이렇게 소개했다.

> "필운대 옆에 꽃나무를 많이 심어서, 성안 사람들이 봄날 꽃구경하
> 는 곳으로는 먼저 여기를 꼽는다. 시중 사람들이 술병을 차고 와서
> 시를 짓느라고 날마다 모여든다. 흔히 여기서 짓는 시를 '필운대 풍
> 월'이라고 한다."[437]

필운대는 현재 배화여자대학교 안에 위치하고 있다. 필운대 글자가 새
겨진 바위는 바로 앞에 세워진 건물에 가려져 있어, 과거에 이곳이 명승
지였다는 것을 실감하기가 어렵다. 하지만 200여 년 전에는 살구꽃이 만

발한 아름다운 곳이어서 채제공, 박제가, 유득공 등 유명 인사들도 이곳을 찾았다. 꽃구경을 하는 계절이 오면 양반들뿐만 아니라 서민들까지 많은 인파가 몰려 산속이 마치 큰 길거리처럼 번잡했었다. 18세기만 해도 인왕산은 겸재 정선(1676~1759)의 인왕제색도에서도 볼 수 있듯이 숲이 울창한 곳이었다.

부자들은 한강변에 정자를 짓거나, 배를 타며 피서를 즐기기도 했지만, 그보다 가난한 자들은 가까운 도성을 둘러싼 인왕산과 남산, 낙산, 북악산에 올라 꽃구경도 하면서 휴식도 즐기고 피서도 했다. 수많은 개울물에서 발을 씻는 탁족濯足을 즐기기도 했다. 조선 후기 사대부가 아님에도 문자를 익힌 중인, 평민, 노비들이 발전시킨 여항문학은 1800년 무렵 인왕산 아래 옥류천 주변에서 활동하던 송석원 시사詩社를 정점으로 꽃을 피웠다. 여항인들은 숲이 우거진 인왕산, 남산 등지에서 아름다운 풍광을 노래했다.

도성 주변의 민둥산

하지만 여항문학은 19세기 말에 들어와서 크게 쇠퇴했다.[438] 여항문학 쇠퇴의 원인 가운데 하나로 시인들이 모일 수 있는 명승지가 크게 훼손된 탓을 들 수 있다.

궁궐과 관청에 도자기를 납품하던 광주 분원의 공인貢人 지규식은 1891년부터 20년간 일기를 남겼다. 그의 『하재일기』에는 도자기를 굽는 데 필요한 땔나무火木를 구입하는 일이 쉽지 않아 이곳저곳에 부탁하는 모습을 볼 수 있다.

조선에서는 왕실에 필요한 자기를 분원에서 일률적으로 제작해 공급하였다. 분원은 약 10년을 주기로 자기 가마에 들어갈 땔감을 공급하기 위

1900년경 서울의 민둥산(『낯선 서울 Around 1900』, 서울시립대학교 박물관, 2014.).

해 수목이 무성한 곳을 찾아 이동하였다. 이에 따라 경기도 광주 지방을 중심으로 시장柴場을 지급받았다. 분원의 시장은 퇴촌면, 실촌면, 초월면, 도척면, 경안면, 오포면 등 광주 6개 면에 있었고, 조선 시대 말까지 분원은 6개 면 안에서 이동했다. 분원이 설치되어 땔감을 채취한 곳은 나무가 무성해질 때까지 놔두었다가, 다시 나무가 자라면 다시 분원을 설치해 땔감을 채취했다. 그러나 조선 후기에 땔감을 채취한 곳이 곧 화전으로 개간되면서, 시장이 차츰 줄어들어 연료 공급이 끊겨 자기 제작을 할 수 없을 지경에 이르렀다.[439] 화전의 급증이 조선의 자기 제조업에도 직접 영향을 미친 것이다.

1891년 2월 6일 지규식은 나무를 얻기 위해 김판서 대감을 만났다. 하지만 김판서는 약간 남아 있는 나무를 허락해주기 어렵다며 거절했다. 그러자 그릇 굽는 일이 낭패라고 여러 번 급박한 사정을 여쭈어, 겨우 며칠 있다가 다시 보자는 이야기를 듣고 물러났다. 그래서 2월 9일에야 겨우 허락을 받아 벌목하여 나무를 얻었다. 그의 일기에는 땔나무 값이 너무 비싸다는 이야기가 자주 등장한다. 10월 5일 일기에는 그해 8월에 우역이 크게 발생하여 소가 많이 죽는 바람에 땔나무 가격이 1짐에 5냥이 넘으니 근래에 보기 드문 변고라고 했다.[440]

19세기 말 땔감 문제는 매우 심각했다. 목재뿐만 아니라, 솔가지도 비싼 값에 거래되는 시대였다. 도성 주변 산의 나무들도 온전히 남아 있을 수가 없었다. 함부로 벌목해서는 안 된다는 법령이 있었음에도 불구하고, 도성을 에워싼 인왕산, 남산 등은 마침내 민둥산이 되어 버렸다. 19세기 말 ~ 20세기 초 조선을 방문한 서구인들은 자신들이 본 조선의 모습을 다양한 기록으로 남겼다.

서양인이 본 조선의 숲

러시아의 조선 탐험대 소속 카르네프 육군 대령은 1885년부터 1896년까지 조선 전역을 여행하며 기록을 남겼다. 그가 본 조선은 낙후되고 부패했지만 풍요로운 자연 조건을 지닌 나라로 묘사했다. 북극과 열대라는 극단적 세계가 상존해 동식물이 다양하고, 모피, 담배, 소가죽, 인삼 등이 주요 수출품이며, 호랑이가 유명하다고 적었다. 그런데 그는 조선은 축복받은 자연을 무분별하게 개발해 나무를 마구 베어낸다고 하였고, 쌀, 담배, 목화 등 농업 생산물이 단순하다고 하였다. 게다가 조선은 인구밀도

가 높고, 계급 사회이며, 순종적이며, 싸울 줄 모르고 군대는 허약하다고 적었다.[441]

독일의 여행 전문가 헤세 바르텍은 1894년 조선을 방문했다. 그는 한양 도성을 보고 성곽이 무너져도 수리할 생각도 않는다고 하였다. 도성 안에는 도로도 없고 고층건물도 없고, 나무와 정원도 없다고 하였다. 그는 조선은 지하자원이 풍부한데, 발전을 혐오하는 가련한 정부와 관리의 부정부패 때문에 백성들이 일하려는 욕구가 없고 가난을 벗어나려 하지도 않는다고 적었다.[442]

서양인의 눈에 비친 조선은 자원은 풍부하지만, 나무를 마구 베어내어 도성 주변에도 나무가 없는 나라였다. 1888년 조선을 방문한 릴리어스 호튼 언더우드가 제물포 해안에 도착해서 처음 본 조선의 풍광은 헐벗은 산이었다. 그는 단조로움을 깰 나무 한 그루 없고 겨우 위안이 될 만한 것이라곤 군데군데 하얗게 덮인 눈뿐이었다고 하였다.[443]

조선의 경관에 대해 가장 비판적으로 본 사람은 1894년에 『Corea of Today』라는 책을 출간한 서양인 교사 윌리엄 길모다. 그는 외국인들에게 조선을 소개하면서, 한반도에서는 일본처럼 아름다운 삼나무 숲에 자리한 흥미로운 사원을 발견하지 못할 것이며, 여행객이 머물도록 유혹하는 숲도 거의 없다고 지적했다. 수도 인근 지역의 숲은 벌거벗은 상태이며, 나무와 풀로 된 망토가 벗겨져 버린 산은 작열하는 태양과 휩쓰는 빗줄기에 노출되어 있고, 산의 황량한 부분은 한여름 홍수가 만든 물길로 골이 파이고 갈라져 있다고 지적했다. 해안을 따라 항해할 때도 오로지 황량한 작은 산, 후미진 어촌 마을에 흩어져 있는 낮은 오두막집만 보인다고 했다. 그는 한국은 자원이 전혀 없는 나라처럼 보인다고 하였다.[444]

1901년 미국의 여행가이자 사진작가인 버튼 홈즈는 부산과 제물포에

도착했다. 그는 서울로 가는 경인선 철도를 탔다. 그의 눈에 비친 낯선 나라 조선의 풍경은 매력적이지 못했던 모양이다. 그의 여행기에서 조선의 산에는 나무가 거의 없었고, 촌락들은 장래성이 없어 보였다고 적었다. 그는 경복궁, 경운궁, 인왕산 등 서울 곳곳을 여행하면서 많은 사진들을 찍었다. 그는 한양도성 위에 걸터앉은 두 사람의 모습을 사진에 담았다. 두 사람 뒤쪽에 보이는 인왕산은 나무가 거의 없이 자갈과 모래로 덮인 민둥산이었다.[445]

19세기 말에서 20세기 초에 조선을 방문한 수많은 외국인들의 눈에 비친 조선은 가난한 나라였다. 높은 인구밀도에 경작지는 좁고, 양반들은 아예 일을 하지 않으며 관리들은 백성들이 아닌 왕을 위해 일하다 보니, 백성들이 새벽부터 열심히 일을 해도 나라가 가난할 수밖에 없다고 평가했다. 장기간의 평화, 두려움에서 비롯된 쇄국으로 인한 내부 수탈, 변화 거부, 발전을 두려워한 것이 가난을 만들었다고 지적했다.

1882년~1885년까지 조선의 세관과 외무 업무를 담당했던 묄렌도르프는 조선의 문제를 "조선 개혁에서 가장 큰 장애가 되는 사람들은 하층 관리도 아니며, 관직이나 작위도 없으면서 귀족 신분으로 향리에 살면서 인민을 수탈하는 재야인사들이다."라며, 진사, 생원 등 양반들을 꼭 집어서 비판했다.[446] 그렇지만 그는 조선은 지하자원이 풍부하며 농업도 잠재력이 있고 열심히 일하는 백성들이 있어 잠재력을 가진 나라라고 평가했다.

15세기 말 명나라 사신 동월이 보았고, 19세기 초까지만 해도 도시민의 휴식처가 되었던 사산의 풍요로운 숲은 19세기 말에는 대부분 사라졌다. 숲이 사라지면서 조선의 풍요로움도 사라졌다.

19세기 조선의 환경위기

중국 문명을 탄생시킨 황하 중하류 일대의 산서성山西省 황토고원지대는 일찍부터 대규모 벌채와 개간이 이루어졌다. 북위의 수도 대동, 수, 당의 수도인 장안과 북송의 수도 개봉을 건설할 때 산서 고원지대의 나무를 사용했다. 역대 정권의 벌목으로 인해 북송(960~1127) 시기에는 산림이 절반으로 줄었다. 명(1368~1644) 건국 무렵에는 산서성 북부에서 산해관까지 울창한 산림지대가 형성되어 있었지만, 홍치제(1488~1505) 시기에 벌목으로 이 일대 산림이 다 사라져 버렸다. 하북평원에서 벌어진 전란과 재해로 발생한 많은 굶주린 백성들이 생계를 위해 산속에 들어가 나무를 마구 파내고 베어냈다. 새로 도입된 옥수수, 고구마와 같은 작물을 심어 먹고 사는 농민들에 의해 산림의 남벌이 더욱 극심해졌다.[447]

그럼에도 불구하고 이 지역에 많은 인구가 살 수 있었던 것은 석탄 때문이었다. 중국은 당(618~907) 시기에 취사와 난방을 위해 석탄을 사용하기 시작했다. 산서성 일대에는 풍부한 석탄이 매장되어 있다. 그것도 노천광이어서 쉽게 채굴이 가능했다. 또한 불이 쉽게 붙는 유연탄이어서 가정용으로 널리 사용할 수 있었다. 따라서 중국은 숲의 파괴로 인한 연료 부족 등의 생태 위기 문제를 석탄으로 극복할 수 있었다.[448]

17세기 유럽 역시 숲이 극도로 파괴되어 생태위기를 겪고 있었다. 그런데 유럽은 석탄 발견의 행운과 신대륙 식민지 획득을 통해 대위기를 극복할 수 있었다. 특히 영국은 석탄을 이용해 산업 혁명을 이룰 수 있었다. 게다가 유럽은 과잉인구를 신대륙으로 보냄으로써 생태위기를 극복할 수 있었다.[449]

하지만 조선에는 중국, 유럽과 같은 행운이 따르지 못했다. 조선의 석탄은 쉽게 불이 붙지 않은 무연탄이다. 연탄을 만들어 사용할 수는 있지만,

조선에서는 거의 사용되지 못했다. 연료는 오직 나무와 풀뿐이었다. 따라서 산업화를 통해 위기를 극복할 수도 없었다. 철을 녹이고, 선박을 만들고, 공장을 돌리고, 기선을 움직이고, 각종 기계를 만들려면 나무가 있어야 한다. 하지만 산업화에 가장 중요한 자원인 연료가 조선에 부족했다.

게다가 농업 환경조차 나빠져, 농업의 생산성을 높이는 데도 한계에 달해 있었다. 인구를 외부로 보내 인구 압력을 낮추고, 경쟁력 있는 상품을 팔아 연료 등을 수입하는 것이 해결책이었지만, 조선은 어느 것 하나 해결할 수가 없었다. 조선의 잠재력은 숲 파괴로 현저하게 감소된 상태였다. 19세기 말 조선은 생태환경의 위기 속에서, 새로운 근대화의 풍랑 속에 빠져 들어 나아갈 길을 모른 상태에서 표류하고 말았다.

6. 한반도에서 사라진 수렵 채집민

조선의 별천지 함경도

조선을 건국한 태조 이성계는 수렵민 출신이라고 봐도 무방한 사람이었다. 그는 몽골치하 쌍성총관부에서 태어나, 어려서부터 말타기와 활쏘기에 능한 인물이었다. 그의 의형제 이지란은 여진족 추장으로, 그 역시 수렵을 하며 성장한 사람이었다. 고려 동북면 일대에서 성장한 이성계는 무력을 앞세워 조선을 건국했다. 그의 군사적 기반인 동북면 즉 함경도 지역은 조선 초기에는 우대를 받은 곳이었다. 하지만 1402년 태종의 즉위를 반대한 조사의의 난, 1453년 수양대군의 권력 장악과 자신의 파직에 불만을 품고 여진족과 함께 반란을 일으킨 이징옥의 난, 1467년 지역 호족들과 함께 반란을 일으킨 이시애의 난이 거듭 일어났다. 이후 함경도 지역은 반역향으로 취급받고 많은 차별을 받았다. 『신증동국여지승람』에는 함경도의 중심이자 조선의 출발지인 함흥에 대해 이렇게 묘사한다.

> "순박하고 우직하며, 말을 달리고 활 쏘는 것으로 덕을 삼으며, 이익으로 유혹하면 함부로 허락한다. 무사巫祀를 숭상한다. 토질이 대부분 메마르고 기후가 일찍 추워지지만, 사람들이 부지런하고 검소하며 힘이 세고 사납다."[450]

순박하고 우직하며, 말을 잘 타고 활을 잘 쏘는 것을 숭상하며, 무당의 제사를 숭상하는 모습은 삼남 지방의 풍습과는 많이 다르다. 함흥뿐만 아니라, 함경도 지역에 대한 『신증동국여지승람』의 기록도 그러하다.

제주 거문오름 숲 속의 노루. 숲에 동물이 사라지면서 수렵채집민도 사라졌다.

북청도호부 - 산은 말갈 땅과 이어져 있다. 이 고장 풍속은 용맹한 무사를 높여 왔다. 주변에 강포_{強暴}한 부족이 많다.

삼수군 - 백성들의 습속은 농사와 싸움_兵을 일삼는다.

경원도호부 - 지역이 깊숙하고 험하다. 연접하여 사는 야인들은 숲 속에 거주하는데, 좋아할 때는 사람이나 화가 나면 짐승이다. 복종 하다가도 어떤 때는 침략하는 등 번복해 일정하지 않았다. 회유하 기가 어려우며 의로도 복종시키기가 어렵다. 여러 도_道 가운데서 통 제하기가 가장 어렵다.

회령도호부 - 우리 백성과 오랑캐가 섞여서 농사를 지어가며 사는 곳, 풍속은 활과 칼만 알았지 책은 알지 못한다. 날마다 전쟁을 일삼 으며 편히 살 수 없는 곳, 글 한 줄 읽을 줄 아는 사람 없다. [451]

『신증동국여지승람』은 과거에 합격한, 유학 공부에 능통한 사대부들에 의해 만들어졌다. 그들이 바라본 함경도 사람들에 대한 평가는 오랑캐와 섞여 살아 무사들을 숭상하여 활과 칼만 알고 책을 알지 못하는 사람들로, 교화시켜야 할 대상이었다.

조선 평안도의 중심지인 평양부에 대해서는 '고구려 때부터 무예와 강함을 숭상하였고, 고려 때에 요와 금과 국경을 접하여 점차 되놈의 풍속에 물들어 풍속이 사납고 교만하다. 백성의 본성이 온후하고 진중하며 질박하고 곧으므로 선善으로 인도하면 쉽게 좇아 감화된다. 사람들이 날래고 굳세다'고 적고 있다.452 또 함경도, 평안도, 황해도와 강원도 일부를 포함한 서북지역은 무당과 귀신을 섬기고 무사를 숭상하며 사냥을 즐기며, 사납지만 순박한 사람들이 사는 곳이라고 기록하고 있다.

차별받은 서북지역민

서북지역은 고려 시기에는 군사적 성격이 강한 북계와 동계였고, 몽골 간섭기에는 동녕부와 쌍성총관부로 다른 지역에 비해 몽골의 직접적인 지배를 받기도 했다. 또한 이곳은 타 지역에 비해 산이 많고 깊어 수렵 채집민이 활동하기 좋은 곳이고, 여진족이 고려, 조선에 투항했을 때에도 삼남지방보다 이곳에 많이 거주했던 것도 그들의 본래 거주지와 멀지 않기 때문이었다. 조선 초기까지도 이곳에는 지방관이 파견되지 못한 속현이 남아있었다. 지역 사람들은 밭농사도 짓지만 수렵과 채집 활동의 비중이 높았다. 평소 말타기와 활쏘기에 익숙했던 이곳 사람들은 조선과 여진족 전쟁에서 용맹하게 싸운 정예병이 되었다.

하지만 조선에서는 이곳 사람들을 차별했다. 이중환이 저술한 『택리지』의 원제는 『사대부가거처士大夫可居處』다. 이중환은 태조 이성계가 나라를

창건한 후, 서북 지방 사람들은 벼슬에 임용하지 말라는 명을 내린 까닭으로, 평안, 함경 2도에는 3백년 이래로 높은 벼슬을 한 사람이 없다고 하였다. 또 서울 사대부는 서북 지방 사람과 혼인을 하거나 벗으로 사귀지 않고, 서북 사람도 서울 사대부와 더불어 동등하다고 여기지 않

1900년경 활쏘기하는 조선의 양반들. 이들의 활쏘기는 예법에 따른 활쏘기로 실전 무예와는 거리가 있었다.

는다고 했다. 그리하여 서북 양도에 사대부가 없게 되었으니, 그런 까닭으로 함경, 평안 두 도는 살만한 곳이 못 된다고 하였다.[453]

조선에서 서북민은 높은 벼슬에 임용되지 못했다. 조선 초기 함경도 지역의 잦은 반란과 태조의 명령 때문도 있겠지만, 그들이 가진 무력이 정권 안정에 위협이 되었기 때문에 견제하려는 의도도 있었다. 삼국 시대에는 활쏘기 등 무예에 능하면 나라의 인재로 뽑혀 출세할 수 있었지만, 고려 시대 이후에는 무예를 열심히 해도 출세가 제한되어 있었다. 특히 조선 시대에는 성리학을 열심히 공부하여 초시라도 합격해 양반 대접을 받는 것이 사람답게 사는 길이었다. 조선에서 수렵 채집민으로 사는 것은 소수자의 삶이었고, 사회적으로 대접받지 못하는 삶이었다. 조선에서도 모피, 인삼 등 수렵 채집이 중요한 경제활동 이었음에도 불구하고, 동물을 사냥하며 떠돌아다니는 사람들을 짐승이나 오랑캐와 같다고 멸시했다. 완전한 농경민 사회로 정착된 조선에서 이들은 교화의 대상일 뿐이었다. 게다가 수렵 채집 활동을 하며 살기에는 생활환경도 앞선 시대보다 나빠졌다.

숲이 줄어들면서 수렵활동의 횟수도 줄고 수렵 채집만으로 살 수 없게 되자, 수렵 채집민도 농민으로 전환할 수밖에 없었다. 남아있는 수렵 채집민은 점점 소수자가 되었다.

소수자가 되어버린 산척

조선에서 소수자가 되어버린 수렵민은 산척山尺이라 불렸다. 이들은 외세가 쳐들어왔을 때에는 나라를 지키는데 큰 기여를 했다. 『실록』에는 1592년 임진왜란에서 적을 막는 방법의 하나로, 산척 등을 매복시켜 적을 쏘게 했다는 기록이 등장한다.[454] 1593년에는 평안도 강계 등에 산척이 많으니 이들을 전쟁에 쓰기에 가장 적합하지만, 수령 등이 산척을 제대로 동원하지 못하니 장수를 보내 이들을 찾아내어 동원하자는 주장도 있었다.[455]

1597년 비변사에서는 선조에게 지난 임진년(1592) 김면이 지리산 거창의 산척 수백인으로 하여금 우현牛峴을 방어하게 하여 왜군으로부터 거창을 지켜낸 일을 상기시키면서, 산척 무리들을 후하게 대우하고 그들의 마음을 얻어 약속을 정하여 산골짜기마다 복병으로 배치하면 한 사람이 열 사람을 대적할 수 있을 것이라고 보고하였다.[456]

하지만 이미 산척은 재인, 백정, 조군, 수군, 나장, 공사 노비와 같이 평상시에는 군사로 징발할 수 없는 자들이었다.[457] 일반 농민들과 다른 생활방식, 유교 가치관과 거리를 둔 사고방식을 가진 이들이 백정처럼 천민으로 대접을 받았기 때문이다. 임진왜란에서 산척 가운데 공을 세워 관직이 오른 경우가 있었지만, 그것은 전쟁이란 특별한 상황 때문이었다.[458] 조선은 그들을 멸시하면서도 필요시에만 그들의 무력을 이용하고자 했던 것이다. 조선은 어영청 부대를 만들 때에 산척을 뽑아 부대에 편입시키기도 했다.[459] 산척에 대한 기록은 18세기 이후에는 급격하게 줄어든다.

사라진 포수

산척 대신 등장하는 것이 포수砲手다. 임진왜란을 겪으면서 조총의 위력을 실감한 수렵 채집민은 총포를 받아들여 돌파구를 찾았다. 총포만 있으면 혼자서도 호랑이도 사냥할 수 있게 되었다. 집단으로 사냥하던 시대에서 혼자서도 독립적으로 사냥할 수 있는 시대가 된 것이다. 총은 수렵민의 생활을 크게 변화시켰다. 수렵민 특유의 집단 결속력은 약화되었지만, 소수로도 생존할 수 있는 가능성은 높아졌다. 점점 소수자로 전락하는 수렵민에게 총은 그들의 생명력을 연장시켜주는 마법의 도구였다. 총을 다루는 수렵민의 등장으로 인해, 조선 후기에는 호랑이가 더 빨리 이 땅에서 사라졌다.

1866년 프랑스 함대가 조선을 침략해온 병인양요가 일어나자, 포수들이 강화도 방어에 동원되었다. 『고종실록』에는 유격장 최경선과 홍석두가 평안도 포수 93명, 병조좌랑 한성근이 황해도 포수 50명을 거느리고 참전했다는 기록이 있다. 정족산 전투에서 이들이 어떤 활약을 했는지 알 수 없지만, 정족산 수성장 양헌수가 이들이 도착한 것이 군심을 안정시키는데 도움이 되었다고 한 것으로 볼 때 이들도 일정한 역할을 했음에 분명하다.[460]

그러나 조선은 강화도 방어에 일정한 역할을 했던 포수들을 모아 강한 군대로 육성하지도 못했다. 1900년 고종은 평안북도 관찰사 이도재에게 "강계의 포수가 쓸 만하다고 하였는데, 갑오년(1894) 이후에 혁파하였는가?"라고 묻자, 이도재는 "갑오년 이전에는 변경의 군에 각각 포수 부대

병인양요 강계포수 전첩 기념비. 포수들은 조선에 남은 마지막 전사들이었다.

가 있었으나, 지금은 폐지된 지 이미 오랩니다. 대체로 서쪽 변경은 풍속이 억세고 용맹스러워 방법이 있게 지휘한다면 강한 부대를 만들 수 있을 것입니다."라고 대답했다. 고종이 "그렇다면 한편으로 신설 부대를 설치하고 한편으로 토착 부대를 설치하는 것이 어떻겠는가?"라고 말하자, 이도재는 "토착 부대를 모집하는 것이 과연 변경을 방어하는 좋은 계책이긴 하지만 군비를 조달하기가 가장 어렵습니다."고 대답했다.[461]

조선은 군비 문제로 이들을 활용하지 못했던 것이다. 그런 가운데 이 땅의 포수들에게 사형선고가 내려졌다. 1907년 9월 일제의 '총포화약류단속법' 공포였다. 1907년 일제는 대한제국 군대 해산과 더불어 무기를 가진 자들이 일제에 대항하는 것을 막기 위해 이 법을 공포했다. 그 결과 생계수단을 잃게 된 포수들이 분개하여 대거 의병활동에 뛰어들었다. 유인석의 제천의병, 함경도 삼수·갑산에서 활약하다 간도로 옮겨간 홍범도 부대가 산척들로 구성된 부대였다.[462] 의병의 주력이 되었던 포수들은 결국 일제의 탄압을 견디지 못하고 압록강과 두만강을 건너 그곳에서 독립군으로 다시 활동했다.

하지만 한반도에서 수렵 채집 생활을 하던 사람들은 더 이상 옛 방식 그대로 살 수가 없었다. 일제강점기에 화전민이 크게 늘어났고 일제의 총포류 단속으로 수렵을 더 이상 지속하기 어려워졌기 때문이다. 이들은 결국 20세기 초에 이 땅에서 사실상 사라졌다.

9장

20세기 숲의 변화

1. 일본의 산림 수탈과 화전민의 증가

열강들이 노린 산림 개발권

산전의 확대, 땔감 수요의 증대로 조선의 산림이 크게 파괴되었지만, 인구가 희박한 압록강과 두만강 유역에는 울창한 산림 자원이 남아있었다. 1860년 연해주를 차지하고 조선과 국경을 마주한 러시아는 1895년 삼국간섭을 통해 만주에 철도부설권을 획득하고 랴오둥반도를 조차하며 조선에 대한 영향력을 키워갔다. 1896년 러시아는 한-러 산림협동협약을 체결하여 압록강과 두만강 유역의 벌채이권을 획득했다. 이로 인해 대규모 벌채사업이 시작된 것이다.

그러나 1905년 러일전쟁에서 일본이 승리하게 되자, 이 지역의 산림 개발권이 일본으로 넘어갔다. 1906년 일본은 대한제국과 '압록강 두만강 삼림경영현동약관'을 체결하고, 한반도에서 식민지 경제체제 구축을 위한 임야에 대한 조직적인 수탈을 감행했다.[463] 일본은 산림 벌목 관련 사무를 관장하는 영림창營林廠을 설립하고, 혜산진, 중강진, 신갈파진, 고산진, 무산 등지에 영림창 지창支廠과 출장소를 두고 광범위한 면적에서 벌채사업을 시행했다. 영림창에 의한 벌채 사업은 1907년부터 영림창이 폐지되는 1926년까지 20년간 지속되었다. 영림창과 이를 계승한 영림서는 무장독립군의 주요 습격대상이 되었다. 일제의 산림침탈이 한국인 노동력의 가혹한 착취와 더불어 이루어졌기 때문에 보복 대상이 된 것이다.[464]

일제가 만든 산림법

일제는 임업 행정권 장악을 위해 1908년 대한제국을 강요해 삼림법森林法을 제정 공포하게 했다. 일본법령을 기초로 일본인이 만든, 일본을 위한

압록강 주변은 일제 초기만 하더라도 산림이 우거졌다. 하지만 산림은 언제든지 파괴될 수 있다. 현재 북한은 산중턱까지 옥수수를 심었다. 그 결과 산림이 크게 사라졌다.

법이었다. 산림법에 따라 산림 소유자들은 임야 소유권을 신고하게 되었는데, 이때 신고가 이루어진 면적은 전체 산림면적 1,600만 정보의 13.7%에 불과했다. 나머지 대부분의 산림은 국유임야에 편입되었다. 임야 소유권 개념이 불확실했던 조선의 상황을 간파한 일제는 임야 소유권을 확실히 함으로써 많은 국유림을 확보하고, 개인 소유 임야에 대해서도 세금을 물릴 수 있게 되었다.[465]

1910년 식민통치를 시작한 일본은 한반도 전역에 대해 각종 자원들을 조사했다. 임야에 대해서는 1908년부터 1912년 사이에 전국적 측량을 실시했다. 일제가 한반도에서 산림 자원을 빼앗아 가는 것보다 먼저 산림 개발을 내세운 것은 당시 이용할 만한 숲이 흔치 않았기 때문이다. 북부 국경지대의 국유림을 제외하면 당시 한반도의 숲은 이용가치가 적었다.

조선총독부는 삼림조합과 목탄조합을 만들어 연료용 임산물의 채취를 통제하고자 했다. 무분별한 산림 벌채를 방지하기 위함이었다. 일제는 민유림 소유자에게 나무 심기를 권고했지만 효과가 나타나지 않았다.

산림 황폐화의 지속

1910년 강원도를 제외한 남한 지역 임목축적은 약 10㎥/ha에 불과했다. 한반도 전체의 평균 임목축적은 38.2㎥/ha였다.[466] 1927년 남한 지역 임목축적이 1ha당 16.7㎥이었지만, 1935년에는 9.9㎥로 나빠졌다. 20세기 초 약 7억㎥에 달했던 전체 임목축적은 광복 직전에는 2억 1,200만㎥로 크게 줄어들었다. 1930년대 후반 일제는 산림을 보호하기보다 도리어 과도한 벌채에 앞장섰다. 목탄이 중요한 군수 물자였기 때문이다. 또 전쟁 수요에 대비하여 민간의 연료 수요를 강력히 억제하였다.[467]

1930년대 임목축적이 15㎥/ha에 불과했음에도, 당시 평균 목재 자급률은 90% 이상이었다.[468] 일제는 전시 총동원체제에 돌입하여 필요한 물자는 가급적 본토와 식민지에서 자체 조달하고자 했다. 따라서 한반도는 자원 수탈의 대상지였다. 1927~1941년간 북부지방의 임목축적이 5,700만㎥ 감소되어, 같은 기간 북부지역 전체 임목축적의 29%가 사라졌다. 특히 함경남도는 45.5%, 평안북도는 34.5%가 감소했다.[469] 일제는 고갈 상태에 빠진 산림 자원을 보호하거나 부족한 목재를 수입으로 대체하지 않고, 남아 있는 목재를 최대한 벌목하여 당장의 수요를 맞추고자 했다. 따라서 목재가 크게 부족한 상태임에도 목재 자급률이 높았던 것이다.

도시 연료 문제와 철도

산림부족으로 인한 연료문제는 사람들의 삶을 괴롭혔다. 경성의 인구는 1916년 25만 3,068명이었으나, 1944년에는 988,537명으로 크게 증가했다. 영등포 등에 공장이 들어서고 일본인의 거주가 늘어나는 등 많은 변화가 있었기 때문이다.[470]

따라서 경성에서 소비되는 땔감의 수요도 크게 증가했다. 1929년 경성부와 경기도 군郡지역 평균 임산연료 소비량에 대한 조선총독부 철도국 영업과 자료에 따르면, 도시인 경성부에서 연료 소비량은 숯이 10%, 장작이 74%, 지엽枝葉(가지와 나뭇잎)이 15%, 각종 풀이 1% 비중이었다. 그런데 농촌지역인 군에서는 숯의 사용량은 거의 없고, 장작은 16%, 나뭇가지가 24%, 각종 풀이 59%에 달했다. 풀은 중량은 많이 나가도 빨리 타 버리기 때문에 많은 양을 필요로 한다.

1929년 경성부에서 소비되는 임산연료는 한강의 수운을 통해 조달된 양이 전체의 41.7%였다. 남한강과 북한강 일대의 강원도 지역에서 가져온 것의 비중이 압도적이었다.

장작은 뗏목으로, 지엽은 배로 운반하여 뚝섬을 비롯해 한강진, 서빙고 등에 도착해 경성시내로 공급되었다.

육로는 조달되는 연료 비중은 27.8%로 장작, 지엽이 대부분인데, 모두 경기도 북부에서 생산된 것이다. 운송의 주요 코스는 서북쪽에서 무악재 ~독립문~서대문에 이르는 길과 동북쪽에서 혜화문이나 동대문에 이르는 길로 지게나 소, 우마차 등 저렴한 운송수단으로 운반되었다.[471] 수운과 육로로 연료를 조달하는 것은 조선 시대와 변함이 없었다.

일제강점기에 연료 수급에서 가장 큰 변화는 철도를 통한 연료 수급으로, 경성부로 조달되는 연료의 29.5%를 담당했다. 철도로 운송된 연료 가운데는 장작이나 지엽보다 비싸고 열량이 높은 숯의 비중이 31.7%나 되었다. 군수물자 동원과 자원수탈을 목적으로 만든 철도로 인해 강원도 등지의 임산자원이 빠르게 경성으로 옮겨오게 되었다. 철도는 한반도의 산림 파괴를 더욱 가속화시켰던 것이다.

토막민과 화전민의 증가

일제강점기에는 토지조사사업 등을 통해 지주 소작관계가 변하고, 자작농과 소작농이 땅을 잃고 도시로 내쫓겼다. 1936년 일본이 조사한 경성부에 거주하는 조선인 실업자와 빈민은 약 10만 5천 명으로, 당시 경성부 인구의 약 1/6이나 되었다. 빈민들은 집이라 불리기도 어려운 토막을 짓고 살았다. 이전에는 이름조차 없었던 토막민土幕民이 근대적 빈민으로 등장한 것은 1920년대 초다. 1927년 3천 명이던 토막민은 1931년에는 5천 명, 1940년 말에는 3만 6천 명으로 10배나 증가했다. 이들은 값비싼 연료를 구할 수가 없었다. 연료문제는 식민지 시기 도시 빈민들의 생활을 더욱 어렵게 했다.

농촌에서 쫓겨난 빈민들은 도시로만 간 것은 아니다. 1920년대 말 전북 김제군에는 하루 한 끼를 먹는 소작농, 농업노동자가 21.5%, 죽이나 풀잎으로 연명하는 사람도 13.3%나 되었다. 가난해진 농민들 가운데는 국외로 간 자들도 있었지만 화전민이 된 사람들도 많았다.

일제는 1908년 산림법을 입안할 때부터 조선에서 화전 정리 방침을 세웠고, 1928년부터 화전 정리 사업을 본격적으로 실시했다. 하지만 화전을 금지하는 삼림령을 위반해 감옥에 갇히는 편이 차라리 굶주리는 것을 면할 수 있었기 때문에, 농민들은 형벌을 두려워하지 않고 화전을 계속했다. 1928년 전인구의 6.3%에 해당하는 120만 명이 화전민이었고, 1924~28년 사이에 화전민이 된 사람만도 약 5만 5천 명에 달했다.

조선총독부는 국유림 내 거주하는 화전민에 대해 이전 명령을 내렸다.

하지만 일본은 경사도 30도를 기준으로 그 이하 경사를 가진 산지에 소재한 화전을 거의 대부분 전답으로 규정해, 경작을 용인했다. 일제가 재정 수입을 보전하기 위해 화전까지 과세지로 삼으려고 했기 때문이다. 또한 당장 화전을 금지시키면 살아갈 대책이 없는 화전민이 또 다시 이주해서 화전을 할 수밖에 없는 상황이었기 때문이었다.[472]

조선총독부는 농업개발을 위해 나무심기를 적극 추진하려고 계획했지만, 화전을 완전히 금지하거나 새로 화전을 개발하는 것을 엄금하는 조치를 취하지 않았다. 1931년 만주사변, 1937년 중일전쟁, 1941년 태평양 전쟁이 발발하면서, 일제의 화전 정리 사업은 실행되지 못했다. 조선 산림의 황폐화는 지속되었다.

2. 산림녹화의 시작

동요 메아리

1945년 해방이 되었지만, 우리나라의 숲은 단기간에 변할 수가 없었다. 1939년 전체 농가의 11.3%가 화전민이었는데 해방 이후에도 감소되지 않았다. 도리어 해방과 더불어 일본과 만주로부터 320만 해외동포가 귀환하고, 1945년부터 250만 명의 월남민이 발생하며 급격하게 인구가 증가한 상황이었다. 이는 곧 극심한 식량부족을 초래했고, 취업 기회가 거의 없는 영세 난민들은 최소한의 생계를 위해 화전민이 되기도 했다. 게다가 한국전쟁으로 엄청난 산림이 파괴되어, 우리나라 숲은 최악의 상황에 이르렀다.

1946년 남한의 나무 임목축적은 6,000만㎥이었지만 52년에는 3,600만㎥로 줄어들었다. 인구 증가로 땔감 소비는 늘었으나 전력·석탄 부족은 심각했다. 산림을 보호할 치안력도 크게 부족했다. 1955년 한 해에만 국내 산림의 17%에 해당되는 연간 1천만㎥ 내외의 목재가 가정용 연료로 아궁이 속 땔감으로 사라졌다.[473]

1954년 유치환 작사, 김대현 작곡의 동요 '메아리'가 발표되었다.

"산에 산에 산에는 산에 사는 메아리 언제나 찾아가서 외쳐 부르면 반가이 대답하는 산에 사는 메아리 벌거벗은 붉은 산에 살 수 없어 갔다오.
산에 산에 산에다 나무를 심자, 산에 산에 산에다 옷을 입히자 메아리가 살게시리 나무를 심자."

숲이 없는 민둥산 문제가 얼마나 심각했는지를 동요가 알려주고 있다. 1971년 우리나라의 임목축적량은 1ha당 11㎥에 불과했다. 1939년 화전민이 12만 5천호였는데, 1973년에는 30만 1천호로 3배나 많았다. 특히 순화 전민보다 화전과 일반 농사를 겸하는 농민이 크게 증가했다. 농촌인구의 증가에 따라, 평지 논밭만으로는 먹고 살기가 어려워져 주변 산지에 화전을 개간해 부족한 식량을 확보하려고 했기 때문이다.

산림보호정책의 실시

1951년 산림보호임시조치법이 공포되고 1961년 산림법이 공포되는 등 정부가 벌채를 억제하는 제도를 정착시키고, 사회가 안정되면서 숲 파괴 속도는 차츰 줄어들었다. 빠른 시간에 숲을 늘리기 위해, 척박한 환경에 견디는 능력이 있고 빨리 성장하는 나무를 심기 시작했다. 이때 도입한 것이 북미가 원산지인 리기다소나무다. 리기다소나무는 송충이의 피해에도 강하고 건조한 곳이나 습지에도 잘 자라지만, 목재의 재질이 나쁘고 송진이 많이 나오며 옹이가 많아 이용도가 떨어진다.

유럽과 서아시아가 원산지인 플라타너스 역시 환경에 대한 적응력이 크고 각종 재해에 저항성이 뛰어나 가로수와 공원수로 많이 심어졌지만,

1953년 서울 청계천은 자주 범람했다. 나무가 없었던 탓이다.

목재가 연하고 열매도 가치가 없어 경제성이 낮은 나무다.

북미 원산인 아카시나무 역시 척박한 환경에 적응력이 매우 강하고 성장이 빠른 나무이며, 콩과식물로 잎과 뿌리에서 질소를 고정하는 능력이 좋아 토양을 개선하는 비료목으로도 불린다. 하지만 숲이 우거지면 다른 수종과 경쟁에서 밀리는 생태적 특징이 있다. 아카시나무는 꿀벌나무로 불리며, 우리나라 꿀의 70% 이상을 생산한다. 꿀을 생산하는 것 외에는 경제성이 높은 나무라고 할 수는 없다. 하지만 당시 민둥산에 심을 나무는 이런 나무들이 적격이었다.[474]

쉽지 않은 산림 회복

1967년 국가 산림정책을 수행하는 산림청이 탄생하면서 산림녹화가 본격적으로 시작되었다. 그해에는 자연공원법에 의해 지리산이 국립공원 1호로 지정되었는데, 국립공원 내에는 건축과 개발이 엄격히 제한되었다. 또한 화전정리법, 사방사업법, 국토녹화촉진임시조치법이 시행되었고, 연료림 조성, 화전 개간 금지 등이 실시되기 시작했다. 또 1971년에는 개발을 제한하고 자연환경을 보전하기 위한 그린벨트를 지정했다. 1970년대부터는 적극적으로 직장, 학교, 군부대, 마을 별로 지역에 맞는 나무를 심게 하고 식목일을 전후해 국민식수기간을 정해 나무심기를 권장했다.

하지만 황폐화된 산림은 쉽게 회복되지 못했다. 가장 중요한 원인은 여전히 땔감으로 낙엽을 채취하는 관습이 개선되지 못했기 때문이었다. 썩은 낙엽은 천연비료가 되어 산림토양을 비옥하게 하는데, 낙엽을 빼앗긴 산림토양은 척박해지고 건조해져 새로 심은 나무가 제대로 뿌리를 내리지 못하기 때문이다. 그래서 정부에서는 경찰력을 동원해 도벌꾼을 잡고 낙엽채취를 근절시켰다.[475]

3. 연료 소비 변화와 산림녹화의 성공

화전민 정리 성공의 이유

레스터 브라운 지구정책연구소장은 '한국의 산림녹화는 세계적 성공작이며 한국이 성공한 것처럼 우리도 지구를 다시 푸르게 만들 수 있다'고 말했다. 『플랜B』의 저자로 세계적인 환경운동가인 그는 전 세계를 통틀어 국토 전체가 헐벗었다가 성공적으로 복원한 거의 유일한 사례로 한국의 산림녹화를 지목했다. [476]

세계 각국에서도 산림녹화를 위해 노력하지만 성공한 사례는 많지 않다. 조선 시대에도 산림의 중요성을 인식하고 있었고 왕이 종종 나무심기를 권장했지만 한 번도 성공하지 못했다. 그런데 1970년대 산림녹화는 과거와 다른 결정적인 몇 가지 요인 덕분에 성공했다. 그 가운데 가장 중요한 것이 화전민 정리다.

1973년 1차 치산녹화사업이 시행되었다. 당시 약 12만 5천ha, 30만 호의 화전민이 존재했고, 전체 농가의 13~14%를 차지했었다. 그런데 1974~1979년 사이에 화전민 정리 사업으로 인해 화전민이 완전히 사라졌다. 일제가 하지 못한 화전민 정리 사업과 치산 녹화에 성공하게 된 것은 여러 요인[477]이 있지만, 크게 4가지로 볼 수 있다.

첫째 1970년대 농촌인구가 급격히 도시로 이동했기 때문이다. 경제개발정책으로 도시에 공장이 늘어나 농촌인구를 흡수할 수 있었다. 농민들이 도시로 급격히 이주하면서 농촌에서 땔감 사용이 감소했고, 화전민이 추가로 발생하는 것을 막았다. 또한 지주소작관계가 해체되고 농민소득이 증가한 것이 화전 정리사업의 성공요인이라고 할 수 있다. 화전민은 가난과 농촌 인구의 폭증 때문에 발생한 것이다. 그런데 이 문제가 해소된 것이다.

둘째 연료 소비 변화로 벌목이 줄었기 때문이다. 1950~1960년대 연료용 땔감사용량은 1천 2백만 톤 ~1천 3백만 톤이었다가, 1970년 910만 톤, 1980년 472만 톤, 1990년 148만 톤으로 크게 감소했다. 1950년대 후반에는 목재 연료 소비를 줄이기 위해 20개 대도시에 임산연료 반입을 제한하고 무연탄 사용을 장려했다. 이때 등장한 것이 연탄이었다. 1964년 35개 도시에 민수용 석탄을 공급하면서 땔감 사용을 막고, 연탄 사용을 권장했다. 연탄의 등장은 우리나라 산림복원의 중대 사건이었다. 태백과 정선 등지에서 무연탄 광산이 적극 개발되었고 연탄소비량도 폭증했다. 연탄 소비로 인해 각 가정에서는 겨울에 쓸 수백 장의 연탄을 보관할 지하창고나 광을 만들어야 했다. 연탄가스 중독으로 매년 사망하는 사람들이 발생하고 연탄재 폐기물이 생기는 부작용이 있었지만, 석유와 도시가스 공급이 원활해진 1990년대 초반까지 연탄은 가정 난방의 주역이었다.

연탄 소비로 인해 땔감 소비는 급격하게 줄어들어, 벌목하는 나무꾼이 차츰 사라졌다. 민수용 석탄은 1957년 대비 1975년에 13.3배나 증가해, 목재 연료 소비를 대체했다. 1950년 1차 에너지에서 차지하는 땔나무와 숯의 비중이 90.5%에서 1960년 66.3%, 1970년 21.6%, 1980년 5.7%, 1990년에는 0.9%로 크게 낮아졌다.[478]

셋째 경제성장으로 국가의 재정이 넉넉해짐에 따라, 화전민 이주를 안정적으로 추진할 수 있는 재정이 투입되었기 때문이다. 화전민 가운데 10%에 해당하는 25,837호 약 13만 명은 생계비와 이주 정착비를 받고 이주했다. 화전민의 전업을 주선하고, 먹고 살 수 있게끔 취로사업을 전개하고, 취업도 알선하였으며, 농토와 한우를 지급해 농사를 짓고 살 수 있도록 정책자금을 지원했다. 화전을 포기하면서 생기는 경제적 수입 축소를 만회할 지원 사업이 진행되지 않았다면 이들은 다시 화전민이 될 수 있었다.

우리나라 숲을 되살리려는 당시 정부의 강력한 의지와 적극적인 재정지원 정책으로 화전민이 다시 화전하지 못하도록 차단시킨 것이 성공요인이었다. 선 생계대책 후 화전정리로 화전정리 사업은 성공할 수 있었다.

1973년부터 시작된 화전민 정리정책은 1979년 성공적으로 마무리되었다. 항공측량 기술의 발전과 지방까지 확대된 도로 건설이 숨어있는 화전민을 찾아낼 수 있게 된 것도 중요했다. 화전 가운데 70%는 산림으로 복구되었고, 30%는 농경지로 전환되었다. 산림을 파괴하는 벌목과 화전이 사라지면서, 매년 4월 5일 식목일 행사를 비롯한 대규모 조림사업이 효과를 거두기 시작했다.

넷째 정부의 강력한 추진력과 더불어 대한민국 국민들이 숲의 중요성을 알고 적극적으로 조림사업에 동참했던 것이 중요했다. 국가 차원에서 조림사업을 한 것도 많지만, 개인이나 기업 등에서도 자발적으로 조림사업에 나서고, 농민들이 마을별로 산림계를 결성해 산림을 조성했다. 우리나라의 산림녹화 성공은 에너지 사용의 변화 시기와 맞물려, 시의적절한 정책과 국민들의 노력이 함께 어우러져 이룩한 것이라고 하겠다.

충주시 산척면 명서리의 경우, 1976년 당시 임야면적의 60% 정도가 화전 경작을 하던 곳이었다. 화전을 할 때는 조와 옥수수 등 잡곡류를 생산했지만, 화전 정리 사업이 마무리 된 이후 화전이었던 곳에 낙엽송을 비롯한 빨리 자라는 나무가 심어졌다가, 현재는 활엽수림 위주로 바뀌었다. 또한 농지로 전환된 곳은 담배와 채소 위주로 작물이 변화되었다. 화전을 하던 곳에 숲이 조성되면서 마을도 바뀌고, 사람들의 삶도 변화되었다.[479]

북한의 산림 빈곤

오늘날 압록강 변에서 바라보는 북한지역의 산들은 대개 민둥산이다. 19세기 말 20세기 초 러시아와 일본이 탐내던 백두산과 압록강 변의 울창한 나무가 보이지 않는다. 개마고원이 있는 함경남도를 비롯해 평안북도와 함경북도 지역에는 일제강점기에 화전민이 가장 많이 분포했지만, 여전히 남부 지역보다 숲이 많았었다. 1973년 남한의 임목축적량이 11.3㎥/ha였을 때, 북한은 상대적으로 넉넉한 숲을 바탕으로 남한보다 경제상황이 좋았다. 하지만 남한에서 대대적인 산림녹화를 시작하여 숲을 되살린 것과 반대로, 북한은 1970년대 이후 숲을 파괴했다.

석유 공급과 원전 건설 난항으로 인해 전력난이 심해지면서, 주민들이 땔감을 얻기 위해 벌목했다. 또한 1986년 식량증산을 위해 다락밭 조성을 적극 권장하면서 경사도 25° 미만의 산지를 마구 개간했다. 2006년 필자가 평양을 방문하여 목격한 평양 외각의 산들에는 나무가 거의 보이지 않았다. 북한의 임목축적은 2010년 기준 60㎥/ha로, 남한의 125.6㎥/ha에 비해 50%에 미치지 못한다.[480] 게다가 북한은 개마고원을 비롯한 고산지대가 남한에 비해 월등히 많음에도 불구하고 임목축적량이 남한의 절반에도 미치지 못하는 것은 산림정책의 실패라고 할 수 있다. 북한은 숲을 제대로 관리하지 못했기 때문에 가뭄과 홍수에 자주 시달리며 식량 부족 위기를 겪게 된 것이다.

산림 면적의 감소

반면 우리나라는 산림녹화를 시작한 이후 수십 년이 지나면서 숲이 울창해지고 있다.

가뭄과 홍수 피해가 크게 줄었고, 농업 생산성도 높아졌고 임산물의 생

내장산 백양사의 아름다운 숲. 이제 전국 어디에도 멋진 숲들이 많다.

산량도 늘어났다. 다만 임목축적량이 매년 증가하고 있지만, 산림 면적
은 매년 감소하고 있다. 경작지는 늘지 않는 반면, 도시 공간이 지속적으
로 확대되었기 때문이다. 산림면적은 2006년 638만 9,393ha(63,893.93㎢)로
서울(605.02㎢)의 100배가 넘지만, 2015년에는 633만 4,615ha로 매년 평균
5,478ha가 감소했다.[481] 10년 동안 서울 면적의 90%에 달하는 산림 면적이
감소한 것이다. 개발을 명분으로 도로, 대지, 공장용지로 산림이 전용되
고 있어 숲이 지속적으로 파괴되고 있는 것이다.

1971년 도시 주변의 자연환경 보전, 대기오염 예방과 상수원 보호 등을
위해 개발을 제한하는 지역인 그린벨트가 만들어졌다. 하지만 불과 수십
년 만에 개인의 재산권을 침해한다는 이유로 그린벨트가 차츰 해제되고

있다. 그린벨트를 해제하면 녹지가 줄어들 수밖에 없다. 특히 수도권 일대는 늘어나는 인구를 수용하기 위해 신도시가 계속 개발되고, 공장용지의 증가 등으로 인해 숲이 다시 파괴되고 있다.

산림녹화에 성공했다고 하지만 우리나라의 목재 자급률은 여전히 낮은 수준이다. 세계 각국이 자원을 무기화하는 오늘날 우리나라도 언젠가는 목재를 자급해야만 살 수 있는 날이 올 수도 있다. 한국의 목재 소비로 인해 세계의 숲이 파괴되는 일이 언제까지 지속될 수만은 없기 때문이다. 우리나라 숲도 다시금 황폐화될 수도 있다. 숲을 보호하려는 노력이 조금만 소홀해지면, 언제든지 숲은 탐욕에 가득한 인간에 의해 급격히 파괴될 수 있기 때문이다.

4. 변화된 숲, 미래의 숲

아직도 부족한 숲

남한의 2015년 임목축적은 146㎥/ha로 OECD 평균인 131㎥/ha 및 미국, 캐나다보다 높아졌다.[482] 국토의 63%가 산림인 한국은 핀란드, 독일, 일본 등과 더불어 숲이 많은 나라에 속하게 되었다. 2019년 임목축적은 161.4㎥/ha로 더욱 높아졌다. 하지만 독일 321㎥/ha, 뉴질랜드 392㎥/ha, 스위스 352㎥/ha 등과 비교하면 아직도 부족한 상황이다. 2019년 우리나라의 목재 자급률은 16.6%에 불과하다.[483]

임목축적을 더 올려야 할 이유는 목재와 임산물 생산을 위한 것만이 아니다. 홍수나 가뭄을 예방하기 위해서 숲을 관리해야 한다. 농업의 비중이 컸던 과거에는 홍수나 가뭄이 국가적 재앙이었다. 물론 지금도 숲의 홍수조절기능은 대단히 중요하다. 지금은 농업용수뿐만 아니라 산업용수와 식수원의 수량을 확보하기 위해서 물을 관리해야 할 필요성이 커졌다. 인구가 늘어나면서 1인당 1일 물 사용량은 2010년 277ℓ에서, 2019년 295ℓ로 꾸준히 늘어나고 있다.[484] 우리나라의 연평균 강수량은 세계 평균 강수량보다 많지만, 강수량의 70%가 6~9월 사이에 집중되는 약점이 있다. 이때 물을 담아둘 그릇이 필요한데, 댐을 건설해 수자원을 확보하는 것보다 나무를 심어 숲이 물을 저장하게 하는 것이 홍수와 가뭄 예방에 더 효과적이다.

숲은 생물다양성을 지키기 위해서도 대단히 중요하다. 수렵 채집민은 인류만이 욕심을 채우기 위해 다른 생명체를 마구 죽이는 것을 경계해왔다. 인간만이 사는 세상은 곧 인간의 멸종을 가져올 것임을 잘 알고 있었기 때문이다. 지구상에 사는 다양한 생물종과 그들이 서식하는 다양한 생태계와, 생물이 지닌 유전자의 다양성이 손실되는 것은 인류의 문화와 복지, 더 나아가 인류의 생존을 위협하는 요인이 된다.[485]

중요해진 도시숲

수렵 채집민의 삶은 먼 과거, 또는 극히 일부 사람들의 삶이 되었다. 이미 수렵 채집민과 농경민의 대결은 농경민의 압도적인 승리로 귀결되었다. 현대인들에게 숲은 더 이상 생활의 중심지가 아니다. 하지만 숲은 현대인들에게도 더 나은 생활환경을 조성하는 데 중요한 역할을 하고 있다. 고려와 조선에서도 겪었던 것처럼, 거주지 주변의 산림이 훼손되면 즉시 많은 사람들이 직간접적인 피해를 입게 된다. 국가 전체의 임목축적을 늘리는 것도 필요하지만, 사람들이 자주 숲을 접할 수 있도록 도시숲(urban forest)을 확대하는 것이 더 시급하다.

도시숲은 여름의 한낮 평균 기온을 3~7℃ 완화시키고 습도는 9~23% 상승시키는 등 친자연적인 기후조절 기능으로 인간에게 쾌적한 생활환경을 제공한다. 또한 폭 10m, 너비 30m인 수림대가 있으면 7dB의 소음을 감소시킨다. 느티나무 1그루는 연간 이산화탄소 2.5톤을 흡수하고, 1.8톤의 산소를 방출한다. 1ha의 숲은 연간 미세먼지 46kg를 포함한 대기오염 물질 168kg를 흡수, 흡착할 수 있다고 한다. 또한 도시숲은 도심과 비교하여 미세먼지 25.6%, 초미세먼지 40.9%를 낮추는 효과가 있다. 뿐만 아니라 도시숲은 시민들에게 심리적 안정 효과와 아름다운 경관을 제공해준다. 2017년 말 기준 1인당 생활권 도시숲 면적은 전국 평균 10.07㎡로, 세계보건기구(WHO) 권장 최소기준(9㎡/인)을 조금 넘어서고 있다. 그러나 런던(27㎡), 뉴욕(23㎡), 파리(13㎡) 등에 비해 크게 부족한 상황이다. 특히 서울시는 4.4㎡/인, 경기도 7.7㎡/인, 인천시 8.2㎡/인 등 수도권의 도시숲은 전

국 평균은 물론, 세계보건기구 권장 최소기준에도 못 미친다. [486]

2015년 대한민국의 산림면적은 전체면적의 63.16%이지만, 서울은 25.59%에 불과하다. 영등포구, 성동구, 마포구, 송파구, 용산구, 동대문구, 송파구 7개구는 산림률이 10%미만이며, 특히 영등포구는 0.16%에 불과하다. 관악산 등이 있는 관악구, 서초구, 북한산이 있는 강북구, 도봉구, 노원구, 은평구 정도만 40%가 넘는 산림률을 가질 뿐이다. [487] 따라서 서울시민 대다수는 도심공원에서 약간의 나무를 만나는 것에 그칠 뿐이다. 평소에는 숲을 제대로 경험하지 못하고 살고 있다. 콘크리트 아파트로 대표되는 도시 생태계는 사람을 자연으로부터 멀어지게 만든다. 도시 주거 환경이 열악한 것은 도시숲이 크게 부족하기 때문이다.

면적에 비해 인구가 과잉인 수도권에 계속해서 숲을 파괴하고 신도시를 만들기만 한다면, 이곳에 사는 사람들의 삶은 과연 건강해질 수 있을까? 더 많은 아파트, 더 많은 도로, 더 많은 지하철, 더 많은 빌딩만큼이나 사람들에게 필요한 것은 잠시라도 쉴 수 있는 숲이 아닐까? 거대한 빌딩들에 둘러싸여 사람들이 몰려 살다보면 인간은 도리어 야만스러워진다. 치열한 생존경쟁에 내몰린 도시인들은 주변을 돌아보지 못하고 오직 자신만을 위해 살게 된다. 수렵 채집민 사회에서 볼 수 있는 넉넉함, 여유로움, 생명 존중을 도시에서는 점점 찾아보기 힘들어지고 있다.

앞서 언급했던 존 컬훈의 쥐 실험처럼 과밀한 도시에 사는 사람들의 삶은 건강하지 못하다. 대한민국 인구의 92%가 도시에 살고 있는 상황에서 시급한 일의 하나는 도시숲을 확대하여 인간과 숲을 가까워지게 하는 일이다. 그것이 인간이 '세련된 야만인'이 되지 않도록 하는 하나의 방법이 될 것이다.

숲 없이 살 수 없는 인간

인간을 에워싼 가장 중요한 환경인 숲은 인간과 함께한 시간 동안 많은 변화를 겪었다. 특히 인류가 숲을 뛰쳐나와 농사를 짓고, 문명을 건설하면서 숲은 큰 변화를 겪었다. 앞으로도 숲은 인간에 의해 수없이 변화를 겪을 것이다. 그럼에도 한 가지 분명한 것은 인류가 아무리 신의 경지에 다가설 만큼 진화한다고 하더라도, 인간은 숲이 없이는 살 수 없다. 인간은 자연에 속한 하나의 생명체이고, 다른 생명체들과 여전히 함께 살아갈 수밖에 없는 존재이기 때문이다.

역사는 시간과 공간, 인간이 만들어낸 것이다. 시대가 달라지면서 사람들의 인식도 변했다. 숲이 변하면 사람이 변했고, 사람이 변하면 숲도 변해왔다. 그 가운데 숲이라는 환경이 인류 역사, 특히 한국사에 얼마나 큰 영향을 끼쳤는지를 살펴보았다. 이제 미래의 숲이 한국사에서 어떤 역할을 할지, 인간이 숲을 어떻게 대할지를 생각해보아야 할 때이다.

● 주석

1 숲을 나타내는 용어로『삼국유사』,『조선왕조실록』등에서 산림이란 단어를 사용해왔다. 그런데 일본인에 의해 삼림森林이란 용어가 사용되기 시작했다. 이 책에서는 일제시기 일본에 의해 사용된 용어 이외에는 모두 숲과 산림이란 용어를 사용하였다.

2 이준정,「수렵·채집 경제에서 농경으로의 전이과정에 대한 이론적 고찰」,『영남고고학』 28, 2001.

3 수렵 채집민(hunter-gatherer)보다 더 포괄적인 용어로 포리저(forager)라는 말이 있다. Cambridge Dictionary의 정의는 '이곳저곳을 떠돌며 먹을 것과 사용할 것을 찾아다니는 사람이나 동물(a person or animal that goes from place to place searching for things that they can eat or use)'이다. 수렵 채집민에서 '사냥꾼'이 가지는 더 특권적인 느낌을 지울 수 있기 때문이다. 하지만 포리저라는 용어는 아직 일반화되지 않았고, 채집가, 약탈자, 수렵꾼, 수렵 채집민 등 용어 번역도 통일되어 있지 않다. 또한 만주, 연해주, 한반도 일대의 숲에 사는 사람들을 설명하기에는 떠돌아다닌다는 의미가 강한 포리저가 적합하지 않다. 따라서 수렵 채집민이란 용어를 사용한다. 다만 사냥이란 측면을 부각할 필요가 있는 경우에는 수렵민이라는 용어를 사용할 것이다. 로버트 켈러 지음, 성춘택 옮김,『수렵채집사회』, 사회평론, 2014, 10쪽 참조.

4 로버트 켈러 지음, 성춘택 옮김,『수렵채집사회 - 고고학과 인류학』, 사회평론, 2014.

5 재레드 다이아몬드 저, 김진준 옮김,『총, 균, 쇠』, 문학사상, 1998.

6 신현석,「신야만사회 (1)」,『고대신문』, 2017.10.11.; 신현석,「신야만사회 (2)」,『고대신문』, 2017.11.28.

7 김추윤, 장삼환 공저,『중국의 국토환경』, 대륙연구소출판부, 1995, 343~395쪽.

8 김기섭,「신라촌락문서에 보이는 '촌'의 입지와 개간」,『역사와 경계』42, 2002, 59~60쪽.

9 국토교통부,『21년 지적통계연보』, 국토교통부, 2021.

10 김동진,『조선의 생태환경사』, 푸른역사, 2017, 143~149쪽.

11 이우연,「18·19세기 산림 황폐화와 농업생산성」,『경제사학』34, 2003, 42쪽. 이 논문에서는 헥타르 대신 정보町步를 기준으로 한 것인데, 1헥타르는 1.008333정보로, 수치에 큰 차이는 없다.

12 고든 차일드 저, 김성태, 이경미 옮김,『신석기혁명과 도시혁명』, 주류성, 2013.

13 요아힘 라트카우 저, 서정일 옮김,『숲과 나무의 문화사 나무시대』, 자연과 생태, 2013, 19~23쪽.

14 『위서』권100「열전」제88〈물길〉

15 국사편찬위원회,『중국정사조선전 역주1』, 국사편찬위원회, 1987, 587쪽.; 방학봉,「발해 샤만교 존재여부에 대하여」,『고구려연구』6, 1998.

16 박선희,『한국 고대 복식』, 지식산업사, 2002년, 125~188쪽 제3장「고대 한국의 사직물」참조.

17 김기섭,「신라촌락문서에 보이는 '촌'의 입지와 개간」,『역사와 경계』42집, 2002, 66~67쪽.

18 촌락문서에 추자목楸子木으로 표현되어 있는데, 가래나무로 보는 견해도 있다. 가래나무
    는 호두나무와 비슷해, 사촌나무라고 한다. 호두나무는 가래나무과에 속한다. 가래나
    무 열매는 약용이나 식용으로 사용되며, 재목은 비교적 단단하고 가벼워서 도구를 만드
    는데 사용된다. 이현숙, 「동아시아 고대 법령으로 본 권력과 숲」, 『생태환경과 역사』 4,
    2018. 참조.

19 한치윤, 『해동역사』 제26권 「물산지」

20 『고려사』 권2 「세가」 2 〈혜종〉 2년(945)

21 『후한서』 권85 「동이」 〈한韓〉

22 『수서』 권81 「동이」 〈백제〉

23 Jared Diamond, 「The Worst Mistake in the History of the Human Race」, 『Dicover
    Magazine』, May 1987.

24 윌리엄 맥닐 저, 김우영 옮김, 『전염병의 세계사』, 이산, 2005, 64쪽.

25 이시 히로유키, 아스다 요노리, 유아사 다케오 저, 『환경은 세계사를 어떻게 바꾸었는
    가』, 경당, 2003, 183쪽.

26 이준정, 「수렵·채집 경제에서 농경으로의 전이과정에 대한 이론적 고찰」, 『영남고고학』
    28, 2001.

27 데이비드 프라이 저, 김지혜 옮김, 『장벽의 문명사』, 민음사, 2020.

28 김택민, 「문명의 땅, 재해의 땅 중원」, 『3천년 중국 역사의 어두운 그림자』, 신서원,
    2006, 19~25쪽.

29 이시 히로유키, 아스다 요노리, 유아사 다케오 저, 『환경은 세계사를 어떻게 바꾸었는
    가』, 경당, 2003, 83쪽.

30 김구진, 「고구려 발해사의 연구방법론」, 『백산학보』 67집, 2003. 김구진은 만주의 자연
    환경을 쾨펜의 기후지도에 따라 분류하고, 고구려, 발해사 연구에 적극 반영할 것을 제
    안하였다.

31 『삼국지』 권30 「위서」 30 〈오환선비동이전〉 〈고구려〉

32 하자노프, 『유목사회의 구조』, 지식산업사, 1990, 51~59쪽.

33 『삼국사기』 권13 「고구려본기」 제1 〈유리명왕〉 11년

34 서영교, 『고구려 기병』, 도서출판 지성인, 2014, 25쪽.

35 김종래, 『유목민 이야기』, 자우출판, 2002.

36 박원길, 「몽골지역에 전승되는 고대 한민족관련 기원설화에 대하여」, 『제20차 한민족학
    회 학술대회 - 한민족문화의형성과 범아시아의 문화』, 2011, 86~87쪽.

37 한중관계연구소 편, 『아무르강의 어렵민 허저족赫鐵族』, 청아출판사, 2017.

38 이훈, 『만주족 이야기』, 너머북스, 2018.

39 『삼국지』 권30 「위서」 30 〈오환선비동이전〉 〈읍루〉

40 만주 동북부 지역인 삼강평원에서 기원전 2세기경부터 5세기까지 봉림문화가 발전한
    다. 이 지역은 북위 46~48°의 고위도 지역으로 1월 평균기온이 영하 18~21°에 달하고,
    1년에 7~8개월이 겨울인 동토지대다. 저지대로 강물이 자주 범람해, 이 지역은 사람들
    이 점유와 퇴거를 반복한 곳이다. 그런데 기후가 한랭건조화되면, 강가의 범람지대가

비옥한 흑토지대로 변해, 짧은 기간 동안 잡곡 농사를 지을 수가 있다.

41 윤용구 외, 『예맥 사료집성 및 역주』, 백산자료원, 2012.

42 조영광, 「예맥족명과 부여 고구려국호의 유래와 의미」, 『선사와 고대』44, 2015.

43 권숙인, 김광억 외 공저, 『종족과 민족』, 아카넷, 2005. 현대적 의미의 종족은 생물학적 차별에 주목한 인종개념과, 근대국가의 국민 형성과 연결된 민족의 개념을 동시에 갖고 있으면서, 인종과 민족으로 환원되지 않는 다른 사회적 집단을 다룰 때 사용하는 개념이다.

44 김구진, 「고구려·발해사의 연구방법론」, 『백산학보』67, 2003, 77~83쪽

45 유원재, 「삼국사기 위말갈고」, 『사학연구』29, 1979.

46 이해문, 『말갈의 실체 연구』, 단국대학교 석사학위논문, 2002.

47 한규철, 「삼국과 발해사에서의 말갈」, 『한국사학보』58, 2015.

48 『후한서』권85 「동이열전」 제75 〈구려〉. "元初五年(118년), 復與濊貊寇玄菟, 攻華麗城. 建光元年(121년)春, 幽州刺史馮煥玄菟太守姚光遼東太守蔡等將兵出塞擊之, 捕斬濊貊渠帥, 獲兵馬財物. 宮乃遣嗣子遂成將二千餘人逆光等."

49 『삼국지』권30 「위서」30 〈오환선비동이전〉〈읍루〉.; 『후한서』권85, 「동이열전」제75, 〈읍루〉

50 『북사』권94 「열전」 제82〈물길〉.; 『수서』권81 「열전」제46〈동이〉〈말갈〉

51 『신당서』권219 「열전」 제143〈북적〉〈흑수말갈〉

52 『광개토태왕릉비문』. "八年戊戌 敎遣偏師 觀帛愼土谷 因便抄得莫□羅城 加太羅谷 男女 三百餘人 自此以來 朝貢服事 … 廿年庚戌 東夫餘舊是 雛牟王屬民 中叛不貢 王躬率往討 軍到餘城 而餘城國駭 □□□□□□□□□ 王恩普覆 於是旋還 又其慕化隨官來者 味仇 婁鴨盧 卑斯麻鴨盧 椯社婁鴨盧 肅斯舍□□ □□□鴨盧 凡所攻破城六十四 村一千四百"

53 『위서』권100 「열전」 제88〈물길〉

54 『위서』권100 「열전」 제88〈거란〉

55 김락기, 『5~7세기 고구려의 동북방 경역과 물길 말갈』, 인하대사학과 박사논문, 2007.

56 『구당서』권199하 「열전」제148하〈북적〉〈말갈〉

57 『삼국사기』권20 「고구려본기」 제8〈영양왕〉9년, "九年, 王率靺鞨之衆萬餘, 侵遼西, 營州摠管韋冲擊退之."

58 최진열, 『발해국호 연구-당조가 인정한 발해의 고구려 계승 묵인과 부인』, 서강대학교 출판부, 2015.

59 이훈, 『만주족 이야기』, 너머북스, 2018.

60 『삼국유사』권1 「기이」 제1〈고조선〉

61 김경수, 진성규 역, 『국역 동안거사집 부 제왕운기』, 삼척시, 1995, 295쪽.

62 강영경, 「한국고대의 시市와 정井에 대한 일 연구-시장의 기원과 관련하여」, 『원우론총』 2, 숙명여대, 1984.
신시를 신불神市로 읽자는 견해도 있다. 불市은 초목이 무성한 모습이란 의미로, 신시는 신단수와 그 곁에 초목이 무성한 공간, 즉 '신의 숲'이란 의미가 된다. 이성규, 「문헌에 보이는 한민족 문화의 원류」, 『한국사』1, 국사편찬위원회, 2002, 157~158쪽.

63 앨리스 로버츠 저, 진주현 옮김, 『인류의 위대한 여행』, 책과 함께, 2011, 457~470쪽.

64 베른트 브루너 저, 김보경 옮김, 『곰과 인간의 역사』, 생각의 나무, 2010.

65 『삼국사기』 권1 「신라본기」 제1 〈시조혁거세거서간〉

66 『삼국사기』 권1 「신라본기」 제1 〈탈해이사금〉 9년

67 이규보 저, 조현설 역해, 『동명왕편』, 아카넷, 2019, 104쪽.

68 『진서晉書』 권97 「열전」 제67 〈사이〉 〈숙신씨〉

69 『삼국사기』 권23 「백제본기」 제1 〈시조 온조왕〉

70 『삼국사기』 권1 「신라본기」 제1 〈시조 혁거세거서간〉

71 『삼국유사』 권1 「기이」 〈신라시조 혁거세왕〉

72 김산해 저, 『최초의 신화 길가메쉬 서서시』, 휴머니스트, 2005.

73 장휘옥 저, 『해동고승전연구』, 민족사, 1991, 81쪽.

74 국립문화재연구소(https://portal.nrich.go.kr/kor/ksmUsrList.do?menuIdx=584) 『아도화상사적비』

75 크리스토퍼 벡위드 저, 이강한, 류형식 옮김, 『중앙유라시아 세계사』, 소와당, 2014.

76 이규보 저, 조현설 역해, 『동명왕편』, 아카넷, 2019, 128쪽

77 나카자와 신이치 저, 김옥희 옮김, 『곰에서 왕으로 - 국가, 그리고 야만의 탄생』, 동아시아, 2003.

78 John B Calhoun, 「Death squared : The Explosive Growth And Demise of a Mouse Population」, 『Journal of the Royal Society of Medicine』, 66, 1973, 80~88.

79 김택민, 「문명의 땅, 재난의 땅 중원」, 『3000년 중국 역사의 어두운 그림자』, 신서원, 2006.

80 유시민, 『국가란 무엇인가』, 돌베개, 2011.

81 제임스 C. 스콧 저, 이상국 옮김, 『조미아(Zomia), 지배받지 않는 사람들』, 삼천리, 2015.

82 『삼국유사』 권5 「피은避隱」 제8 〈포산이성〉

83 전덕재, 「물계자의 피은과 그에 대한 평가」, 『신라문화제학술발표논문집』 31, 2010.

84 김재웅, 『나무로 읽는 삼국유사』, 마인드큐브, 2019.

85 박일봉 편역, 『산해경』, 육문사, 1995.

86 『삼국유사』 권5 「감통感通」 제7 〈김현감호〉

87 이시 히로유키, 야스다 요노리, 유아사 다케오 저, 『환경은 세계사를 어떻게 바꾸었는가』, 경당, 2003, 144쪽.

88 『사기』 권126 「골계열전」 제66

89 블라디미르 클라우디에비치 아르세니에프 지음, 김욱 옮김, 『데르수 우잘라』, 갈라파고스, 2005.

90 김용옥, 『동양학 어떻게 할 것인가』, 통나무, 1888, 159~160쪽

91 강인욱, 「연해주의 원주민을 바라보는 어느 러시아인의 이야기『데르수 우잘라』 아르세니예프 저」, 『인문사회과학연구』 18-2, 부경대학교 인문사회과학연구소, 2017.

92 전호태, 「고구려 각저총 벽화연구」, 『미술자료』 58, 1996.; 박아림, 「고구려 무용총 편년

의 재검토」,『고구려 발해연구』34, 2009.

93   정연경,「고구려 고분벽화에 나타나는 나무의 기능과 표현」,『기초조형학연구』56, 2013.

94   강룡남,「단군에 대한 고구려사람들의 리해와 숭배」,『력사과학』1996-3, 1996, 56쪽.

95   전호태,「진파리1호분 연구」,『역사와 현실』95, 2015, 162쪽.

96   한인호,「평정리 벽화무덤 발굴보고」,『조선고고연구』1989-2, 1989.

97   유미나,「고구려 고분벽화와 산림문화」,『한국의 미술과 산림문화』, 산림청, 2016.

98   나카자와 신이치 저, 김옥희 옮김,『곰에서 왕으로 - 국가, 그리고 야만의 탄생』, 동아시아, 2003.

99   장휘옥 저,『해동고승전연구』, 민족사, 1991, 61쪽.

100 『태평어람』권912「수부」24초

101 『세종실록』7년(1425년) 2월 14일

102 『세조실록』5년(1459년) 8월 28일

103 관중 저, 신동준 역,『관자』78장,「규탁規度」, 사단법인 올재, 2019, 361쪽.

104 관중 저, 신동준 역,『관자』80장,「경중輕重 갑甲」, 사단법인 올재, 2019, 400~401쪽.

105 박선미,『고조선과 동북아의 고대화폐』, 학연문화사, 2009.

106 강인욱,『옥저와 읍루』, 동북아연구재단, 2020, 87~105쪽.; 강인욱,「고조선의 모피교역과 명도전」,『한국고대사연구』64, 2011.

107 『삼국지』권30「위서」30 〈오환선비동이전〉〈동옥저〉

108 『삼국지』권30「위서」30 〈오환선비동이전〉〈부여〉

109 『삼국지』권30「위서」30 〈오환선비동이전〉〈읍루〉

110 『삼국사기』권 제33「잡지」제2 〈색복色服〉

111 무함마드 깐수,『신라·서역교류사』, 단국대학교출판부, 1992, 228쪽.

112 『삼국사기』권33「잡지」제2 〈색복色服〉

113 신순식 외,『한국한의학사 재정립』상, 한국한의학연구소, 1995, 108~109쪽.

114 『남제서』권58「열전」제39「만·동남이」,〈백제국〉

115 동북아역사재단 한국고중세사연구소 편,『역주 한원』, 동북아역사재단, 2018, 225쪽.

116 『삼국사기』권8「신라본기」제8 〈성덕왕〉22년 및 33년

117 『삼국사기』권8「신라본기」제9 〈효성왕〉3년

118 『속일본기』10「성무기聖武記」

119 왕숭례 저, 송기호 역,『발해의 역사』, 한림대학교 아시아문화연구소, 1987, 139쪽.

120 고운선생문집편찬회,『국역 고운선생문집』상, 학예사, 1972, 549~556쪽.

121 양정필, 여인석,「삼국-신라통일기 인삼 생산과 대외교역」,『의사학』25, 2004, 194쪽.

122 『고려사』권9「세가」9 〈문종9〉, 문종 34년(1080년) 7월 계해

123 『고려사』권5「세가」5 〈정종〉, 정종 2년(1036년) 7월 무인

124 『고려사』권28「세가」28 〈충렬왕1〉, 충렬왕 4년(1277년) 4월 경진

125 『고려사절요』, 권21 〈충렬왕〉21년(1295년) 7월조

126 신순식 외,『한국한의학사 재정립』상, 한국한의학연구소, 1995, 109~110쪽.

127 『일본서기』권 제24「황극천황」2년조

128 유영수, 「한국 벌꿀주蜂蜜酒의 역사에 관한 연구 I」, 『한국양봉학회지』, 10-1, 1995.

129 천제센 지음, 홍순도 옮김, 『누루하치 - 청 제국의 건설자』, 돌베개, 2015, 48~49쪽.

130 『삼국사기』권45「열전」제5 〈온달〉

131 『삼국사기』권10「신라본기」제10, 〈원성왕〉. "四年, 春, 始定讀書三品以出身. 讀春秋 左氏傳 若禮記 若文選, 而能通其義, 兼明論語孝經者爲上, 讀曲禮論語孝經者爲中, 讀曲 禮孝經者爲下. 若博通五經三史諸子百家書者, 超擢用之. 前祗以弓箭選人, 至是改之."

132 『삼국사기』권13「고구려본기」제1 〈시조 동명성왕〉

133 이규보 저, 조현설 역해, 『동명왕편』, 아카넷, 2019, 133~134쪽.

134 『삼국지』권30「위서」30 〈오환선비동이전〉 〈동옥저〉

135 『삼국지』권30「위서」30 〈오환선비동이전〉 〈고구려〉

136 김철준, 「능보전能步戰과 편안마便鞍馬」, 『한우근박사정년기념사학논총』, 지식산업사, 1981.

137 『삼국사기』권 제13「고구려본기」제1 〈시조 동명성왕〉

138 『구당서』권199상「열전」제149상 〈동이〉 〈고려〉

139 『삼국사기』권4「신라본기」제4 〈진흥왕〉 37년

140 이규보 저, 조현설 역해, 『동명왕편』, 아카넷, 2019, 109쪽.

141 KBS, 『HD 역사스페셜 가야에 여전사가 있었다』, 2005년 8월 5일 방영.

142 서영대, 조우현, 김인희 외 공저, 『최후의 수렵민, 어룬춘족』, 청아출판사, 2016.

143 『선조실록』25년(1593) 6월 5일

144 나카자와 신이치 저, 김옥희 옮김, 「왕이 되지 않는 수장」, 『곰에서 왕으로』, 동아시아, 2003, 145~172쪽.

145 크리스토퍼 보엠 저, 김성동 옮김, 『숲속의 평등 - 강자를 길들이는 거꾸로 된 위계』, 토러스북, 2017.

146 로버트 캘리 저, 성춘택 옮김, 『수렵채집 사회』, 사회평론, 2014.

147 Marshall D. Sahlins, 「The An of Segmentary Lineage: Organization Predatory Expansion」, 『American Anthropologist』 63, 1951, 332~345쪽.

148 쳉후이·자오샹양 지음, 권소연 외 옮김, 『거란 잊혀진 유목제국 이야기』, 도서출판 네오, 2018, 15~24쪽.

149 이승한, 『쿠빌라이칸의 일본원정과 충렬왕』, 푸른역사, 2009, 332~334쪽.; 박원길, 『유라시아 대륙에 피어났던 야망의 바람』, 민속원, 2003, 403~420쪽.

150 질 들뢰즈, 펠릭스 가타리 저, 김재인 옮김, 『천개의 고원』, 새물결, 2001.

151 『금사』권2「본기」제2 〈태조〉

152 질 들뢰즈, 펠릭스 가타리 저, 김재인 옮김, 『천개의 고원』, 새물결, 2001.

153 『삼국지』30「위서」30 〈오환선비동이전〉 〈고구려〉, "其馬皆小, 便登山."; 『삼국지』30 「위서」30 〈오환선비동이전〉 〈예〉, "土地饒文豹, 又出果下馬, 漢桓時獻之."; 배송지의 역주: "臣松之按:果下馬高三尺, 乘之可于果樹下行, 故謂之果下."

154 『위서』100「열전」88 〈고구려〉, "出三尺馬, 云本朱蒙所乘, 馬種卽果下也."

155　이규보 저, 조현설 역해, 『동명왕편』, 아카넷, 2019, 114~117쪽.

156　이규보 저, 조현설 역해, 『동명왕편』, 아카넷, 2019, 118쪽.

157　동북아역사재단 한국고중세사연구소 편, 『역주 한원』, 동북아역사재단, 2018, 225쪽. "夷人長老相傳, 高麗先祖朱蒙, 從夫餘至此. 初末有馬. 行至此山, 忽見群馬出穴中, 形小彊駿. 因號馬多山也."

158　『삼국사기』 권1 「신라본기」 제1 〈박혁거세〉

159　박원길, 『몽골의 문화와 자연지리』, 두솔, 1996, 47쪽.

160　『삼국사기』 권14 「고구려본기」 제2 〈대무신왕〉

161　『광개토태왕릉비문』, "永樂五年, 歲在乙未, 王以稗麗不△△△, 躬率往討. 過富山負△, 至鹽水丘, 破其三部△六七百營, 牛馬群羊, 不可稱數."

162　『위서』 100 「열전」 88 〈거란〉, "高句麗竊與蠕蠕謀, 欲取地豆于以分之."

163　『십육국춘추』 64 「남연록」 2 〈모용초〉, "高句驪遣使獻千里馬…高句驪復遣使至獻千里人十八千里馬一匹."; 『태평어람』 895 「수부獸部」 7 〈말馬〉 3, "太上四年(408), 高麗使至, 獻美女十人·千里馬一匹."

164　『송서』 권97 「열전」 제579 〈이만·동이〉, 〈고구려국〉, "十六年, 太祖欲北討, 詔璉送馬, 璉獻馬八百匹."

165　『사기』 권97 「려생육가열전」 권37 〈육가〉, "高帝罵之日, 迺公居馬上而得之, 安事詩書, 陸生日, 居馬上得之, 寧可以馬上治之乎？"

166　최원석, 「한국의 비보풍수론」, 『대한지리학회지』 37, 2002, 168쪽. 비보림의 풍수비보의 기능은 부족한 기운을 메워주기補虛, 바람을 막아 생기를 모이게 해주기藏風, 수구水口막이, 땅의 기운을 북돋아주기地氣培養, 수해를 방지하기, 흉한 것을 보이지 않게 하기, 그리고 땅의 기운이 흐르는 용맥龍脈을 보호하기 등이 있다.

167　허영훈, 「어촌지역의 비보풍수에 대한 연구」, 『문화역사지리』 27권 1호, 2015, 55~56쪽.

168　장동수, 「조선 시대 군사적 기능 임수林藪의 유형 및 입지에 관한 연구」, 『국토계획』, 37-7, 2002, 221쪽.

169　『정조실록』 9년(1785) 7월 26일

170　『삼국사기』 권21 「고구려본기」 제9 〈보장왕〉 4년

171　『단종실록』 3년(1455) 6월 28일

172　강영호, 김동현 저, 『조선 시대 산불』, 동화기술, 2015.

173　장동수, 「조선 시대 군사적 기능 임수의 유형 및 입지에 관한 연구」, 『국토계획』, 37-7, 2002, 223~224쪽.

174　『삼국사기』 권50, 「열전」 제10 〈궁예〉

175　『고려사』 권1 「세가」 1 〈태조〉 1, 태조 원년(919) 9월 병신일

176　어니스크 볼크먼 저, 석기용 옮김, 『전쟁과 과학, 그 야합의 역사』, 이마고, 2003.

177　불교에서 신자들에게 경건하게 보낼 것을 권하는 날로, 부처님께 공양을 올려 공덕을 쌓는 의식을 갖는 날이다. 매월 8, 14, 15, 23, 29, 30일이다.

178　『삼국사기』 권45 「열전」 제5 〈귀산〉

179　『일본서기』 권19 「흠명천황」 16년조.

180 김동진, 이현숙, 「숲과 권력 - 생태환경사로 한국사 읽기」, 『역사와 현실』 103, 2017, 32쪽.

181 여호규, 『고구려 초기 정치사 연구』, 신서원, 2014, 147~153쪽

182 『삼국지』 권30 「위서」 30 〈오환선비동이전〉 〈한전〉

183 유승훈 저, 『작지만 큰 한국사, 소금』, 푸른역사, 2012.

184 『광개토태왕릉비문』 영락5년조, "永樂五年, 歲在乙未, 王以稗麗不□□□, 躬率往討. 過富山負□, 至鹽水丘, 破其三部□六七百營, 牛馬群羊, 不可稱數" 395년 고구려가 비려 (거란)족을 공격할 때 염수 지역을 통과한 적이 있었다.

185 『신당서』 권219 「열전」 제143 〈북적〉 〈흑수말갈〉

186 『삼국사기』 권37 「잡지」 제6 〈지리〉 4

187 『삼국사기』 권5 「고구려본기」 제5 〈미천왕〉

188 『연합뉴스』, 「북 "남포서 소금생산유적 첫 발견"」, 2012년 6월 28일자

189 『연합뉴스』, 「북 "평남서 고구려시대 소금생산 유적 발굴"」, 2014년 7월 2일자.;『노컷 뉴스』, 「조선신보 "고구려 시대 소금 생산방법 일본에 영향"」, 2014년 7월 3일자.;『연합 뉴스』, 「북한, 고구려 소금생산유적 발굴」, 2017년 2월 17일자

190 존 펄린 지음, 송명규 옮김, 『숲의 서사시』, 도서출판 따님, 2006, 68~69쪽.

191 신보배, 「고대 김해의 철생산과 묘제의 변화에 대하여」, 『동북아문화연구』 26집, 2011.

192 『삼국유사』 권2 「기이」 제2 〈가락국기〉

193 『고려사』 권8 「세가」 제8 〈문종〉 12년(1058)

194 『세종실록』 12년(1430) 4월 13일

195 『세종실록』 26년(1444) 1월 26일

196 존 펄린 저, 송병규 옮김, 『숲의 서사시』, 도서출판 따님, 2006.

197 김기섭, 「신라촌락문서에 보이는 '촌'의 입지와 개간」, 『역사와 경계』 42, 2002, 52쪽.

198 공연孔烟의 성격에 대해서는 자연호설, 편호설, 공연편호설 등이 있다. 국가에서 세금 이나 부역을 가구 단위로 부과하게 되는데, 어떤 가구는 2인, 어떤 가구는 10인인 경우 에는 형평성에 문제가 생긴다. 연烟은 굴뚝에서 연기가 나는 것을 말하는 것으로, 1가구 를 뜻한다. 공孔은 크다, 모으다는 뜻이 있다. 형평성의 문제를 해결하기 위해 국가가 일 정한 기준에 의해 인위적으로 구성한 편호를 공연으로 보는 견해가 있다. 공연편호설은 하나의 자연호에 다른 사람을 채우는 것을 말한다. 하지만 공연도 9등급으로 나누어 세 금이나 부역을 부과했으므로, 자연호설도 근거가 없는 것은 아니다.

199 이인철, 「농민의 생활」, 『한국사 9 - 통일신라』, 국사편찬위원회, 1998, 223쪽.

200 『삼국사기』 권48 「열전」 제8 〈설씨〉

201 이영훈, 『한국경제사』, 일조각, 2016, 153쪽.

202 서민수, 「거리의 관점에서 본 고구려의 우경」, 『역사와 현실』 106, 2017.

203 최덕경, 「요동리犁를 통해 본 고대 동북지역의 농업환경과 경작방식-고구려 성장기반 에 대한 농업사적 시론」, 『북방사논총』 8, 2005.

204 서민수, 「거리의 관점에서 본 고구려의 우경」, 『역사와 현실』 106, 2017.

205 김용만, 『광개토태왕의 위대한 길』, 역사의 아침, 2011, 147~151쪽.

206 『구당서』 권199상 「열전」 제149상 〈동이〉 〈고려〉

207 『삼국사기』권4「신라본기」제4〈지증마립간〉3년(502) 3월

208 『삼국유사』권1「기이」제1〈제4대 탈해왕〉

209 『삼국사기』권11「신라본기」제11〈헌강왕〉6년(880) 9월

210 박상진, 「천년 왕국 신라의 쇠망에 빌미를 제공한 숯」, 『역사가 새겨진 나무이야기』, 김영사, 2004, 89~97쪽.

211 쓰데 히로시 저, 김대환 옮김, 『전방후원분과 사회』, 학연문화사, 2013, 89쪽.

212 김대오, 「산 하나가 불상, 모든 것을 압도하는 아우라」, 『오마이뉴스』, 2021년 2월 13일자

213 최성락·한성욱, 「지석묘 복원의 일례」, 『전남문화재』2, 1989, 11~24쪽.

214 『삼국지』권30「위서」30〈오환선비동이전〉〈고구려〉

215 『양사공기梁四公記』, "句麗王宮內有水精城可方一里 天未曉而明如晝 城忽不見月便蝕." 이 책은 7세기 당나라 사람 장열張說이 지었다.
    『태평광기太平廣記』권 81, "句麗國 蠶變小如中國蠶耳 其王宮內有水精城可方一里 天未曉而明如晝 城忽不見其月便蝕". 태평광기는 977년 송나라 태종의 명으로 편찬된 책이다.

216 정석배, 「발해 상경성의 도시계획 : 황제도성으로서의 발해 상경도성」, 『고구려발해연구』45, 2013.

217 민족문화추진회, 『국역 고려도경』제19권「민서」, 사단법인 민족문화, 1986, 122쪽.

218 민족문화추진회, 『국역 고려도경』제23권「잡속 2」, 사단법인 민족문화, 1986, 138~140쪽.

219 민족문화추진회, 『국역 고려도경』제23권「잡속 2」, 사단법인 민족문화, 1986, 141~142쪽.

220 민족문화추진회, 『국역 고려도경』제17권「사우」, 사단법인 민족문화, 1986, 109~111쪽.

221 『허백당집虛白堂集』「허백당시집」제5권〈시〉〈등연복사탑〉

222 김동진, 『조선의 생태환경사』, 푸른역사, 2017.

223 김용만, 「조선의 건축물, 위용이 사라진 풍경」, 『조선이 가지 않은 길』, 창해, 2017.

224 박원규, 이광희, 「우리나라 건축물에 사용된 목재 수종의 변천」, 『건축역사연구』16-1, 2007.

225 공기 속의 온도와 평행을 이룰 때까지 건조된 상태에 있는 목재의 무게를 용적으로 나눈 값.

226 김영조, 「근정전 기둥, 미국산 소나무로 바뀐다」, 『오마이뉴스』, 2001년 10월 16일

227 박원규, 김세종, 「경복궁 근정전 목주재의 수종 분석」, 『목재공학』32-1, 한국목재공학회, 2004.

228 『삼국유사』권3「흥법」제3〈아도기라〉

229 여호규, 「고구려 국내 도성의 구성요소와 수공업 생산체계-기와 생산체계를 중심으로-」, 『역사문화연구』52, 2014.

230 『삼국사기』권2「신라본기」제2〈조분이사금〉4년(223), "四年 夏四月 大風飛屋瓦."

231 『삼국사기』권4「신라본기」제4〈진흥왕〉5년(544), "五年 春二月 興輪寺成"

232 『삼국사기』권4「신라본기」제4〈진흥왕〉27년(566), "二七年 春二月 … 皇龍寺畢功"

233 『삼국유사』권3「탑상」제4〈고려의 영탑사〉

234 국립경주문화재연구소, 『유물로 본 신라 황룡사』, 2013, 11쪽.

235 국립경주문화재연구소, 『유물로 본 신라 황룡사』, 2013, 9쪽.

236 정도전, 『삼봉집』 8권 「부록」 〈사실〉, "王欲營演福寺塔殿 令京畿楊廣民輸木五千株 牛盡斃民甚怨之 公極言其害"

237 『삼국유사』 권3 「탑상」 제4 〈황룡사종 분황사약사 봉덕사종〉

238 최연식, 「고려시대 원관院館 사찰의 출현과 변천과정」, 『이화사학연구』 52, 2016.

239 하종목, 「조선 초기의 사원 경제」, 『대구사학』 60, 2000.

240 임주훈, 「사찰의 숲과 나무」, 『숲과 문화 총서 7 숲과 종교』, 숲과문화연구회, 1999, 118~124쪽.

241 이병희, 「고려시기 사원의 시지와 산림」, 『청람사학』 15, 2007.

242 송호정, 『아, 그렇구나 우리 역사』 1, 고래실, 2005.

243 『삼국지』 권30 「위서」 30 〈오환선비동이전〉 〈읍루〉

244 왕충 저, 이주형 옮김, 『논형』, 소나무, 1996, 121쪽.

245 『삼국지』 권30 「위서」 30 〈오환선비동이전〉 〈부여〉

246 『삼국사기』 권13 「고구려본기」 제1 〈유리왕〉 19년(기원전 1) 8월

247 『삼국사기』 권13 「고구려본기」 제1 〈유리왕〉 21년(서기 2) 3월

248 『고려사』, 「고려세계高麗世系」

249 『삼국사기』 권16 「고구려본기」 제4 〈산상왕〉 12년(208) 11월

250 박유미, 「맥적의 요리법과 연원」, 『선사와 고대』 38, 2013.

251 『삼국사기』 권21 「고구려본기」 제9 〈보장왕 상〉 3년(645)

252 『신당서』 권219 「열전」 제144 〈북적〉 〈발해〉

253 『신당서』 권220 「열전」 제145 〈동이〉 〈신라〉

254 이준정, 「사육종 돼지의 한반도 출토시점 및 그 사회경제적 상징적 의미」, 『한국고고학보』 79, 2011.

255 민족문화추진회, 『국역 고려도경』 제23권 「잡속 2」, 사단법인 민족문화, 1986, 140쪽.

256 홍석모 저, 장유승 옮김, 『동국세시기』, 아카넷, 2016.

257 『신당서』 권219 「열전」 제143 〈북적〉 〈발해〉

258 양옥다, 「발해의 몇 가지 음식습관에 대하여」, 『한국고대사연구』 42, 2006, 355~356쪽.

259 『속일본기』 10 「성무기聖武記」

260 구난희, 「발해와 일본의 교류」, 『새롭게 본 발해사』, 고구려연구재단, 2005, 143~144쪽

261 임상선, 「발해의 정치·경제와 사회」, 『한국사 10 발해』, 국사편찬위원회, 1996, 172쪽.

262 윤재운, 「발해의 수산업과 수렵」, 『발해의 역사와 문화』, 동북아역사재단, 2007, 226쪽에서 재인용

263 윤재운, 「발해의 무역」, 『발해의 역사와 문화』, 동북아역사재단, 2007, 248쪽.; 신창수, 「발해의 성곽」, 『발해의 역사와 문화』, 동북아역사재단, 2007, 274~275쪽.

264 제임스 포사이스 저, 정재겸 옮김, 『시베리아 원주민의 역사』, 솔, 2009.

265 『삼국사기』 권11 「신라본기」 제11 〈헌강왕〉 12년

266 『고려사』 권92 「열전」 5 〈유금필〉

267 『삼국사기』 권12 「신라본기」 제12 〈경명왕〉 5년

268 『삼국사기』 권50 「열전」 제10 〈견훤〉

269   임상선 편, 『새롭게 본 발해유민사』, 동북아역사재단, 2019.

270   허인욱, 「고려시대 '발해 유민'과 '발해계 고려인' 연구」, 『새롭게 본 발해유민사』, 동북
      아역사재단, 2019.

271   나영남, 「요대 발해인의 성격과 존재 양태」, 『새롭게 본 발해 유민사』, 동북아역사재단,
      2019.

272   박옥걸, 『고려시대의 귀화인연구』, 성균관대학교 박사학위논문, 1987, 37쪽.

273   『세조실록』 2년 (1555) 3월 28일

274   『고려사』 권129 「열전」 42 〈최충헌〉

275   이준구, 「조선 시대 백정의 전신 양수척, 재인·화척, 달단」, 『조선사연구』 9, 2000.

276   『고려사』 권2 「세가」 2 〈태조〉 26년 4월

277   『고려사』 권93 「열전」 6 〈쌍기〉

278   『고려사』 권8 「세기」 8 〈문종 2〉 11년(1057) 7월

279   『고려사절요』 제2권 「광종 대성대왕」 을축 16년(965)

280   『고려사』 권7 「세가」 7 〈문종〉 22년(1068) 8월

281   김구진, 「윤관의 9성의 범위와 조선 6진의 개척」, 『사총』 21·22, 1977.

282   『고려사절요』 제5권 「문종 인효대왕 2」 33년(1079), 4월. 문종의 발언.

283   『고려사절요』 제3권 「현종 원문대왕」 20년(1029), 5월. 참지정사 곽원의 발언.

284   노명호, 「고려시대의 다원적 천하관과 해동천자」, 『한국사연구』 105, 1999.

285   김구진, 「윤관의 9성의 범위와 조선 6진의 개척」, 『사총』 21·22, 1977, 208~209쪽.

286   『고려사』 권58 「지리지」 〈선화진〉 기록에 따르면, 함주대도독부에 정호 1,948호, 영주
      에 1,238정호, 웅주에 1,436호, 길주에 680호, 복주에 632호, 공험진에 532호를 두었다.
      또 민지(1248~1326)가 1317년에 완성한 『편년강목』을 인용하여, 윤관이 9성을 쌓은 후,
      남쪽 지방의 백성을 이주시켜 민호를 채웠는데, 함주에 13,000호, 영주와 웅주에 각기
      10,000호, 복주, 길주, 의주에 각기 7천호, 공험진, 통태진, 평융진에 각기 5,000호, 도합
      69,000호를 이주시켰다고 적었다.

287   김구진, 「윤관의 9성의 범위와 조선 6진의 개척」, 『사총』 21·22, 1977, 212쪽.

288   박종기, 『새로 쓴 5백년 고려사』, 푸른역사, 2008, 204쪽

289   박종기, 『새로 쓴 5백년 고려사』, 푸른역사, 2008, 206~207쪽

290   이태진, 「사회적으로 본 한국중세의 시작」, 『한국사의 시대구분』, 신서원, 1995, 19쪽.

291   채웅석, 「여말선초 사천 지방의 매향활동과 지역사회」, 『한국중세사연구』 20, 2006.; 채
      상식, 「한국 중세시기 향도의 존재양상과 성격」, 『한국민족문화』 5, 2012.

292   한국 종교사연구회, 『성황당과 성황제』, 민속원, 1998.

293   서성희, 「고려 초 예천 지역세력과 개심사 석탑 건립」, 『부대사학』 25·26, 2002.

294   『고려사』 권110 「열전」 권23, 〈이제현〉

295   『반계수록』 권지卷之 1 「전제田制」 〈분전정세절목分田定稅節目〉, "按山火粟田法當禁之。非但
      爲游民逃役之淵藪。山林川澤。各有其用。俱有當處之宜。材木不養。禽獸失所。亦非王者之
      政也。"

296   『고려사절요』 제12권 「명종 광효대왕1」 8년(1178) 10월

297 『고려사절요』 권15 〈고종 안효대왕 2〉 8년(1221) 8월

298 『고려사절요』 권15 〈고종 안효대왕 2〉 11년(1224) 정월

299 『고려사』 권27, 「세가」 27 〈원종〉 14년(1273) 3월

300 『고려사』 권27, 「세가」 27 〈원종〉 13년(1272) 12월, 14년(1272) 2월

301 『고려사』 권33, 「세가」 33 〈충선왕〉 원년(1309) 3월

302 『고려사』 권27, 「세가」 27 〈원종〉 15년(1274)

303 정진술, 이민웅, 신성재, 최영호 공저, 『다시 보는 한국해양사』, 신서원, 2007, 221쪽.

304 『고려사』 권28, 「세가」 28 〈충렬왕〉 즉위년(1274) 11월조.

305 정진술, 이민웅, 신성재, 최영호 공저, 『다시 보는 한국해양사』, 신서원, 2007, 231~238쪽.

306 이승한, 『쿠빌라이칸의 일본 원정과 충렬왕』, 푸른역사, 2009, 327~331쪽.

307 오치훈, 「고려시대 산림정책에 대한 기초적 검토」, 『사학연구』 133, 2019, 206~209쪽.

308 『세종실록』 3년(1421) 8월 24일

309 강판권, 『조선을 구한 신목 소나무』, 문학동네, 2013, 226~228쪽.

310 『세종실록』 27년(1445) 7월 26일

311 강판권, 『조선을 구한 신목, 소나무』, 문학동네, 2013, 226~236쪽.

312 『만기요람』, 「재용편」 5 〈송정松政〉 〈저명송산著名松山〉

313 이정호, 「고려시대 숲의 개발과 환경변화」, 『사학연구』 111, 2013, 8~9쪽

314 김동진, 『조선의 생태환경사』, 푸른역사, 2017, 143~149쪽.

315 『고려사절요』 제16권 〈고종 안효대왕 3〉 8년(1232) 6월, "최우가 재상들을 집으로 불러 모아, 천도할 일을 의논하였다. 이때에 국가가 태평한 지 이미 오래 되어 개경의 호수戶數가 10만에 이르고, 단청한 좋은 집들이 즐비하였으며, 사람들도 자신의 거처를 편안하게 여기고 천도를 곤란하게 생각하였으나, 최우를 두려워하여 감히 한 말도 하는 자가 없었다."

316 고동환, 『조선 시대 서울도시사』, 태학사, 2007, 92~126쪽.

317 김기덕, 「고려의 제왕제와 황제국 체제」, 『국사관논총』 78, 1996.

318 이현숙, 「고려시대의 산림정책과 목재 소비」, 『산림문화전집 13-정치사회와 산림문화』, 숲과문화연구회, 2020, 59~62쪽.

319 이규보, 『동국이상국집』 「동국이상국후집」 제7권 〈차운이사랑견화이수次韻李侍郞見和二首〉

320 『고려사절요』 제16권 「고종 안효대왕 3」 21년(1234) 10월

321 『고려사』 권6 「세가」 6 〈정종〉 원년(1035) 4월

322 『고려사』 권6 「세가」 6 〈정종〉 2년(1036) 5월

323 민족문화추진회, 『국역 고려도경』 제23권 「잡속」 2 〈종예種藝〉, 사단법인 민족문화, 1986, 138쪽.

324 페르낭 브로델 저, 주경철 옮김, 『물질문명과 자본주의 I-2, 일상생활의 구조 하』, 까치, 1995, 600~616쪽.
17세기 한 통(약 400리터)에 40리브르밖에 하지 않는 포도주를 본(라인강변의 도시)에서 파리까지 수송해 오는데 100~120리브르를 지불해야 했다. 따라서 원거리 육상 수송은 중량과 부피가 그리 크지 않은 고가의 상품이어야 했고, 다른 상품들은 수송 거리가

아주 멀 경우 운송이 불가능했다.

325 『고려사』 권100 「열전」 13 〈백임지〉. 무신정권 시기 공부상서까지 역임한 백임지(1131~1191)는 남포현(충청도 보령시)출신 농민이었다. 날래고 용맹하므로 군인으로 선발되어 개경에 올라오자, 셋집에 살면서 땔나무를 팔아서 생계를 유지했었다.

326 고동환, 『조선 시대 서울도시사』, 태학사, 2007, 175~179쪽.

327 『고려사』 권12 「세가」 12 〈예종〉1, 원년(1106) 2월

328 이정호, 「고려시대 숲의 개발과 환경변화」, 『사학연구』 111, 2013, 10~11쪽.

329 『고려사』 권83 「지」 37 〈병〉3 〈점검군點檢軍〉

330 『고려사』 권79 「지」 33 〈식화〉 2, 〈농상〉, 인종 23년(1145) 5월

331 『고려사절요』, 제14권 〈신종 정효대왕〉 원년(1198) 5월

332 오치훈, 「고려 전시과에서 시지의 의미와 활용」, 『국학연구』 38, 2019.

333 홍순권, 「고려시대의 시지에 대한 고찰」, 『진단학보』 64, 1987.

334 이승한, 「고려전기 토지개간과 진전의 발생」, 『국사관논총』 52, 1994.

335 이정호, 「여말선초 자연재해 발생과 고려·조선 정부의 대책」, 『한국사학보』 40, 2010.

336 정도전, 『삼봉집』 제 13권 「조선경국전 상」 〈부전賦典〉 〈산장수량〉

337 윤국일 옮김, 신서원 편집부 꾸밈, 『신역 경국대전』, 신서원, 1998.

338 강영호, 김동현 저, 『조선 시대 산불』, 동화기술, 2015.

339 『현종 개수실록』 13년(1672) 4월 5일

340 『순조실록』 4년(1804) 3월 12일

341 윤국일 옮김, 신서원 편집부 꾸밈, 『신역 경국대전』, 신서원, 1998, 476~477쪽.

342 『승정원일기』, 「숙종」 5년 7월 11일

343 『홍재전서』 권13 「서인」 6 〈익정공주고영선류서〉 〈천거인川渠引〉

344 『정조실록』 21년(1797) 2월 16일

345 김무진, 「조선후기 식목활동에 관한 연구」, 『한국학논집』, 계명대학교 국학연구원, 2013.

346 『고려사』 「고려세계高麗世系」

347 이현숙, 「고대 인공 조림으로 본 숲과 권력」, 『산림문화전집 13, 정치 사회와 산림문화』, 숲과문화연구회, 2020.; 이현숙, 「화분분석으로 본 신라 통일기의 소나무」, 『생태환경과 역사』 2, 2016.

348 『태종실록』 7년(1407) 4월 7일

349 한정수, 「조선 태조~세종대 숲 개발과 중송정책의 성립」, 『사학연구』 111, 2013.

350 동월 저, 김영국 옮김, 『국역 조선부』, 심미안, 2013.

351 『세종실록』 1년(1419) 8월 11일

352 『세종실록』 30년(1448) 8월 27일

353 『세종실록』 12년(1430) 5월 24일

354 공우석, 『우리나무와 숲의 이력서』, 청아출판사, 2019, 281쪽.

355 한정수, 「조선 태조~세종대 숲 개발과 중송정책의 성립」, 『사학연구』 111, 2013.

356 공우석, 『우리나무와 숲의 이력서』, 청아출판사, 2019, 276~279쪽.

357 동월 저, 김영국 옮김,『국역 조선부』, 심미안, 2013.

358 공우석,『우리나무와 숲의 이력서』, 청아출판사, 2019, 265쪽.

359 『세조실록』10년(1464) 12월 6일

360 『세조실록』13년(1467) 11월 19일

361 『인조실록』4년(1626) 12월 17일

362 『승정원일기』「인조」16년(1638) 6월 2일

363 『선조실록』36년(1603) 2월 13일

364 『선조실록』40년(1607) 7월 18일

365 유형동,「호환虎患에 대처하는 인문적 상상력」,『동아시아고대학』59, 2020.

366 『한겨레신문』,「산에서 맹수를 만났다. 누가 먼저 줄행랑칠까」, 2017년 7월 4일

367 『태종실록』2년(1402) 5월 3일

368 김동진,『조선생태환경사』, 푸른역사, 2017, 36~38쪽.

369 정연식,「이름도 못 남기고 사라진 범」,『일상으로 본 조선 시대 이야기』2, 청년사, 2001. 15세기에 면포 1필이 쌀 1.5~2두 정도에 거래되었으므로, 면포 80필은 쌀 120~160두가 된다. 15말이 1섬이라고 하면, 8섬에서 10섬 내외가 된다.

370 김동진,『조선전기 포호정책 연구-농지개간의 관점에서』, 도서출판선인, 2009.

371 오치훈,「고려시대 산림정책에 대한 기초적 검토」,『사학연구』133, 2019, 189~190쪽

372 『고려사』권 18「세가」15〈인종〉5년 3월

373 윤국일 옮김, 신서원 편집부 꾸밈,『신역 경국대전』, 신서원, 1998, 434쪽

374 권범철,「커먼즈(공유지)의 이론적 지형」,『문화과학』101호, 문화과학사, 2020. 권범철은 '주인 없는 목초지의 황폐화'를 주류 경제학자들이 불변의 진리처럼 소개하는 것에 반박한다. 그는 목동들이 서로 소통하고 협력할 수 있다는 가정을 원칙적으로 배제하고 있다고 비판한다.

375 김선경,『조선후기 산림천택 사점에 관한 연구』, 경희대학교 박사학위논문, 1999. ; 김홍순,「조선후기 산림정책 및 산림황폐화」,『한국지역개발학회지』20-2, 2008년, 172~173쪽

376 『만기요람』「재용편」5〈송정松政〉

377 정약전,「송정사의」,『신안향토사료지 - 운곡잡저』, 신안문화원, 2005.

378 『정조실록』, 5년(1781) 4월 5일

379 안대회,「정약전의 송정사의」,『문헌과 해석』20, 2002.

380 정약전,「송정사의」,『신안향토사료지 - 운곡잡저』, 신안문화원, 2005.

381 한종수,「황칠」,『동방논집』3-1, 2010.

382 김용만,「황칠나무, 눈물을 머금고 도끼로 찍어낸 사연」,『조선이 가지 않은 길』, 창해출판사, 2017.

383 장윤희,『조선후기 제주도 진상에 관한 연구』, 제주대학교 대학원 석사논문, 2008.

384 정약전,「송정사의」,『신안향토사료지 - 운곡잡저』, 신안문화원, 2005.

385 김용만,『고구려의 그 많던 수레는 다 어디로 갔을까』, 바다출판사, 1999.

386 『명종실록』, 18년(1563) 2월 5일

387   김용만, 「온돌, 최고의 자랑거리이자 골칫거리」, 『조선이 가지 않은 길』, 창해출판사, 2017.

388   최주희, 「17~18세기 왕실·정부의 연료 소비 증대와 땔감 조달 방식의 변화」, 『역사와 현실』 94, 2014.

389   여민주, 「조선후기 서울의 땔감 유통」, 『서울과 역사』 106, 2020.

390   『인조실록』 1년(1623년) 3월 24일

391   『인조실록』 8년(1630년) 1월 28일

392   『현종실록』 3년(1662년) 1월 16일

393   최주희, 「17~18세기 왕실·정부의 연료 소비 증대와 땔감 조달 방식의 변화」, 『역사와 현실』 94, 2014, 247~248쪽.

394   고동환, 『조선 시대 서울도시사』, 태학사, 2007, 125쪽.

395   고동환, 『조선 시대 서울도시사』, 태학사, 2007, 144쪽.

396   고동환, 『조선 시대 서울도시사』, 태학사, 2007, 157~158쪽.

397   여민주, 「조선후기 땔감 유통」, 『서울과 역사』 106호, 2020, 97쪽.

398   옥한석, 「한국의 화전농업에 관한 연구」, 『지리학연구』 10, 1985, 162~163쪽.

399   옥한석, 「한국의 화전농업에 관한 연구」, 『지리학연구』 10, 1985, 167쪽.

400   한영우, 『조선초기호구총수에 대하여』, 서울대학교 인구 및 발전문제연구소, 1977.

401   권태환, 신용하, 「조선왕조 인구추정에 관한 일시론」, 『동아문화』 14, 1977.

402   이영구, 이호철, 「조선 시대의 인구규모추계 (Ⅰ)」, 『경영사학』 2, 1987.

403   왕육민王育民, 『중국인구사』, 강소인민출판사, 1995.

404   『성종실록』 15년(1484) 9월 18일.

405   김덕진, 『대기근, 조선을 뒤덮다』, 푸른역사, 2008.

406   윤국일 옮김, 신서원 편집부 꾸밈, 『신역 경국대전』, 「공전」, 〈재식栽植〉, 신서원, 1998, 476쪽.

407   이경식, 「조선후기의 화전농업과 수세문제」, 『한국문화』 10, 1989, 184~190쪽.

408   정약용, 『경제유표』, 제8권 「지관수제」 〈전제田制〉 11

409   조동규, 「한국 화전의 분포」, 『지리학』 2, 1966.

410   이경식, 「조선후기의 화전농업과 수세문제」, 『한국문화』 10, 1989.

411   이경식, 「조선후기 왕실 영아문營衙門의 시장柴場 사점私占과 화전 경영」, 『동방학지』 93, 1993.

412   『연산군일기』 9년(1503) 5월 18일

413   『헌종실록』 2년(1836) 5월 25일

414   정약용, 『목민심서』 「공전」 6조 〈제1조 산림〉

415   김동진, 「15~19세기 한반도 산림의 민간 개방과 숲의 변화」, 『역사와 현실』 103, 2017.

416   정약용, 『목민심서』 「공전」 6조 〈제1조 산림〉

417   정약용, 『목민심서』 「공전」 6조 〈제1조 산림〉

418   이명희, 『조선 시대의 기상재해 분포와 관한 연구』, 이화여자대학교 석사학위논문, 2010.

419 『정조실록』5년(1781) 10월 22일

420 박영준, 변우혁, 「조선전기 수렵문화에 관한 연구」, 『산림경제연구』2-1, 1994

421 심승구, 「조선 시대 사냥의 추이와 특성-강무와 착호를 중심으로」, 『역사민속학』24, 2007

422 『성종실록』6년(1475) 4월 11일, 충청도 병마절도사 김서형이 서산 지방에서 사냥하면서 금산에 불을 놓아 국가에서 배양하는 재목감 소나무를 모두 불타게 하여, 그 죄를 추국한 적이 있었다.

423 『태종실록』, 9년(1409) 3월 16일

424 『세종실록』「지리지」〈경상도〉, 〈전라도〉

425 『성종실록』17년(1486년) 4월 1일

426 서영보 등, 『만기요람』「군정편」4〈해방海方〉서해북부

427 『세종실록』8년(1426) 9월 5일

428 『문종실록』1년(1451) 1월 10일

429 성현, 『용재총화』제8권

430 『세조실록』12년(1466년) 5월 24일

431 김다빈·공우석·구경아, 「조선 시대 고문헌을 활용한 한반도 포유동물의 시공간적 분포 복원」, 『대한지리학회지』55권 5호, 2020.

432 김문기, 『바다 물고기 지식』, 한국학술정보, 2019, 102쪽.

433 김동진, 『조선의 생태환경사』, 푸른역사, 2017.

434 박지원, 『열하일기』「옥갑야화」〈허생전〉

435 성현, 『용재총화』제1권

436 유득공, 『경도잡지』「풍속」〈유상遊賞〉

437 유본예, 『한경지략』권 제2 「명승」〈필운대〉

438 강명관, 『조선후기 여항문학 연구』, 성균관대학교 박사학위논문, 1991.

439 윤용이, 「조선시대 분원의 성립과 변천에 관한 연구 I 」, 『고고미술』149, 1981.

440 지규식 저, 서울특별시사편찬위원회 엮은이, 『국역 하재일기』1, 2007.

441 카르네프 저, A 이르계바예브, 김정화 옮김, 『내가 본 조선, 조선인』, 가야넷, 2003.

442 헤세 바르텍 저, 정현규 옮김, 『조선, 1894년 여름』, 책과 함께, 2012.

443 릴리어스 호톤 언더우드 저, 김철 옮김, 『언더우드 부인의 조선 견문록』, 이숲, 2008.

444 윌리엄 길모어 저, 이복기 옮김, 『서양인 교사 윌리엄 길모어, 서울을 걷다 1894』, 살림, 2009.

445 엘리어스 버튼 홈스 저, 이진석 옮김, 『1901년 서울을 걷다』, 푸른길, 2012.

446 묄렌도르프 저, 신복룡, 김운경 옮김, 『묄렌도프프자전 외』, 집문당, 1999.

447 류제헌, 『중국역사지리』, 문학과지성사, 1999, 63~64쪽

448 김용만, 「온돌, 최고의 자랑거리이자 골칫거리」, 『조선이 가지 않은 길』, 창해출판사, 2017.

449 케네스 포메란츠, 『대분기』, 에코리브르, 2016.

450 『신증동국여지승람』제48권 「함길도」〈함흥부〉

451 『신증동국여지승람』제49권 ~ 제50권

452 『신증동국여지승람』제51권 「평안도」〈평양부〉

453 이중환, 『택리지』, 「팔도총론」〈함경도〉

454 『선조실록』, 25년(1592) 8월 7일

455 『선조실록』, 26년(1593) 2월 7일

456 『선조실록』, 29년(1596) 12월 8일

457 『광해군일기』, 11년(1619) 9월 19일

458 『선조실록』, 27년(1594) 5월 8일

459 『효종실록』, 3년(1652) 6월 29일

460 『고종실록』, 3년(1866) 10월 5일

461 『고종실록』, 37년(1900) 8월 1일

462 이희근, 『산척, 조선의 사냥꾼』, 따비, 2016.

463 이배용, 「열강의 이권침탈 개시」, 『한국사』 41, 국사편찬위원회, 1999, 124~127쪽.

464 강영심, 「한국삼림이권을 둘러싼 러일의 각축과 통감부 영림창의 설립」, 『삼림경제연구』 4-2, 1996.

465 정재정, 「식민지 수탈구조의 구축」, 『한국사』 47, 국사편찬위원회, 2001, 74쪽.

466 이우연, 「18·19세기 산림 황폐화와 농업생산성」, 『경제사학』 34, 2003, 42쪽. 이 논문에서는 헥타르 대신 町步를 기준으로 한 것인데, 1헥타르는 1.008333정보로, 수치에 큰 차이는 없다.

467 최병택, 「일제 강점기 연료용 임산물 생산, 유통 통제와 그 변화」, 『대구사학』 119, 2015.; 배제수, 「식민지기 조선의 목재 수급 추이 및 특성」, 『경제사학』 38, 2005.

468 배재수, 이기봉, 「해방 이후 가정용 연료재의 대체가 산림녹화에 미친 영향」, 『한국산림과학회지』 95-1, 2006.

469 배제수, 「식민지기 조선의 목재 수급 추이 및 특성」, 『경제사학』 38, 2005.

470 서울역사편찬원, 『쉽게 읽는 서울사 일제강점편』, 서울역사편찬원, 2020, 12~14쪽

471 이기봉, 배재수, 「1929년 경성부에서 소비된 임산연료의 구성별 특성과 유통 경로」, 『한국산림과학회지』 94-3, 2005.

472 곽건홍, 「일제하의 빈민 토막민·화전민」, 『역사비평』, 1993, 162~170쪽.

473 배재수, 이기봉, 「해방 이후 가정용 연료재의 대체가 산림녹화에 미친 영향」, 『한국산림과학회지』 95-1, 2006.

474 공우석, 『우리나무와 숲의 이력서』, 청아출판사, 2019

475 이경준, 윤영창 외, 『한국의 산림녹화 70년』, 한국학중앙연구원, 2015

476 레스터 브라운 저, 황의방 옮김, 『플랜 B 3.0』, 도요새, 2008

477 김종철, 『산림녹화성공 기적의 나라 한국』, 한국임업신문, 2011.; 배상원, 『산림녹화』, 나남출판, 2013.; 이경준, 『한국의 산림녹화, 어떻게 성공했나』, 기파랑, 2015.; 이경준, 윤영창 외, 『한국의 산림녹화 70년』, 한국학중앙연구원, 2015.

478 배재수, 이기봉, 「해방 이후 가정용 연료재의 대체가 산림녹화에 미친 영향」, 『한국산림과학회지』 95-1, 2006,

479   정운하, 김세빈, 「충주시 산척면 명서리 화전지역의 산림변화에 관한 연구」, 『농업과학 연구』 26, 충남대, 1999

480   김경민 저, 『한국전쟁 이후 남북한 산림변화 비교 및 김정은 집권 이후 북한의 산림복 구전략』, 국립산림과학원, 2018.

481   산림청, 『2015년 산림기본통계』, 산림청, 2016, 42쪽.

482   산림청, 『2015년 산림기본통계』, 산림청, 2016, 11쪽.

483   국가통계포털(https://kosis.kr), 〈목재수급실적 : 수록기간 : 2000~2019〉

484   국가상수도정보시스템(http://www.waternow.go.kr), 〈2019 상수도통계〉

485   국립생물자원관(https://www.nibr.go.kr/) 〈생물다양성〉

486   산림청(https://www.forest.go.kr) 〈도시숲의 기능, 효과〉

487   산림청, 『2015년 산림기본통계』, 산림청, 2016. 181쪽

● 참고문헌

[사료]

『삼국사기』, 『삼국유사』, 『광개토태왕릉비문』, 『고려사』, 『고려사절요』, 『조선왕조실록』, 『승정원일기』, 『경도잡지』, 『경세유표』, 『만기요람』, 『목민심서』, 『삼봉집』, 『신증동국여지승람』, 『열하일기』, 『용재총화』, 『홍재전서』, 『후한서』, 『삼국지』, 『남제서』, 『위서』, 『수서』, 『신당서』, 『구당서』, 『양사공기梁四公記』, 『태평광기太平廣記』, 『태평어람太平御覽』, 『일본서기』, 『속일본기』.

가사협 편찬, 구자옥, 홍기용, 김영진 역주, 『제민요술』, 농촌진흥청, 2006

고운선생문집편찬회, 『국역 고운선생문집』 상, 학예사, 1972

관중 저, 신동준 역, 『관자』, 사단법인 올재, 2019

국사편찬위원회, 『역주 중국정사조선전』, 1, 2, 3. 국사편찬위원회, 1987

동북아역사재단 한국고중세사연구소 편, 『역주 한원』, 동북아역사재단, 2018

동월 저, 김영국 옮김, 『국역 조선부』, 심미안, 2013

민족문화추진회, 『국역 고려도경』, 사단법인 민족문화, 1986

박일본 편역, 『산해경』, 육문사, 1995

오긍 저, 『정관정요』, 상해고적출판사, 1979

왕충 저, 이주형 옮김, 『논형』, 소나무, 1996

유본예 저, 서울시사편찬위원회 엮음, 『한경지략』, 서울시시사편찬위원회, 2000

윤국일 옮김, 신서원 편집부 꾸밈, 『신편 경국대전』, 신서원, 2005

윤용구 등 6인, 『예맥 사료집성 및 역주』, 백산자료원, 2012

이규보 저, 『국역 동국이상국집』, 민족문화추진회, 1985

이규보 저, 조현설 역해, 『동명왕편』, 아카넷, 2019

이승휴 저, 김경수, 진성규 역, 『국역 동안거사집 부 제왕운기』, 삼척시, 1995

장휘옥, 『해동고승전연구』, 민족사, 1991

정약전, 「송정사의」, 『신안향토사료지 - 운곡잡저』, 신안문화원, 2005

정호섭 외 10인, 『한국고대사관련 동아시아 사료의 연대기적 집성』, 6권, 주류성, 2018

지규식, 『하재일기』 권 1, 서울특별시시사편찬위원회, 2005

한국고대사회연구소, 『역주한국고대금석문』 1, 2, 가락국사적개발연구원, 1992

홍석모 저, 장유승 옮김, 『동국세시기』, 아카넷, 2016

국립문화재연구소 (https://portal.nrich.go.kr/kor/index.do)

국립민속박물관 한국민속대백과사전 (https://folkency.nfm.go.kr/kr/main)

한국고전번역원, 한국고전종합DB 사이트(https://db.itkc.or.kr)

[단행본]

강명관, 『조선의 뒷골목 풍경』, 푸른역사, 2003

강명관, 『조선후기 여항문학 연구』, 성균관대학교 박사학위논문, 1991

강영심, 『일제의 한국삼림수탈과 한국인의 저항』, 이화여대박사학위논문, 1997

강영호, 김동현 저, 『조선 시대 산불』, 동화기술, 2015

강인욱, 『옥저와 읍루』, 동북아연구재단, 2020

강판권, 『나무는 어떻게 문화가 되는가』, 에쎄, 2019

강판권, 『조선을 구한 신목, 소나무』, 문학동네, 2013

고구려 연구재단, 『새롭게 본 발해사』, 고구려연구재단, 2005

고동환, 『조선 시대 서울도시사』, 태학사, 2007

고동환, 『조선 시대 시전상업 연구』, 지식산업사, 2013

고든 차일드 저, 김성태, 이경미 옮김, 『신석기혁명과 도시혁명』, 주류성, 2013

공우석, 『우리나무와 숲의 이력서』, 청아출판사, 2019

국립경주문화재연구소, 『유물로 본 신라 황룡사』, 2013,

국사편찬위원회, 『한국사 10 발해』, 국사편찬위원회, 1996

국토교통부, 『21년 지적통계연보』, 국토교통부, 2021

권숙인, 김광억 외 공저, 『종족과 민족』, 아카넷, 2005

그레고리 코크란, 헨리 하펜딩 저, 김명주 옮김, 『1만년의 폭발』, 글항아리, 2010

김경민, 『한국전쟁 이후 남북한 산림변화 비교 및 김정은 집권 이후 북한의 산림복구전략』, 국립산림과학원, 2018.

김기흥, 『천년의 왕국 신라』, 창작과 비평사, 2000

김덕진, 『대기근, 조선을 뒤덮다』, 푸른역사, 2008

김동진, 『조선의 생태환경사』, 푸른역사, 2017

김동진, 『조선전기 포호정책 연구-농지개간의 관점에서』, 도서출판선인, 2009

김동진, 이현숙, 「숲과 권력 ? 생태환경사로 한국사 읽기」, 『역사와 현실』 103, 2017

김문기, 『바다 물고기 지식』, 한국학술정보, 2019

김산해, 『최초의 신화 길가메쉬 서서시』, 휴머니스트, 2005

김용만, 『고구려의 그 많던 수레는 다 어디로 갔을까』, 바다출판사, 1999

김용만, 『광개토태왕의 위대한 길』, 역사의 아침, 2011

김용만, 『조선이 가지 않은 길』, 창해출판사, 2017

김용옥, 『동양학 어떻게 할 것인가』, 통나무, 1888

김인회 외 공저, 『최후의 수렵민, 어룬춘족』, 청아출판사, 2016

김재용, 이종주, 『왜 우리 신화인가』, 동아시아, 2004

김재웅, 『나무로 읽는 삼국유사』, 마인드큐브, 2019

김정규, 『역사로 보는 환경』, 고려대학교 출판부, 2009

김종래, 『유목민 이야기』, 자우출판, 2002

김종철, 『산림녹화성공 기적의 나라 한국』, 한국임업신문, 2011

김추윤, 장삼환 공저, 『중국의 국토환경』, 대륙연구소출판부, 1995

김택민, 『3000년 중국 역사의 어두운 그림자』, 신서원, 2006

나카자와 신이치 저, 김옥희 옮김, 『곰에서 왕으로 - 국가, 그리고 야만의 탄생』, 동아시아,
        2003

데이비드 프라이 저, 김지혜 옮김, 『장벽의 문명사』, 민음사, 2020

동북아역사재단 북방사연구소, 『숲속의 사람들, 어원커족』, 동북아역사재단, 2018

동북아역사재단 북방사연구소, 『한민족 문화와 퉁구스족』, 동북아역사재단, 2019

동북아역사재단, 『발해의 역사와 문화』, 동북아역사재단, 2007

레스터 브라운 저, 황의방 옮김, 『플랜 B 3.0』, 도요새, 2008

로버트 켈러 지음, 성춘택 옮김, 『수렵채집사회 - 고고학과 인류학』, 사회평론, 2014

류제헌 저, 『중국 역사지리』, 문학과지성사, 1999

리엄 길모어 저, 이복기 옮김, 『서양인 교사 윌리엄 길모어, 서울을 걷다 1894』, 살림, 2009

릴리어스 호톤 언더우드 저, 김철 옮김, 『언더우드 부인의 조선 견문록』, 이숲, 2008

묄렌도르프 저, 신복룡, 김운경 옮김, 『묄렌도르프자전 외』, 집문당, 1999

무함마드 깐수, 『신라·서역교류사』, 단국대학교출판부, 1992

박상진, 『역사가 새겨진 나무이야기』, 김영사, 2004

박선미, 『고조선과 동북아의 고대화폐』, 학연문화사, 2009

박선희, 『한국 고대 복식』, 지식산업사, 2002

박옥걸, 『고려시대의 귀화인연구』, 성균관대학교 박사학위논문, 1987

박원길, 『몽골의 문화와 자연지리』, 두솔, 1996

박원길, 『유라시아 대륙에 피어났던 야망의 바람』, 민속원, 2003.

박종기, 『새로 쓴 5백년 고려사』, 푸른역사, 2008

배상원, 『산림녹화』, 나남출판, 2013

베른트 브루너 저, 김보경 옮김, 『곰과 인간의 역사』, 생각의 나무, 2010

블라디미르 클라우디에비치 아르세니에프 지음, 김욱 옮김, 『데르수 우잘라』, 갈라파고스,
    2005

산림청, 『2015년 산림기본통계』, 산림청, 2016

산림청, 『한국임정 50년사』, 산림청, 1997

서영교, 『고구려 기병』, 도서출판 지성인, 2014

서영대, 조우현, 김인희 외 공저, 『최후의 수렵민, 어룬춘족』, 청아출판사, 2016

서울역사편찬원, 『쉽게읽는 서울사 일제강점편』, 서울역사편찬원, 2020

송호정, 『아, 그렇구나 우리 역사』 1, 고래실, 2005

숲과문화연구회, 『국가의 건립과 산림문화』, 숲과문화연구회, 2014

숲과문화연구회, 『마을숲과 산림문화』, 숲과문화연구회, 2016

숲과문화연구회, 『산업과 산림문화』, 숲과문화연구회, 2017

숲과문화연구회, 『세시풍속과 산림문화』, 숲과문화연구회, 2018

숲과문화연구회, 『우리숲의 역사한국의 종교와 산림문화』, 숲과문화연구회, 2014

숲과문화연구회, 『정치사회와 산림문화』, 숲과문화연구회, 2020

숲과문화연구회, 『종이와 산림문화』, 숲과문화연구회, 2020

숲과문화연구회, 『한국 종교와 산림문화』, 숲과문화연구회, 2015

신순식 외, 『한국한의학사 재정립』 상, 한국한의학연구소, 1995

쓰데 히로시 저, 김대환 옮김, 『전방후원분과 사회』, 학연문화사, 2013

앨리스 로버츠 저, 진주현 옮김, 『인류의 위대한 여행』, 책과 함께, 2011

양종국,『역사학자가 본 꽃과 나무』, 새문사, 2016

어니스크 볼크먼 저, 석기용 옮김,『전쟁과 과학, 그 야합의 역사』, 이마고, 2003

에드워드 글레이저 저, 이진원 옮김,『도시의 승리』, 해냄, 2011

엘리어스 버튼 홈스 저, 이진석 옮김,『1901년 서울을 걷다』, 푸른길, 2012

여호규,『고구려 초기 정치사 연구』, 신서원, 2014,

왕승례 저, 송기호 역,『발해의 역사』, 한림대학교 아시아문화연구소, 1987

왕육민,『중국인구사』, 강소인민출판사, 1995년

요아힘 라트카우 저, 서정일 옮김,『숲과 나무의 문화사 나무시대』, 자연과 생태, 2013

윌리엄 맥닐 저, 김우영 옮김,『전염병의 세계사』, 이산, 2005

유발 하라리 저, 김명주 옮김,『호모데우스』, 김영사, 2017

유발 하라리 저, 조현욱 옮김,『호모사피엔스』, 김영사, 2015

유소맹 저, 이훈, 이선애, 김선민 옮김,『여진 부락에서 만주 국가로』, 푸른역사, 2013

유승훈 저,『작지만 큰 한국사, 소금』, 푸른역사, 2012

유시민,『국가란 무엇인가』, 돌베개, 2011

이경준,『한국의 산림녹화, 어떻게 성공했나』, 기파랑, 2015

이경준, 윤영창 외,『한국의 산림녹화 70년』, 한국학중앙연구원, 2015

이돈구 외,『숲의 생태적 관리』, 서울대학교 출판문화원, 2012

이븐 칼둔 저, 김정아 옮김,『무깟디마』1, 2, 소명출판, 2012

이승한,『쿠빌라이칸의 일본원정과 충렬왕』, 푸른역사, 2009

이시 히로유키, 아스다 요노리, 유아사 다케오 저,『환경은 세계사를 어떻게 바꾸었는가』, 경당, 2003

이영훈,『한국경제사』1, 일조각, 2016

이영훈,『한국경제사』2, 일조각, 2016

이종하,『우리 민중의 생활사』, 주류성, 2002

이헌호, 이도형, 강미희 공저,『숲의 세계』, 영남대학교 출판부, 2011

이훈,『만주족 이야기』, 너머북스, 2018

이희근,『산척, 조선의 사냥꾼』, 따비, 2016

임동주,『인류역사를 바꾼 동물과 수의학』, 마야, 2018

임상선 편,『새롭게 본 발해유민사』, 동북아역사재단, 2019

장한식, 『오량캐 홍타이지 천하를 얻다』, 산수야, 2018

재레드 다이아몬드 저, 김주헌 옮김, 『문명의 붕괴』, 김영사, 2005

재레드 다이아몬드 저, 김진준 옮김, 『총, 균, 쇠』, 문학사상, 1998

전호태, 『고구려고분벽화연구』, 사계절, 2000

정병석, 『천년의 신비 황칠나무』, 아카데미북, 2013

정연식, 『일상으로 본 조선 시대 이야기』 2, 청년사, 2001

정진술, 이민웅 외 공편, 『다시보는 한국해양사』, 신서원, 2008

정진술, 이민웅, 신성재, 최영호 공저, 『다시 보는 한국해양사』, 신서원, 2007

제임스 C. 스콧 저, 전경훈 옮김, 『농경의 배신』, 책과 함께, 2019

제임스 C. 스콧 저, 이상국 옮김, 『조미아(Zomia), 지배받지 않는 사람들』, 삼천리, 2015

제임스 포사이스 저, 정재겸 옮김, 『시베리아 원주민의 역사』, 솔, 2009

존 펄린 저, 송명규 옮김, 『숲의 서사시』, 도서출판 따님, 2006

질 들뢰즈, 펠릭스 가타리 저, 김재인 옮김, 『천개의 고원』, 새물결, 2001

천제셴 지음, 홍순도 옮김, 『누루하치 - 청 제국의 건설자』, 돌베개, 2015

쳉후이·자오샹양 지음, 권소연 외 옮김, 『거란 잊혀진 유목제국 이야기』, 도서출판 네오, 2018

최진열, 『발해국호 연구-당조가 인정한 발해의 고구려 계승 묵인과 부인』, 서강대학교출판부, 2015

카르네프 저, A 이르계바예브, 김정화 옮김, 『내가 본 조선, 조선인』, 가야넷, 2003

케네스 포메란츠, 『대분기』, 에코리브르, 2016

크리스토퍼 벡워드 저, 이강한, 류형식 옮김, 『중앙유라시아 세계사』, 소와당, 2014

크리스토퍼 보엠 저, 김성동 옮김, 『숲속의 평등』, 토러스북, 2017

토마스 바필드 저, 윤영인 옮김, 『위태로운 변경』, 동북아역사재단, 2009

토마스 불핀치 저, 이윤기 옮김, 『불핀치의 그리스 로마신화』, 창해, 2000

피터 왓슨 저, 남경태 역, 『생각의 역사 Ⅰ』, 들녘, 2009

피터 터진 저, 윤길순 옮김, 『제국의 탄생』, 웅진 지식하우스, 2011

하자노프 저, 김호동 역, 『유목사회의 구조』, 지식산업사, 1990

한국고고학회 편, 『한국농경문화의 형성』, 학연문화사, 200

한국고대사연구회 편, 『한국사의 시대구분』, 신서원, 1995

한국한의학연구소 편, 『한국한의학사 재정립』 상, 하, 한국한의학연구소, 1995

한영우, 『조선초기호구총수에 대하여』, 서울대학교 인구 및 발전문제연구소, 1977

한중관계연구소 편, 『아무르강의 어렵민, 허저족』, 청아출판사, 2017

헤세 바르텍 저, 정현규 옮김, 『조선, 1894년 여름』, 책과 함께, 2012

J.R 맥닐 저, 홍욱희 옮김, 『20세기 환경의 역사』, 에코, 2008

[논문 외]

강영경, 「한국고대의 시市와 정井에 대한 일연구-시장의 기원과 관련하여」, 『원우론총』 2, 숙
　　　명여대, 1984

강영심, 「한국삼림이권을 둘러싼 러일의 각축과 통감부 영림창의 설립」, 『삼림경제연구』
　　　4-2, 1996

강인욱, 「고조선의 모피교역과 명도전」, 『한국고대사연구』 64, 2011

강인욱, 「연해주의 원주민을 바라보는 어느 러시아인의 이야기『데르수 우잘라』 아르세니예
　　　프 저」, 『인문사회과학연구』 18-2, 부경대학교 인문사회과학연구소, 2017

강정원, 「1930년대 일제의 조선공업화와 산림정책」, 『한국근현대사연구』 79, 2016

강판권, 「숲과 문명」, 『한국학논집』 33, 2006

강호덕, 신성현, 「불교에서 숲의 가치인식」, 『불교학보』 38, 2001

공우석, 「조선 시대 이전의 식생간섭사」, 『제4기 학회지』 14-1, 2000

곽건홍, 「일제하의 빈민토막민, 화전민」, 『역사비평』 46, 1999

권범철, 「커먼즈(공유지)의 이론적 지형」, 『문화과학』 101호, 문화과학사, 2020

권태환, 신용하, 「조선왕조 인구추정에 관한 일시론」, 『동아문화』 14, 1977

김경숙, 「을병대기근기 향촌사회의 경험적 실상과 대응」, 『역사와 현실』 61, 2016

김구진, 「고구려 발해사의 연구방법론」, 『백산학보』 67, 2003

김구진, 「윤관의 9성의 범위와 조선 6진의 개척」, 『사총』 21?22, 1977

김기덕, 「고려의 제왕제와 황제국 체제」, 『국사관논총』 78, 1996.

김기섭, 「신라촌락문서에 보이는 '촌'의 입지와 개간」, 『역사와 경계』 42, 2002

김다빈·공우석·구경아, 「조선 시대 고문헌을 활용한 한반도 포유동물의 시공간적 분포 복
　　　원」, 『대한지리학회지』 55-5, 2020

김동수, 「신화를 통해본 고대인의 조류관」, 『일본학보』 44, 2000년

김동진, 「15~19세기 한반도 산림의 민간 개방과 숲의 변화」, 『역사와 현실』 103, 2017

김락기, 『5~7세기 고구려의 동북방 경역과 물길 말갈』, 인하대사학과 박사논문, 2007

김무진, 「조선전기 도성 사산의 관리에 관한 연구」, 『한국학논집』 40, 2010

김무진, 「조선후기 식목활동에 관한 연구」, 『한국학논집』, 계명대학교 국학연구원, 2013

김문기, 「17세기 중국과 조선의 재해와 기근」, 『이화사학연구』 43, 2011

김민수, 「19세기 후반 기후 변동과 농업생산력」, 『한국사론』 53, 2007

김봉률, 「헤라클레스신화와 도시문명의 불안-길가메쉬와의 비교연구」, 『고전르네상스 영문
학』 25-2, 2016

김소영, 「전통과 근대를 살아간 인물 하재 지규식의 일상을 통해 본 그의 사상과 종교」, 『한
국인물사연구』 19, 2013

김재선, 「만주족 살만과 소도」, 『신라문화』 28, 2006

김재호, 「조선후기 한국 농업의 특징과 기후생태학적 배경」, 『비교민속학』 41, 2014

김호종, 「조선 후기 제염에 있어서 연료문제」, 『대구사학』 26, 1984

김호종, 「조선 후기의 염업 경영 실태」, 『역사교육논집』 12, 1988

김홍순, 「조선후기 산림정책 및 산림황폐화」, 『한국지역개발학회지』 20-2, 2008

노영필, 「James G. Frazer의 한국 문화에 관한 비교사적 서술 분석」, 『역사학연구』 56, 2014

박봉우, 「나무와 숲의 종교성 상징성-삼국유사를 중심으로」, 『숲과 문화』 7, 1999

박봉우, 「홍수재해와 산과 숲」, 『숲과 문화』 11-5, 2002

박상진, 「고려사에서 본 나무 이야기1」, 『숲과 문화』 8-5, 1999

박아림, 「고구려 무용총 편년의 재검토」, 『고구려 발해연구』 34, 2009

박영준, 변우혁, 「조선전기 수렵문화에 관한 연구」, 『산림경제연구』 2-1, 1994

박원규, 김세종, 「경복궁 근정전 목주재의 수종 분석」, 『목재공학』 32-1, 한국목재공학회, 2004

박원규, 이광희, 「우리나라 건축물에 사용된 목재 수종의 변천」, 『건축역사연구』 16-1, 2007

박원길, 「몽골지역에 전승되는 고대 한민족관련 기원설화에 대하여」, 『제20차 한민족학회
학술대회 - 한민족문화의형성과 범아시아의 문화』, 2011

박유미, 「맥적의 요리법과 연원」, 『선사와 고대』 38, 2013

박은숙, 「분원 공인 지규식의 공·사적 인간관계 분석」, 『한국인물사연구』 11, 2009

방학봉, 「발해 샤만교 존재여부에 대하여」, 『고구려연구』 6, 1998

배재수, 이기봉, 「해방 이후 가정용 연료재의 대체가 산림녹화에 미친 영향」, 『한국산림과학회지』 95-1, 2006

배제수, 「식민지기 조선의 목재 수급 추이 및 특성」, 『경제사학』 38, 2005.

서민수, 「겨리의 관점에서 본 고구려의 우경」, 『역사와 현실』 106, 2017

신보배, 「고대 김해의 철생산과 묘제의 변화에 대하여」, 『동북아문화연구』 26, 2011

신종원, 「《삼국유사》 〈도화녀비형랑〉조에 보이는 '귀신'세력」, 『신라사학보』 14, 2008

신현석, 「신야만사회 (1)」, 『고대신문』, 2017년 10월 11일

신현석, 「신야만사회 (2)」, 『고대신문』, 2017년 11월 28일

심승구, 「조선 시대 사냥의 추이와 특성-강무와 착호를 중심으로」, 『역사민속학』 24, 2007

안대회, 「정약전의 송정사의」, 『문헌과 해석』 20, 2002

양옥다, 「발해의 몇 가지 음식습관에 대하여」, 『한국고대사연구』 42, 2006

양정필, 여인석, 「삼국-신라통일기 인삼 생산과 대외교역」, 『의사학』 25, 2004

어수형, 「조선 후기 산림의 황폐화와 민중의 생활」, 『숲과 문화』 5-5, 1996

여민주, 「조선후기 땔감 유통」, 『서울과 역사』 106, 2020

여민주, 「조선후기 서울의 땔감 유통」, 『서울과 역사』 106, 2020

여호규, 「고구려 국내 도성의 구성요소와 수공업 생산체계-기와 생산체계를 중심으로-」, 『역사문화연구』 52, 2014

오치훈, 「고려시대 산림정책에 대한 기초적 검토」, 『사학연구』 133, 2019

오치훈, 「고려 전시과에서 시지의 의미와 활용」, 『국학연구』 38, 2019

옥한석, 「한국의 화전농업에 관한 연구」, 『지리학연구』 10, 1985

유미나, 「고구려 고분벽화와 산림문화」, 『한국의 미술과 산림문화』, 산림청, 2016

유영수, 「한국 벌꿀주蜂蜜酒의 역사에 관한 연구 I 」, 『한국양봉학회지』 10-1, 1995

유원재, 「삼국사기 위말갈고」, 『사학연구』 29, 1979

유형동, 「호환虎患에 대처하는 인문적 상상력」, 『동아시아고대학』 59, 2020

윤용이, 「조선시대 분원의 성립과 변천에 관한 연구 I 」, 『고고미술』 149, 1981

윤진영, 「조선후기 서촌의 명소와 진경산수화의 재조명」, 『서울학연구』 50, 2013

이경식, 「조선후기 왕실 영아문營衙門의 시장柴場 사점私占과 화전 경영」, 『동방학지』 93, 1993

이경식, 「조선후기의 화전농업과 수세문제」, 『한국문화』 10, 1989

이광원, 「고려조의 사회변천과 산림의 역할」, 『농촌경제』 2-3, 1979

이기봉, 배재수, 「1929년 경성부에서 소비된 임산연료의 구성별 특성과 유통 경로」, 『한국산림과학회지』 94-3, 2005

이기봉, 배재수, 「1970년대 화전정리사업의 성공요인」, 『한국임학회지』 3, 1996

이명희, 『조선 시대의 기상재해 분포와 관한 연구』, 이화여자대학교 석사학위논문, 2010

이배용, 「열강의 이권침탈 개시」, 『한국사』 41, 국사편찬위원회, 1999,

이병희, 「고려시기 사원의 시지와 산림」, 『청람사학』 15, 2007

이선행, 「한국고대 신목신앙에 대한 역철학적 고찰」, 『동방학』 21, 2011

이성규, 「문헌에 보이는 한민족 문화의 원류」, 『한국사』 1, 국사편찬위원회, 2002

이승한, 「고려전기 토지개간과 진전의 발생」, 『국사관논총』 52, 1994.

이영구, 이호철, 「조선 시대의 인구규모추계」 1, 『경영사학』 2, 1987

이영구, 이호철, 「조선 시대의 인구규모추계」 2, 『경영사학』 3, 1988

이우연, 「18·19세기 산림 황폐화와 농업생산성」, 『경제사학』 34, 2003

이우연, 「정약전의 송정사의 해제」, 『한국실학연구』 4권, 2002

이인철, 「농민의 생활」, 『한국사』 9, 국사편찬위원회, 1998

이정호, 「고려시대 숲의 개발과 환경변화」, 『사학연구』 111, 2013

이정호, 「고려중기 자연재해의 발생과 생활환경」, 『한국사연구』 157, 2012

이준구, 「조선 시대 백정의 전신 양수척, 재인·화척, 달단」, 『조선사연구』 9, 2000

이준정, 「사육종돼지의 한반도 출현시점 및 그 사회경제적 상징적 의미」, 『한국고고학보』 79, 2011

이준정, 「수렵·채집 경제에서 농경으로의 전이과정에 대한 이론적 고찰」, 『영남고고학』 28, 2001

이준정, 「작물 섭취량 변화를 통해 본 농경의 전개과정」, 『한국상고사학보』 73, 2011

이준정, 「한반도 선사·고대 동물 사육의 역사와 그 의미」, 『36회 한국고고학대회 발표문』, 2012

이해문, 『말갈의 실체 연구』, 단국대학교 석사학위논문, 2002

이현숙, 「고대 인공 조림으로 본 숲과 권력」, 『산림문화전집 13, 정치 사회와 산림문화』, 숲과 문화연구회, 2020

이현숙, 「동아시아 고대 법령으로 본 권력과 숲」, 『생태환경과 역사』 4, 2018

이현숙, 「화분분석으로 본 신라 통일기의 소나무」, 『생태환경과 역사』 2, 2016

이호철, 박근필, 「19세기초 조선의 기후변동과 농업위기」, 『조선 시대사학보』 2, 1997

임상혁, 「조선 시대 무주지 개간을 통한 소유권 취득」, 『토지법학』 31-1, 2015

임주훈, 「사찰의 숲과 나무」, 『숲과 문화 총서 7 숲과 종교』, 숲과문화연구회, 1999

장경호, 「호랑이 사냥에 나선 조선, 생태환경과 민본주의의 갈림길」, 『생태환경과 역사』 2015

장동수, 「조선 시대 군사적 기능 임수林藪의 유형 및 입지에 관한 연구」, 『국토계획』 37-7, 2002

장윤희, 『조선후기 제주도 진상에 관한 연구』, 2008년 제주대학교 대학원 석사논문

재레드 다이아몬드, 「인류역사의 최대의 실수」, 『숲과 문화』 15-2, 2006

전덕재, 「물계자의 피은과 그에 대한 평가」, 『신라문화제학술발표논문집』 31, 2010

전영우, 「신들이 노닐던 신라의 옛 숲」, 『숲과 문화』 5-4, 1996

전호태, 「고구려 각저총 벽화연구」, 『미술자료』 58, 1996

전호태, 「진파리1호분 연구」, 『역사와 현실』 95, 2015

정석배, 「발해 상경성의 도시계획 : 황제도성으로서의 발해 상경도성」, 『고구려발해연구』 45, 2013

정석배, 「발해의 북방-서역루트 '담비길' 연구」, 『고구려발해연구』 63, 2019

정연경, 「고구려 고분벽화에 나타나는 나무의 기능과 표현」, 『기초조형학연구』 56, 2013

정운하, 김세빈, 「충주시 산척면 명서리 화전지역의 산림변화에 관한 연구」, 『농업과학연구』 26, 충남대, 1999

정재정, 「식민지 수탈구조의 구축」, 『한국사』 47, 국사편찬위원회, 2001

조동규, 「한국 화전의 분포」, 『지리학』 2, 1966

조영광, 「예맥족명과 부여 고구려국호의 유래와 의미」, 『선사와 고대』 44, 2015

최덕경, 「요동리犁를 통해 본 고대 동북지역의 농업환경과 경작방식-고구려 성장기반에 대한 농업사적 시론」, 『북방사논총』 8, 2005

최덕경, 「중국고대 산림수택의 실태와 파괴 요인」, 『부산사학』 28, 1995

최병택, 「일제 강점기 연료용 임산물 생산, 유통 통제와 그 변화」, 『대구사학』 119, 2015

최병택, 「조선총독부의 화전 정리사업」, 『한국문화』 58, 2012

최성락·한성욱, 「지석묘 복원의 일례」, 『전남문화재』 2, 1989

최연식, 「고려시대 원관院館 사찰의 출현과 변천과정」, 『이화사학연구』 52, 2016

최원석, 「한국의 비보풍수론」, 『대한지리학회지』 37, 2002

최주희, 「17~18세기 왕실·정부의 연료 소비 증대와 땔감 조달 방식의 변화」, 『역사와 현실』 94, 2014

하종목, 「조선 초기의 사원 경제」, 『대구사학』 60, 2000

한규철, 「삼국과 발해사에서의 말갈」, 『한국사학보』 58, 2015

한인호, 「평정리 벽화무덤 발굴보고」, 『조선고고연구』 1989-2, 1989

한정수, 「조선 태조~세종대 숲 개발과 중송정책의 성립」, 『사학연구』 111, 2013

허영훈, 「어촌지역의 비보풍수에 대한 연구」, 『문화역사지리』 27-1, 2015

허태용, 「조선후기 산림정책과 정약전의 송정사의」, 『문헌과 해석』 34, 2005

홍순권, 「고려시대의 시지에 대한 고찰」, 『진단학보』 64, 1987.

Jared Diamond, 「The Worst Mistake in the History of the Human Race」, 『Dicover Magazine』, May 1987

John B Calhoun, 「Death squared : The Explosive Growth And Demise of a Mouse Population」, 『Journal of the Royal Society of Medicine』, 66, 1973년

Marshall D. Sahlins, 「The An of Segmentary Lineage: Organization Predatory Expansion」, 『American Anthropologist』 63, 1951,

김대오, 「산 하나가 불상, 모든 것을 압도하는 아우라」, 『오마이뉴스』, 2021년 2월 13일자

김영조, 「근정전 기둥, 미국산 소나무로 바뀐다」, 『오마이뉴스』, 2001년 10월 16일

『노컷뉴스』, 「조선신보 "고구려 시대 소금 생산방법 일본에 영향"」, 2014년 7월 3일자

『서울신문』, 「포식자 퓨마에게 인간은 공포의 대상」, 2019년 7월 17일자

『연합뉴스』, 「북 "남포서 소금생산유적 첫 발견"」, 2012년 6월 28일자

『연합뉴스』, 「북 "평남서 고구려시대 소금생산 유적 발굴"」, 2014년 7월 2일자

『연합뉴스』, 「북한, 고구려 소금생산유적 발굴」, 2017년 2월 17일자

『한겨레신문』, 「산에서 맹수를 만났다. 누가 먼저 줄행랑칠까」, 2017년 7월 4일

KBS HD역사스페셜, 『가야에 여전사가 있었다』, 14회, 2005년 8월 5일 방영